지혜로운 자와 어리석은 자의 이야기
현우경賢愚經 2

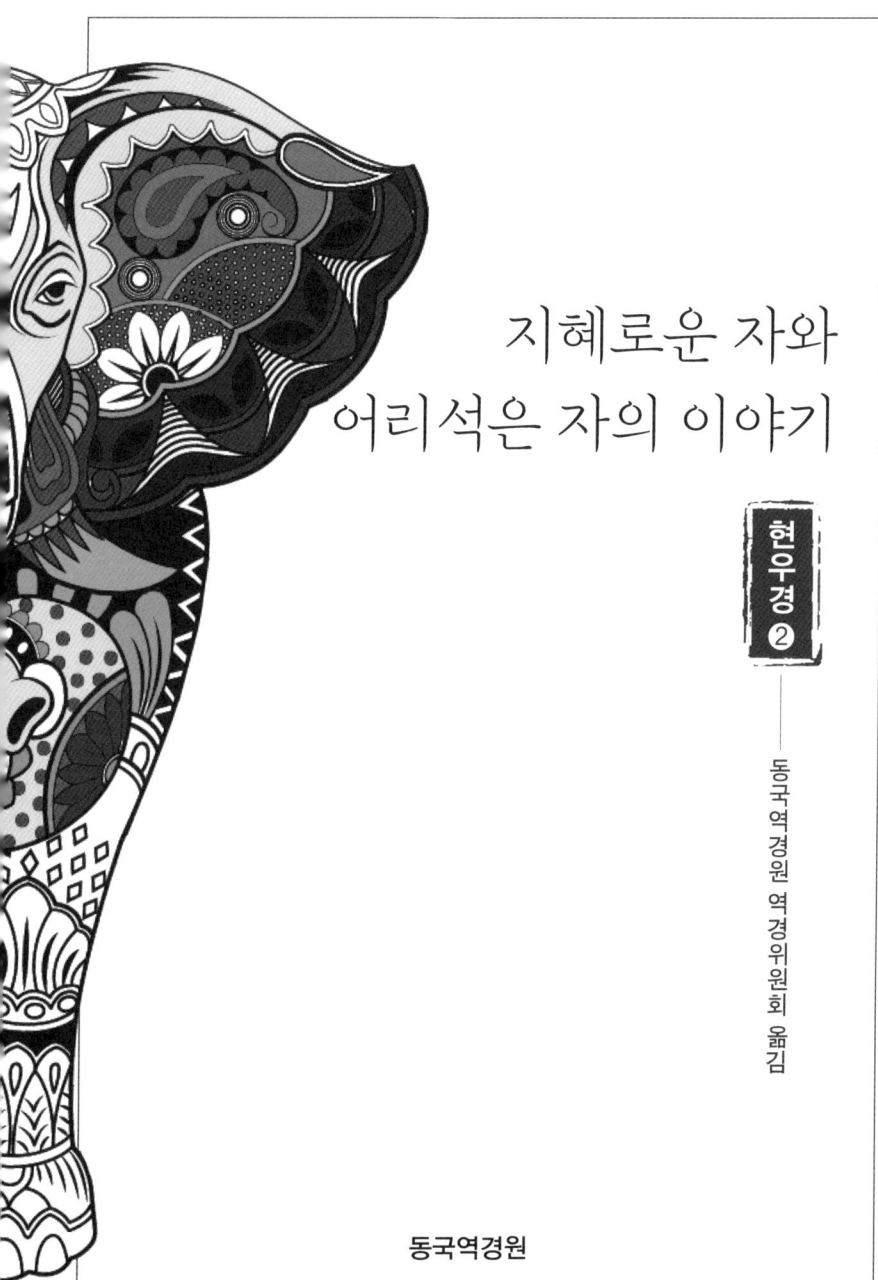

지혜로운 자와 어리석은 자의 이야기

현우경 ②

동국역경원 역경위원회 옮김

동국역경원

차례

현우경 제8권　　　　　　　　　　　　9

35. 전륜성왕 개사 … 10
36. 여의주를 찾으려고 바닷물을 푼 대시 … 23

현우경 제9권　　　　　　　　　　　　59

37. 부처님을 목욕시킨 정거천 … 60
38. 바다로 들어간 선사 태자 … 63

현우경 제10권　　　　　　　　　　　100

39. 부처님 말씀을 모두 기억한 아난 … 101
40. 형에게 죽임을 당한 우바사 … 104
41. 실수로 아버지를 죽인 아들 … 109
42. 기원정사를 세운 수달 장자 … 113
43. 대광명왕이 위없는 마음을 처음 일으킨 인연 … 134
44. 늑나사야 이야기 … 138
45. 머리가 100개인 물고기 가비리 … 144

현우경 제11권　　　　　　　　　149

　46. 손가락 목걸이를 만든 무뇌 … 150
　47. 단니기 이야기 … 185

현우경 제12권　　　　　　　　　199

　48. 사질의 아들 마두라슬질 … 200
　49. 단미리 비구의 전생 … 207
　50. 상호 비구의 전생 … 215
　51. 미륵의 외삼촌 파바리 … 221
　52. 4성제를 배운 두 마리 앵무새 … 252
　53. 경전 읽는 소리를 듣고 하늘나라에 태어난 새 … 256

현우경 제13권   258

54. 법을 듣고 하늘나라에 태어난 500마리 기러기 … 259
55. 굳게 맹세한 사자 … 262
56. 부처님께 천 조각을 보시하고 수기를 받은 바라문 … 268
57. 부처님께서 인자한 마음을 가지게 된 인연 … 272
58. 정생왕 이야기 … 274
59. 소만의 열 아들 … 283
60. 바세질의 전생 … 289
61. 우파국제의 전생 … 295
62. 더러운 웅덩이 속 벌레 … 306
63. 사미 균제의 전생 … 311

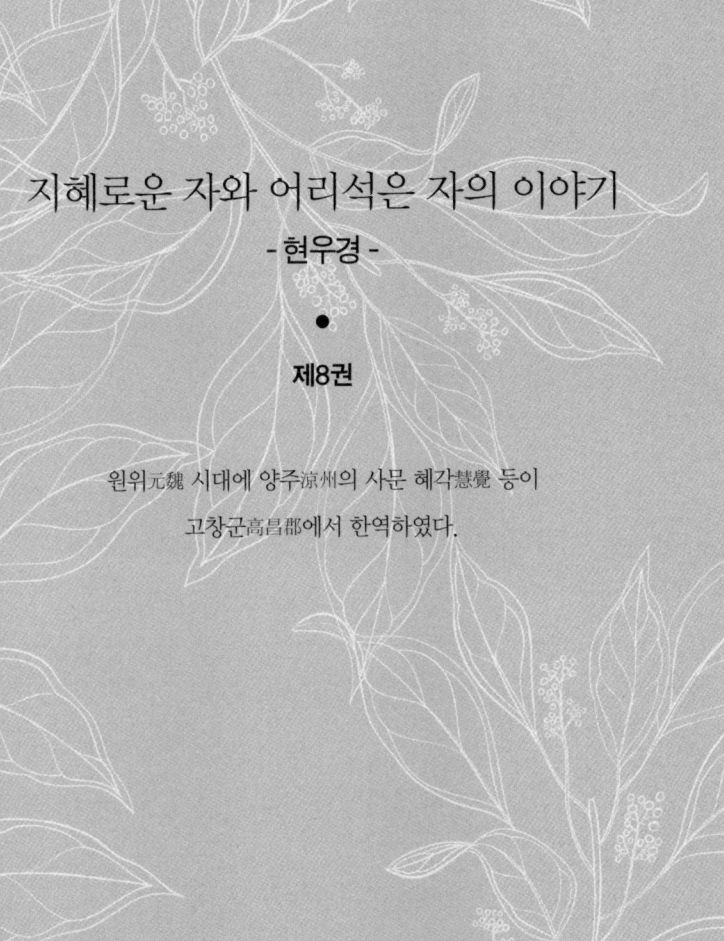

지혜로운 자와 어리석은 자의 이야기
- 현우경 -

제8권

원위元魏 시대에 양주涼州의 사문 혜각慧覺 등이
고창군高昌郡에서 한역하였다.

35

전륜성왕 개사

나는 다음과 같이 들었다.
언젠가 부처님께서 나열기의 죽림정사에 계실 때였다.
혜명慧命 아난이 대숲에서 좌선하다가 이런 생각이 들었다.
"부처님께서 세상에 나오심은 참으로 놀랍고 특별한 일이다. 지금 제자들은 부처님의 은혜로 네 가지 공양물을 부족함 없이 받아 다들 편안하게 지내면서 괴로움을 완전히 벗어났다. 또 일체 세간의 여러 왕과 신하와 백성들도 큰 이익을 얻었으니, 삼보를 만나 백성들이 편안하고 즐겁게 살아가고 있다. 이 모든 게 부처님의 위력 덕분이다."
이렇게 생각하고는 자리에서 일어나 부처님께 나아갔다.
그때 부처님께서는 사부대중에게 오묘한 법을 널리 연설하고 계셨다. 혜명 아난은 앞으로 나아가 옷을 바르게 하고는 오른쪽 어깨를 드러내고 오른쪽 무릎을 땅에 대고 꿇어앉았다. 그리고 합장하고서 아까 숲속에서 했던 생각을 부처님에게 말씀드렸다.

그러자 부처님께서 아난에게 말씀하셨다.

"네 말처럼 여래가 세상에 출현하는 것은 참으로 놀랍고 특별한 일이다. 나는 일체중생이 모두 이익을 얻게 하였다. 또한 아난아, 여래는 이번 생에만 중생을 이롭게 한 것이 아니라 과거 세상에도 중생을 이롭게 하였느니라."

아난이 아뢰었다.

"궁금합니다. 세존이시여, 과거 세상에서는 어떻게 중생을 이롭게 하셨습니까?"

부처님께서 아난에게 말씀하셨다.

"아득히 먼 옛날 아승기겁 전에 이 염부제에 네 개의 강과 두 명의 왕이 있었다. 한 왕은 이름이 바라제바婆羅提婆(중국 말로는 범천梵天)였다. 그는 혼자서 세 강을 차지하였고 백성이 매우 많았다. 하지만 다들 몸이 매우 약하였다. 또 한 왕은 이름이 벌사달제罰闍達提(중국 말로는 금강취金剛聚)였다. 그는 강을 하나밖에 차지하지 못하였고 백성도 적었다. 하지만 그 나라 사람들은 다들 용감하고 씩씩했다.

어느 날 금강취는 정전正殿에 혼자 앉아 있다가 이렇게 생각하였다.

'지금 나는 용맹하고 씩씩한 군사가 있는데도 강을 하나밖에 차지하지 못하고, 저 나라 사람들은 연약한데도 강을 셋이나 차지하고 있다. 나는 이제 사신을 보내 강을 하나 달라고 요구해야겠다. 만약 요구대로 준다면 서로 친교를 맺고 각자의 나라에서 생산되는 좋은 물품들을 서로 교역하고, 어려운 일이 있을 때는 서로 달려가 구원하리라. 하지만 만약 요구를 들어주지 않으면 힘으로 압박해서라도 빼앗으리라.'

금강취는 이렇게 생각하고, 곧 대신들을 불러 이 일에 대해 의논하였다.

그러자 대신들이 이구동성으로 말하였다.

'지금이 바로 그때입니다.'

금강취는 곧 범천국으로 사신을 파견해 자기 뜻을 범천왕에게 자세히 전하였다.

범천왕은 이 말을 듣고 생각하였다.

'우리나라는 산물이 풍족하고 인구도 많다. 그리고 이 나라는 부왕께서 내게 물려 주신 것이다. 힘으로 싸우더라도 나는 저들에게 지지 않을 것이다.'

이렇게 생각하고 사신에게 대답하였다.

'이 나라는 내가 얻은 것이 아니라, 부왕께서 나에게 물려 주신 것이다. 또 지금 나의 힘은 너희만 못하지 않다. 너희가 힘으로 대결하겠다고 해도 나는 두렵지 않다.'

사신은 본국으로 돌아가 들은 대로 낱낱이 보고하였다. 금강취왕은 곧 군사를 모아 범천국을 공격하였다. 한 번의 전투로 범천왕의 군영은 무너졌다. 금강취는 뒤를 쫓아 추격하여 그들의 성 근처까지 이르렀다. 범천왕의 군사들은 겁에 질려 움츠러들었고 다시는 감히 성을 나오지 못하였다. 그리고 대신과 장수들이 모두 모여 범천왕에게 찾아가 다 같이 한마음으로 아뢰었다.

'저 나라 군대는 강하고 우리나라는 약합니다. 강 하나를 아끼려다 지금 이렇게 패배하였습니다. 이러다가는 오래지 않아 나라까지 잃게 될까 두렵습니다. 부디 마음을 여시어 강 하나를 저들에게 주고 화친을 맺으면 안전하게 될 것입니다.'

범천왕은 마음을 열고 대신들의 주장을 받아들였다. 범천왕은 곧 상대편 군중으로 사신을 파견해 그들의 왕에게 말하였다.

'우리가 잘못했습니다. 이제 요구하신 강을 드리고, 나의 딸을 당신에게 부인으로 주겠습니다. 각자의 나라에서 생산되는 특산물을 서로 교역하고, 어려운 일이 있을 때는 서로 달려가 구원합시다.'

그러자 금강취는 범천왕의 뜻대로 그의 딸을 맞아 부인으로 삼고 서로 화해한 다음 군사를 돌려 본국으로 돌아갔다.

세월이 흘러 금강취왕의 부인이 임신하게 되었다. 부인이 임신한 뒤부터 일곱 가지 보배로 만들어진 큰 일산이 저절로 나타나 항상 부인의 몸 위에서 그늘을 드리웠다. 그 일산은 앉거나 눕거나 걷거나 서거나 끝내 부인에게서 떨어지지 않았다.

열 달 후 부인이 한 사내아이를 낳았는데, 황금색 피부에 머리카락은 검푸르며 얼굴이 환하게 빛나는 것이 세상에 드문 인물이었다. 아기가 태어나자 부인을 따라다니던 일산이 이제는 그 아기 위에 드리워졌다.

왕은 관상가들을 불러 아기의 관상을 보게 하였다. 관상가들이 자세히 살펴보고는 손을 번쩍 들면서 외쳤다.

'훌륭하구나, 훌륭하구나.'

관상가들이 이구동성으로 왕에게 아뢰었다.
'지금 태자를 살펴보니, 비교할 수도 없는 덕과 힘을 갖추었고 훌륭한 인물의 특징을 완전히 갖추었으니, 세상에 드문 일입니다.'
왕과 대신들은 기쁨을 이기지 못하고 관상가에게 말하였다.
'이름을 지어보라.'
당시 두 가지를 의거해 이름을 짓는 것이 그 나라 풍습이었으니, 첫째는 나타난 징조요, 둘째는 태어날 때의 별자리였다.
관상가가 아뢰었다.
'지금 이 태자를 임신하고부터 어떤 징조가 있었습니까?'
왕이 대답하였다.
'일곱 가지 보배로 만들어진 일산이 항상 그 위에 떠 있었다.'
그래서 이름을 찰라가리刹羅伽利(중국 말로는 개사蓋事)로 지었다. 왕은 온갖 오묘한 공양을 시기에 맞춰 태자에게 공급하였다. 그가 성인이 되고 부왕은 갑자기 죽었다. 장례를 치른 뒤에 여러 작은 나라 왕들은 함께 개사를 옹립하여 대왕으로 모셨다.
그가 나라를 다스리고 얼마 후였다. 한번은 동산에 놀러 나갔다가 백성들이 밭을 갈고 씨를 뿌리면서 힘들게 일하는 것을 보게 되었다. 왕이 곁의 신하들에게 물었다.
'우리나라 백성이 왜 저렇게 온갖 힘든 일을 하는가?'
신하가 대답하였다.
'나라는 백성을 근본으로 삼고, 백성은 곡식을 목숨으로 삼습니다. 만약 저들이 저렇게 일하지 않으면 백성은 목숨을 부지할 수 없고, 백성이 목숨을 부지하지 못하면 나라는 곧 망하고 맙니다.'

'만약 나에게 왕이 될 만한 복덕이 있다면, 내 백성들이 저절로 생기는 곡식을 얻어 다시는 저런 일을 하지 않아도 되게 하리라.'

이렇게 말하자, 모든 백성의 창고가 저절로 가득 차고 갖가지 곡식을 바라는 대로 모두 얻게 되었다.

또 시간이 흘러, 왕이 다시 성 밖으로 놀러 나갔다가 백성들이 나무를 베고 물을 긷고 방아를 찧으면서 힘들게 일하는 것을 보게 되었다. 왕이 신하들에게 물었다.

'지금 저 사람들은 왜 또 힘들게 일하고 있는가?'

신하가 대답하였다.

'대왕의 은혜로 저절로 생기는 곡식을 얻었지만, 곡식은 생으로 먹을 수 없으니 반드시 익혀야 합니다. 그래서 백성들이 음식을 조리하고 있는 것입니다.'

왕이 또 말하였다.

'만약 나에게 왕이 될 만한 복덕이 있다면, 내 나라 온 백성이 음식을 먹고 싶을 때마다 저절로 음식이 생겨 항상 그들 앞에 나타나게 하리라.'

이렇게 말하자, 온 나라 사람들이 다 저절로 생기는 음식을 얻게 되었다.

또 시간이 흘러, 왕이 다시 동산에 놀러 나갔다가 사람들이 저마다 바쁘게 베를 짜고 바느질하면서 옷을 만드는 것을 보게 되었다. 왕이 신하들에게 물었다.

'저 사람들은 왜 저렇게 힘들게 일하는가?'

신하가 대답하였다.

'대왕의 은혜로 저절로 생기는 음식을 얻었지만, 지금 저렇게 일하는 것은 옷을 만드는 것입니다.'

왕이 다시 말하였다.

'만약 나에게 왕이 될 만한 복덕이 있다면, 내 나라 안에 있는 모든 나무에서 저절로 옷이 생기게 하리라.'

이렇게 말하자, 그 나라에서 자라는 모든 나무에서 오묘한 옷이 저절로 생겼는데 매우 곱고 부드러웠으며, 파란색·노란색·빨간색·흰색 등 사람들이 좋아하는 취향대로 나왔다.

또 시간이 흘러, 왕이 다시 성 밖으로 나가 놀다가 사람들이 제각기 악기를 만드는 것을 보게 되었다. 왕이 신하들에게 물었다.

'내 나라 백성들이 왜 저렇게 힘들게 일하는가?'

신하가 대답하였다.

'백성들이 대왕의 은혜로 옷과 음식이 저절로 생겨 편안하게 지내고 있습니다. 하지만 스스로 즐기기 위해서는 반드시 음악이 필요합니다. 그래서 저 사람들이 지금 악기를 만드는 것입니다.'

왕이 말하였다.

'만약 나에게 왕이 될 만한 복덕이 있다면, 내 나라에서 자라는 모든 나무의 꼭대기에 북·나팔·거문고·비파·공후 등 필요한 모든 악기가 원하는 대로 모두 매달려 있게 하리라.'

또 시간이 흘러, 여러 작은 나라 왕과 신하들이 모두 왕에게 찾아와 예배하고 하례하다가 마침 왕의 식사 때가 되었다. 그러자 왕이 함께 식사하자면서 그들을 붙잡았다. 그때 신하들이 온갖 산해진미가 가득한 왕의 음식을 맛보고는 함께 아뢰었다.

'저희 집 음식은 맛이 별로입니다. 이제 대왕께서 잡수시는 음식을 먹어 보니 그 맛이 평범치 않습니다.'

왕이 말하였다.

'만약 내가 먹는 음식을 그대들도 항상 먹고 싶다면 내가 식사하는 시간에 그대들도 식사하라. 그러면 그대들도 나와 똑같은 음식을 먹게 될 것이다.'

왕은 곧 담당관에게 명령하였다.

'내 식사 시간이 되거든 항상 큰 북을 울려 모든 백성이 모두 알게 하라. 내 식사 시간에 따라 먹으면 온갖 맛이 어우러진 훌륭한 음식을 먹게 될 것이다.'

그 뒤로는 왕이 식사할 시간이 되면 곧 북을 울렸고, 모든 백성이 그 소리를 듣고 음식을 생각하면 온갖 맛이 어우러진 훌륭한 음식이 저절로 앞에 놓였다. 백성들의 풍요로움과 즐거움은 이루 말로 다 할 수 없었다.

그때 범천왕이 개사왕에게 사신을 보내 말하였다.

'당신 아버지가 계실 때 나는 강 하나를 당신 아버지에게 준 일이 있습니다. 이제 당신 아버지가 돌아가셨으니 그 강을 나에게 돌려주어야 마땅합니다.'

개사왕이 사신에게 말하였다.

'지금 나의 강토와 강들 역시 내 힘으로 차지한 것이 아니고, 아버지가 억지로 당신에게 얻은 것입니다. 그러나 나는 지금 왕이 되어 백성들을 괴롭히지 않고 있습니다. 이런 사소한 문제는 뒤로 미루고 우선 둘이 얼굴을 맞대고 직접 만나 국경 문제를 정비하도록

합시다.'

사신은 본국으로 돌아가 왕에게 자세히 보고하였다. 범천왕은 그의 뜻을 받아들여 함께 만날 날짜를 정하였다. 기일이 되자 두 나라 왕은 수많은 군사를 대동하고 함께 출발해 강을 사이에 두고 서 각기 한쪽에 큰 군영을 설치했다. 그리고 두 왕은 배를 타고 강 한복판에서 만났다.

이때 범천왕은, 순금처럼 찬란히 빛나는 피부색에 머리카락이 검푸른 유리처럼 번쩍이고 두 눈이 크고 길어 사람 중에서는 좀처럼 보기 어려운 개사왕의 모습을 보자마자 공경하는 마음이 저절로 솟아나 '저분은 범천이 아닐까'라고 생각하였다.

두 왕은 서로 만나 안부를 물은 뒤 한자리에 마주 앉아서 두 나라의 국경을 의논하였다. 그러다 이야기가 강 문제에 이르렀다.

개사왕이 말하였다.

'우리나라 백성들은 원하는 것들은 모두 저절로 얻고 있습니다. 또 세금도 없고 왕을 위한 노역도 없습니다.'

이야기가 채 끝나기도 전에 개사왕의 식사 시간이 되었다. 개사왕의 군사들은 북을 치면서 식사하려 하였다. 그러자 범천왕은 두려움에 벌벌 떨면서 자기를 잡아 죽이려는 것이 아닐까 하고 생각하였다. 공포에 질린 범천왕은 자리에서 일어나 자신의 잘못을 사과하고, 손과 발을 쭉 뻗고 배를 바닥에 붙이면서 엎드렸다.

그러자 개사왕이 그를 직접 일으켜 세우며 다시 자리에 앉도록 하였다.

그리고 이어 말하였다.

'대왕, 왜 그렇게 겁을 내십니까? 우리 군사들은 내 식사 시간이 되면 항상 저렇게 북을 칩니다. 왜냐하면 내가 식사를 할 때 자기들도 밥을 먹을 먹으면 모두가 온갖 맛이 어우러진 훌륭한 음식을 얻기 때문입니다.'

그러자 범천왕이 일어나 합장하고 아뢰었다.

'부디 대왕께서 저와 우리나라 백성들까지 두루 보살펴 주십시오. 저희 모두 항복하고 귀화하기를 원합니다. 저희 백성도 모두 대왕의 은택을 입게 하소서.'

이에 개사왕은 염부제 전체를 다스리며 모든 백성이 편안하고 행복하게 하였다.

대왕의 지위에 오른 뒤, 그가 정전에 자리하고 모든 신료가 밤을 새워 호위하며 곁에서 모시고 있을 때였다. 해가 처음 뜨는 시간에 금륜보金輪寶가 나타나 동쪽에서 다가왔다. 왕은 곧 자리에서 내려와 오른쪽 무릎을 땅에 붙이고, 황금 수레바퀴를 향하여 손짓으로 세 번을 불렀다. 그러자 황금 수레바퀴가 왕 앞까지 왔는데, 천 개의 바큇살을 완전히 갖추고 광명이 찬란하였다. 그러자 개사왕이 말하였다.

'만일 내가 전륜왕이 될 자격이 있다면, 법답게 머무를 곳에 너는 곧 머물도록 하라.'

그러자 황금 수레바퀴가 왕의 앞 허공에 머물렀는데, 그 황금 수레바퀴는 땅에서 다라수多羅樹 일곱 그루 높이만큼 떠 있었다. 그리고 보배와 같은 코끼리, 전장을 누빌 훌륭한 말, 밤에도 빛나는 신비한 구슬, 옥처럼 아름다운 여인, 군대를 통솔할 장군·국고를 총괄할 대신 등 전륜성왕에게만 나타나는 보물들이 차례로 왕에게 찾아왔다.

그때 개사왕은 일곱 가지 보배를 완전히 갖추고 온 천하를 맡아 다스렸다. 일체중생은 왕의 은덕을 입어 원하는 것들을 맘껏 누렸다. 왕은 또 백성들에게 열 가지 선善을 닦게 하였기에 백성들은 목숨을 마친 뒤 모두 하늘나라에 태어났느니라."

부처님께서 이어 아난에게 말씀하셨다.

"그때 그 개사왕이 어찌 다른 사람이겠는가? 바로 지금의 나이다. 부왕 벌사달제는 지금의 내 아버지 정반왕이며, 그때의 어머니는 지금의 내 어머니 마하마야摩訶摩耶이니라.

나는 옛날 전생에도 중생들을 사랑하고 가엾이 여겨 항상 재물과 법으로 그들을 거두었고, 그 인연으로 스스로 삼계에 홀로 높아 짝할 사람이 없는 부처가 되었다. 그러므로 일체중생은 모두 큰 자비심으로 널리 이롭게 하는 보살행을 반드시 닦아야 하느니라."

아난이 다시 부처님께 여쭈었다.

"궁금합니다, 세존이시여. 개사 전륜성왕은 과거 전생에 어떤 인연을 지었기에 그런 한량없는 공덕을 얻고, 어머니에게 잉태된 순간부터 보배 일산이 그를 따라다닌 것입니까?"

부처님께서 말씀하셨다.

"아득히 먼 옛날 한량없는 아승기겁 전에 염부제의 바라내국 선인산에 항상 머물던 한 벽지불이 있었다.

어느 날 그 벽지불이 병이 나서 의사를 찾아갔다.

그러자 의사가 말하였다.

'당신은 풍병風病에 걸렸으니 우유를 먹어야 합니다.'

그때 그 나라에 아리야밀라阿利耶蜜羅(중국 말로는 성우聖友)라는 큰 상단의 주인이 있었다. 벽지불은 그의 집으로 찾아가 병의 치유법을 이야기하고, 그에게 우유를 청하였다. 상단의 주인은 기뻐하며 곧 그에게 공양을 올리고 싶다며 청하고, 매일 우유를 공급하였다. 그렇게 석 달이 지나자 벽지불은 병이 나았다. 그의 착한 마음씨에 감동한 벽지불은 그에게 큰 이익을 주고 싶었다. 그래서 하늘로 솟아올라 공중에서 앉기도 하고 눕기도 하고 다니기도 하고 서기도 하면서 몸에서 물과 불을 뿜어내었다. 또 큰 몸을 나타내어 허공을 꽉 채우기도 하고, 혹은 작은 몸을 나타내어 가는 털 속으로 들어가기도 하였다. 이렇게 갖가지로 열여덟 가지 신통 변화를 나타내자, 상단의 주인은 매우 기뻐하였다.

벽지불은 다시 공중에서 내려와 거듭 그가 올리는 공양을 받고, 시간이 흘러 열반에 들었다. 상단의 주인은 슬픔에 젖어 한없이 추모하며 그를 화장하였다. 그리고 사리를 수습해 보배 병에 담고는 탑을 세워 향과 꽃과 음악 등 갖가지 묘한 물건으로 공양하였다. 그리고 자신이 들고 다니던 큰 일산을 탑 꼭대기에 설치하고 자신이 죽는 날까지 그 탑에 공양을 올렸다.

그 상단의 주인은 벽지불에게 네 가지 물품을 공양하였기 때문에 그 복된 과보로 한량없는 생애 동안 하늘나라에 태어나기도 하고 인간으로 태어나기도 하였는데, 태어날 때마다 존귀하고 부유하며 특별하고 빼어나 세상에 짝할 이가 적었느니라."

부처님께서 또 아난에게 말씀하셨다.

"출가자건 재가자건 모든 중생은 복을 닦아야 한다. 복을 닦으면 세세생생 이런 이익을 얻을 것이다."

그때 아난과 대중들은 부처님 말씀을 듣고 기뻐하며 받들어 행하였다.

36

여의주를 찾으려고 바닷물을 푼 대시

나는 다음과 같이 들었다.

언젠가 부처님께서 나열기의 기사굴산耆闍崛山에서 1,250명의 큰 제자와 함께 계실 때였다.

그때 부처님께서 시자侍者를 두어야겠다는 생각을 하셨다. 교진여憍陳如를 비롯한 여러 큰 제자들은 제각기 관찰하여 부처님의 생각을 알아차렸다.

교진여는 자리에서 일어나 오른쪽 어깨를 드러내고, 합장하고 꿇어앉아 부처님께 아뢰었다.

"제가 부처님을 가까이에서 모시면서 가사와 발우를 들어드리고 싶습니다. 부디 저를 가엾이 여겨 허락해 주십시오."

부처님께서 말씀하셨다.

"그대도 이제 늙어 시자가 필요한 나이가 되었다. 어찌 차마 그대에게 시자 일을 시킬 수 있겠는가?"

교진여는 부처님께서 허락하지 않으실 것을 알고 예배하고 다시 자리에 앉았다. 그리고 마하가섭과 사리불·목건련 등 여러 제자 500명도 차례로 부처님께 시자가 되기를 청하였지만, 부처님께서는 누구에게도 허락하지 않으셨다.

그때 아나율이 부처님의 뜻을 관찰하고는 부처님께서 아난을 마음에 두고 계신다는 것을 알았다. 해가 동쪽에서 솟아 집을 비출 때, 그 광명이 동쪽 창에서 서쪽 벽으로 바로 가는 것처럼 부처님 뜻도 그와 같았다. 여러 큰 제자들 역시 이를 관찰하여 알았다.

그때 사리불과 목건련이 앉았던 자리에서 일어나 아난에게 찾아가 말하였다.

"그대를 시자로 삼았으면 하는 것이 부처님의 뜻이오. 그대가 착하고 영리해 부처님께서 적당한 사람이 그대뿐이라 생각하시는 것 같소. 빨리 부처님께 찾아가 시자가 되고 싶다고 말씀드리시오."

현자 아난은 여러 상좌 비구들이 찾아와서 하는 말을 듣고는 곧 일어나 합장하고 아뢰었다.

"부처님은 덕이 무겁고 지혜가 깊고 넓은 분이십니다. 제가 항상 가까이에서 모시고 받들어 섬기다가 허물을 지어 스스로 화를 초래할까 두렵습니다."

사리불 등이 다시 말하였다.

"이제 부처님의 의중을 살펴보니 그대를 시자로 삼았으면 하는 것이오. 마치 해가 처음 솟아 방을 비출 때 그 광명이 동쪽 창에서 곧바로 서쪽 벽을 비추는 것처럼 부처님의 마음도 그와 같이 당신에게 쏠려 있소. 또 부처님께서는 사람의 마음에 밝은 분이오. 그대라면 그 일을 충분히 감당하리라는 것을 아시기 때문에 마음에 두는 것이오. 지금 당장 찾아가서 시자가 되겠다고 청하시오."

 현자 아난은 거듭 권하는 말을 듣고 생각하다가, 어찌할 바를 몰라 다시 합장하고 아뢰었다.

 "만약 부처님께서 저의 세 가지 소원을 들어주신다면 제가 부처님의 시자가 되겠습니다. 세 가지 소원은 이렇습니다. 부처님께서 입으셨던 헌 옷을 저에게 입으라며 주지 마시고, 부처님께서 드시고 남은 공양을 저에게 먹으라며 주지 마시고, 부처님의 일정과 찾아온 사람들을 부처님께서 접견하실지 말지를 제가 결정하게 해주십시오. 이 세 가지 소원을 허락하신다면 제가 부처님을 모시겠습니다."

 사리불 등은 이 말을 듣고 부처님께 찾아가 그 사실을 자세히 아뢰었다. 부처님께서 이 말을 들으시고, 곧 사리불과 제자들에게 말씀하셨다.

 "제자들이여, 아난이 내가 입던 헌 옷을 입지 않게 해달라고 요구한 이유는, 아난이 생각이 깊어 다른 제자들이 혹시라도 '국왕과 신하와 백성 등 여러 시주가 여래에게 보시한 옷들은 모두 곱고 부드러운 귀하고 값진 물건들이다. 아난은 그 옷들이 탐나 시자가 되었다.'라고 생각할까 걱정하였기 때문이다.

 또 내가 먹다 남긴 음식을 먹지 않게 해달라고 요구한 이유는, 혹시라도 다른 제자들이 '여래의 발우에 담겼다가 남긴 음식들은 달콤하고 훌륭하며 온갖 맛이 어우러져 세상에는 그런 음식이 없다. 아난은 그 음식을 먹으려고 여래 가까이 간 것이다.'라고 생각할까 걱정하였기 때문이다.

또 아난이 여래의 일정과 찾아온 사람들의 접견 여부에 대한 재량을 요구한 이유는, 여러 제자와 외도를 비롯한 많은 사람이 나를 만나러 찾아왔을 때 곤란한 질문을 하거나 시도 때도 없이 만남을 요구하면 혹 서로 괴롭고 번거로울까 걱정하였기 때문이다. 또 시자라면 마땅히 적당한 시간과 몸을 편안하게 하고 이롭게 하는 적절한 음식을 살펴야 하고, 낱낱의 제도에서 혹시라도 잘못을 범하지는 않을까를 염려해야 한다. 그래서 미리 이런 세 가지 소원을 요구한 것이니라.

또 아난이 적절한 시간을 자기가 알아서 결정하게 해달라고 요구한 것은 오늘만이 아니다. 과거 전생에도 나를 받들어 모시면서 적절한 시간을 스스로 알아서 잘 결정하였느니라."

그때 사리불이 부처님께 거듭 여쭈었다.

"궁금합니다. 과거 전생에도 아난이 부처님을 받들어 모시면서 적절한 시간을 스스로 잘 알아서 결정하였다고 말씀하셨는데, 어떤 일이 있었습니까?"

부처님께서 사리불에게 말씀하셨다.

"그대가 알고 싶다면 자세히 듣고 잘 명심하라. 그대를 위해 설명하리라."

"그러겠습니다. 세존이시여, 잘 듣고 명심하겠습니다."

부처님께서 말씀하셨다.

"아득한 옛날 헤아릴 수 없고 한량없는 아승기겁 전에 염부제의

8만 4천 개의 작은 나라와 80억 촌락을 다스리던 큰 나라의 왕이 있었는데, 그 왕이 사는 성의 이름이 바루시사婆樓施舍였다.

그때 그 성에 니구루타尼拘樓陁라는 한 바라문이 있었다. 그는 총명하여 두루 통달하였고, 타고난 재주가 타의 추종을 불허하였다. 그래서 그 나라 왕이 매우 존경하고 받들어 스승으로 섬겼고, 8만 4천 개의 여러 작은 나라 왕들도 모두 그를 공경하고 사모하였다. 작은 나라 왕들은 그가 있는 곳을 멀리서 우러러보며 사방 멀리에서 공물을 바치고 사신을 파견해 가르침을 받들었다. 요약해 말하자면 그를 대왕처럼 받들었다.

그래서 그 바라문은 그 부유함이 왕가에 필적하였다. 다만 대를 이을 자식이 없어 나가건 들어오건 앉건 눕건 늘 그것이 걱정거리였다. 하지만 어떻게 해야 아들을 얻을 수 있는지 방법을 알 수 없었다.

그래서 바라문은 범천·제석천·사천왕·마혜발라천摩醯跋羅天을 비롯한 수많은 하늘나라 신들과 해·달·별·산·강·나무 등 갖가지 신들에게 빠짐없이 기도하며 제사를 올렸다. 그렇게 정성을 다해 공덕을 쌓은 지 12년 만에 드디어 그의 큰 부인에게 태기가 나타났다. 총명했던 큰 부인은 자기가 밴 아기가 분명 사내아이라는 것을 알고 그 사실을 바라문에게 알렸다. 바라문은 기뻐하며 기쁨이 넘쳐 펄쩍펄쩍 뛰면서 온 집안의 부인과 궁녀들에게 명령을 내렸다.

'다들 와서 부인이 움직일 때마다 부축하고, 음식이며 침상과 자리를 매우 부드러운 것들로 준비하여 부인의 마음에 들게 하고 조

금도 거역하지 말라.'

부인은 열 달이 지나 사내아이를 낳았는데, 황금색 피부에 머리카락이 검푸르며 얼굴이 남달리 단정한 것이 사람 중에는 그런 모습이 드물었다.

바라문은 그 모습을 보고 기쁨을 이길 수 없었다. 바라문은 곧 관상가들을 불러 함께 관상을 보게 하였다. 관상가들은 자세히 살펴보고 처음 보는 관상이라며 찬탄하였다.

'이 아이의 상호는 넓고 큰 복덕을 갖췄으니 마치 자식이 어머니를 의지하듯 온 천하가 이 아이를 우러러볼 것입니다.'

바라문은 기뻐하여 아들의 이름을 짓게 하였다. 인도에서는 두 가지에 의지하여 이름을 지었으니, 첫째는 태어날 때 별자리에 따라 이름을 지었고, 둘째는 임신 이후에 있었던 기이한 징조에 따라 이름을 지었다. 그래서 관상가들이 바라문에게 물었다.

'이 아기를 밴 뒤로 어떤 이상한 일이 없었습니까?'

바라문이 대답하였다.

'이 아이의 어미는 평소 남을 시기하고 미워하며 인자한 마음이 적었고, 자비심과 지혜도 닦지 않았던 사람이다. 그런데 아기를 밴 뒤로는 심성이 달라져서 힘들고 어려운 자들을 보면 마치 어미가 자식을 사랑하듯 가엾이 여기면서 아낌없이 보시하려고 하였다.'

관상가들이 이 말을 듣고 기뻐하면서 말하였다.

'그것은 이 아기가 그렇게 시킨 것입니다. 그러니 아기의 이름을 마하사가번摩訶闍迦樊(중국 말로는 대시大施)이라 하소서.'

그 아들이 장성하자, 아버지는 아들을 매우 사랑해 따로 궁궐을 짓고 세 계절에 알맞은 세 개의 전각을 세웠다. 그래서 겨울에는 따뜻한 전각, 여름에는 시원한 전각, 봄과 가을에는 그 중간 전각에서 살게 하고, 많은 기녀와 시녀를 두어 아들이 즐기게 하였다.

아들은 총명하고 학문을 좋아하여 세속의 경전 18부를 외워 그 문장에 통달했을 뿐 아니라 그 뜻까지 잘 이해하였다. 그리고 온갖 기술을 배워 통달하지 못한 것이 없었다.

그 뒤에 대시大施가 아버지에게 아뢰었다.

'오랫동안 깊은 궁중에서만 지냈습니다. 저도 성 밖으로 나가 놀고 싶습니다.'

아버지는 그 말을 듣고 신하들에게 분부하였다.

'내 아들 대시가 성 밖으로 나가 놀고 싶단다. 거리를 깨끗이 쓸어 온갖 더러운 것들을 치우고 여러 가지 깃발을 세우고 꽃을 뿌리고 향을 피워 내 아들이 지나가는 길목을 아름답게 꾸미고 아주 깨끗하게 하라.'

준비가 끝나고 대시가 일곱 가지 보배로 장식한 하얀 코끼리에 오르자 종을 치고 북을 울리면서 춤과 노래가 펼쳐졌다. 대시는 앞뒤로 1천 대의 수레와 1만 마리 말의 호위를 받으면서 큰길을 지나 성문으로 나갔다.

그때 온 나라 백성들이 높은 누각과 길 양쪽에서 서로 구경하려고 다투면서 싫증을 내지 않았다.

사람들이 모두 찬탄하였다.

'참으로 놀랍고 참으로 아름답구나. 위엄스러운 저 사람의 모습을 보니 마치 범천 같구나.'

행차는 앞으로 나아갔다. 그때 거지들이 다 떨어진 옷에다 부서진 그릇을 들고 비굴한 말투로 구걸하였다.
'못난 저희에게 조금만 적선하십시오.'
대시가 그들을 보고 물었다.
'너희들은 왜 그렇게 고생스럽게 사느냐?'
어떤 이가 대답하였다.
'저는 부모도 형제도 처자도 없으며, 가난하고 고독해 의지할 곳이 없습니다.'
또 어떤 이가 대답하였다.
'저는 오랫동안 병을 앓는 바람에 일을 할 수 없어 살아갈 길이 없습니다.'
또 어떤 이가 대답하였다.
'저는 불행하여 여러 번 파산하고 빚만 잔뜩 졌습니다. 입을 것과 먹을 것이 절박한데 스스로 어찌할 방법이 없습니다. 그래서 구걸하고 다니면서 남은 목숨을 부지하고 있습니다.'
대시는 이 말을 듣고 탄식하면서 떠났다. 다시 앞으로 나가다가 짐승을 잡아 껍질을 벗기고 그 살을 베어 저울에 달아 파는 백정들을 보았다.
대시가 물었다.
'쯧, 그게 무슨 짓이냐?'
그들이 말하였다.
'저희는 할아버지 때부터 도살을 직업으로 삼았습니다. 만약 이 일을 그만두면 살아갈 길이 없습니다.'

대시는 탄식하고 그곳을 떠났다.

다음에는 쟁기로 밭을 가는 농부들을 보았다. 쟁기질한 땅에서 벌레가 튀어나오자 개구리가 냉큼 집어삼키고, 또 뱀이 덮쳐 그 개구리를 잡아먹고, 공작이 날아와 그 뱀을 쪼아먹고 있었다.

대시가 물었다.

'무엇을 하는 것이냐?'

그들이 대답하였다.

'땅을 갈아 종자를 뿌리는 것입니다. 그래야 나중에 곡식을 거두어 그것으로 먹고살고, 또 왕가에 세금을 바칠 수 있습니다.'

그 말을 들은 대시는 깊게 한숨을 내쉬고 떠났다. 다시 앞으로 나가다가 긴 그물을 설치하고 짐승을 잡는 사냥꾼들을 만났다. 그물과 덫에 걸린 짐승들은 아무리 발버둥 쳐도 벗어날 수 없어 서로 비명을 지르면서 다들 두려움에 떨고 있었다.

대시가 그들을 보고 물었다.

'왜 그런 짓을 하느냐?'

그러자 그들이 대답하였다.

'저희는 오직 사냥밖에 할 줄 몰라 이것을 직업으로 삼고 있습니다. 이 짓을 하지 않으면 살아갈 길이 없습니다.'

대시는 그 말을 듣고 못내 마음 아파하면서 떠났다. 다시 앞으로 나아가다가 그물을 길게 설치하여 물고기를 잡는 어부들을 보았다. 그들은 많은 물고기를 잡아 육지에 쌓아 두었는데, 물고기들이 살려고 펄쩍펄쩍 뛰고 있었다.

대시가 그들에게 물었다.

'쯧, 왜 그런 짓을 하느냐?'

그들이 대답하였다.

'저희는 할아버지 때부터 살아갈 다른 직업이 없었습니다. 옷과 음식을 마련하자면 물고기를 잡아서 팔아야만 합니다.'

대시는 이것을 보고 몹시 가엾게 여기면서 가만히 생각하였다.

'저 중생들은 모두 가난하고 옷과 음식이 모자라기 때문에 중생을 죽이는 저런 나쁜 짓을 하면서도 한껏 기뻐하고 있다. 저들은 목숨을 마친 뒤 세 갈래 나쁜 세계에 떨어져 어둠에서 다시 어둠으로 들어갈 것이 뻔한데 저렇게 기뻐하니, 이 얼마나 괴이한 짓인가?'

이렇게 생각하고는 수레를 돌려 궁궐로 돌아왔다. 대시는 성 밖에서 본 일이 마음에 걸려 마음이 울적하고 즐겁지 않았다. 대시는 아버지를 찾아뵙고 한 가지 소원을 요구하였다.

아버지는 대시에게 말하였다.

'네가 원하는 대로 따르고 절대 반대하지 않겠다.'

그러자 대시가 아뢰었다.

'얼마 전에 성 밖으로 놀러 나갔다가 백성들이 사는 모습을 보았습니다. 그들은 옷과 음식을 구하기 위하여 몸과 마음을 괴롭히며 서로 죽이고 서로 속이면서 온갖 나쁜 짓을 하고 있었습니다. 저들이 너무 가여워 뭐라도 주고 싶습니다. 부디 은혜를 베풀어 아버지의 큰 창고를 저에게 주시고, 제가 마음대로 베풀어 저 가난한 이들을 구제하게 하소서.'

아버지가 말하였다.

'내가 재물과 보물을 모은 것은 모두 너를 위해서이다. 네 뜻이 그런데 어찌 내가 반대하겠느냐?'

아들은 아버지의 허락을 받고 곧 모든 백성에게 선포하였다.

'대시가 크게 보시하고자 합니다. 필요한 것이 있는 사람은 모두 와서 가져가십시오.'

이렇게 알리고 나자, 사문·바라문·가난한 이·빚진 이·외로운 이·병을 앓는 이들이 모든 성의 도로를 메우면서 줄지어 모여들었다. 그 백성들 가운데는 100리·200리·300리·400리·500리·1000리 밖에서 찾아온 이도 있었고, 또 3천 리·5천 리·만 리 밖에서 찾아온 이도 있었다. 그렇게 튼튼한 사람, 약한 사람이 서로를 부축하면서 사방에서 구름처럼 몰려들었다.

대시는 그런 그들에게 모든 것을 주어 그들의 소원을 채워 주었다. 옷이 필요한 이에게는 옷을 주고, 밥이 필요한 이에게는 밥을 주고, 금·은 등의 일곱 가지 보배와 수레·말·가마와 동산·밭과 여섯 가지 짐승 등 무엇이건 그들이 원하는 대로 주었다. 이렇게 보시하자 몇 시간 만에 모든 창고의 물품이 3분의 2가 줄어들었다.

그러자 창고관리자가 그 아버지에게 달려가 아뢰었다.

'대시 도련님이 보시하는 바람에 창고 물품이 3분의 2나 줄었습니다. 장차 여러 왕의 사신들이 오갈 일이 있을 것입니다. 깊이 생각하시어 꾸지람을 당하지 않도록 하소서.'

부왕은 관리자가 하는 말을 듣고 생각하였다.

'나는 내 아들을 사랑하기 때문에 부탁을 거절할 수 없다. 차라리 창고가 텅텅 빌지언정 어찌 보시를 중단시킬 수 있겠는가?'

다시 몇 시간이 지나자 창고에 남았던 물품에서 3분의 2가 또 줄어들었다. 창고관리자가 다시 아뢰었다.

'아까 남았던 물품에서 3분의 2가 또 줄었습니다. 이제 창고가 거의 텅 비게 생겼습니다. 여러 왕이 파견하는 사신이 반드시 보고할 것이니, 부디 다시 생각해 보소서.'

그러자 바라문이 창고관리자에게 말하였다.

'나는 내 아들을 사랑한다. 너무나 사랑하기에 대놓고 그의 뜻을 꺾고 거절한 적이 단 한 번도 없다. 네가 무슨 수를 써서 거짓으로 구실을 만들고 내 아들이 물품을 가지러 올 때 잠깐 몸을 피하거라. 일단 남은 물품이라도 챙기게 시간을 끌어봐라.'

창고관리자는 바라문의 말대로 곧 창고의 문을 걸어 잠그고 잠시 다른 곳으로 몸을 피했다. 그래서 거지들이 대시에게 몰려가자, 대시가 그들을 데리고 물품을 요구하러 창고관리자를 찾아갔다. 그러나 창고관리자는 그곳에 없었다. 여기저기 다니면서 창고관리자를 찾다가 한참 시간이 지나서야 겨우 그를 발견하였다. 그렇게 물품을 얻었지만 이미 때가 늦었다.

대시는 생각하였다.

'지금 이 작은 관리자가 어찌 감히 자기 멋대로 내 명령을 거역했겠는가? 아버지 뜻을 받들어 일부러 이렇게 한 게 분명하다. 또 사람으로서 아들이 부모의 창고를 모조리 비우는 것은 도리에 맞지 않는다. 게다가 지금 이 창고에는 물품이 얼마 남지도 않았다.'

그리고 또 생각하였다.

'내가 어떻게 해야 재물을 많이 얻어 맘껏 중생들을 구제할 수

있을까?'

그래서 사람들에게 물어보았다.

'요즘 이 세상에서는 어떤 사업을 해야 아무리 써도 바닥나지 않을 만큼 재물을 많이 얻을 수 있습니까?'

그러자 어떤 사람이 말하였다.

'다섯 가지 곡식을 많이 심어 농장을 잘 가꾸면 많은 재물을 얻을 수 있습니다.'

또 어떤 사람은 말하였다.

'여섯 가지 가축을 많이 길러 시기를 따라 번식시키면 많은 재물을 얻을 수 있습니다.'

또 어떤 사람은 말하였다.

'위험을 무릅쓰고라도 멀리 나가 장사하면 아주 많은 재물을 얻을 수 있습니다.'

혹 어떤 사람은 말하였다.

'바다에 들어가 보배를 캐는 수밖에 없습니다. 그것이 가장 많은 재물을 얻는 방법입니다.'

대시는 이 말을 듣고 혼자 말하였다.

'농사를 짓고 가축을 기르기 위해 멀리 나가 장사하는 것은 내 적성에 맞지 않을 뿐 아니라 얻는 이익도 얼마 되지 않는다. 바다에 들어가 보물을 캐는 그 계책만은 해볼 만하구나. 나는 기어코 이 일을 완수하리라.'

이렇게 생각하고 나서 부모님에게 찾아가 아뢰었다.

'저는 이제 바다에 들어가고자 합니다. 많은 보배를 가지고 돌아

와서 그것을 보시해 가난한 백성들을 구제하겠습니다. 부디 제 뜻을 이룰 수 있도록 허락해 주소서.'

부모는 그 말을 듣고 놀라면서 물었다.

'세상 사람들이 바다에 들어가는 것은 너무도 가난하고 다른 계책마저 없어서 목숨을 버리는 것까지 돌아보지 않을 때 하는 일이다. 그런데 너는 왜 그런 일을 하려는 것이냐? 만약 네가 보시하고 싶다면 우리 집에도 물건들이 있고 또 창고에도 아직 남은 것이 있다. 그것을 모두 네가 쓰게 하리니, 저 바다에는 들어가지 말라. 또 바다에는 여러 가지 위험한 일들이 많다. 소용돌이치는 파도에 큰 마갈어 · 사나운 용 · 나찰 · 암초 등 이런 여러 가지 위험은 쉽게 통과하기 어려운 것들이다. 그런데 너는 무슨 급한 일이 있다고 그런 어려움에 몸을 던지려는가? 우리가 살아있는 한 절대 허락하지 않을 것이니, 너는 그 생각을 포기하고 다시는 어지럽게 거론하지 말라.'

대시는 이 말을 듣고 자기 뜻대로 하지 못하게 되자 마음이 답답하고 슬퍼졌다. 그리하여 가만히 생각하였다.

'지금 내 소원은 큰일을 성취하려는 것이다. 이까짓 몸을 아낀다면 그 일을 어떻게 이루어지겠는가?'

그는 부모님 앞에서 땅에 엎드려 아뢰었다.

'만약 기어코 만류하여 저의 뜻을 거절하시겠다면 이 땅에 잎드린 채로 다시는 일어나지 않겠습니다.'

부모는 이 말을 듣고 애가 달았다. 그래서 여러 내관內官들과 함께 타일렀다.

'바닷길은 멀고 험하여 어려운 일이 많다. 그래서 가는 이는 많지만 돌아오는 이는 적다. 우리는 아들을 얻겠다고 온갖 하늘의 신들에게 제사를 올리고 간절히 기도하면서 어디 안 가본 곳이 없었다. 그렇게 12년이나 공을 들여서 겨우 너를 얻은 것이다. 그런데 네가 이제 좀 컸다고 우리를 버리겠다는 것이냐? 그런 생각일랑 버리고 일어나서 음식이나 먹거라.'

하루 이틀이 지나 엿새가 되도록 제발 정신 차리라며 이렇게 갖가지로 타일렀다. 하지만 대시는 처음 했던 말을 그대로 반복하며 굳게 먹은 마음을 돌리지 않았다.

부모는 속으로 겁이 났다. 그래서 의논하였다.

'이 아이는 지금까지 무엇을 하려고 하면 반드시 완수하였지 중간에 그만둔 일이 없었소. 차라리 바다로 가는 것을 허락하고 그저 무사히 돌아오기를 바라는 것이 낫겠소. 지금 기어코 거절하면 이레가 되어서는 큰 화를 당할 것이니 어찌하겠소? 우선 떠나도록 허락하고 걱정은 뒤로 미룹시다.'

이렇게 의논하여 결정하고 아들에게 다가가 각각 한 손씩 잡고 말하였다.

'네 뜻대로 하도록 허락할 테니 어서 일어나 밥이나 먹거라.'

대시는 이 말을 듣고 곧 일어나 음식을 먹었다. 그는 식사를 마치고 밖으로 나가 사람들에게 두루 알렸다.

'제가 이제 직접 보배를 캐러 바다로 들어가려고 합니다. 가고 싶은 분이 계시면 함께 갑시다. 제가 상단의 우두머리가 되어 먼 길을 떠날 채비를 하겠습니다.'

그때 그 소문을 듣고 그 나라 사람 500명이 모집에 응하였다. 대시는 곧 필요한 물품들을 준비하고 출발할 날짜를 정하였다.

그 날이 되자, 대시는 수레를 장식한 뒤에 부모님과 이별하고 길을 떠났다. 그때 왕과 대신과 부모와 여러 태자와 신하와 백성들 수천만 명이 길에 나와 배웅하면서 여비에 보태라며 제각기 값진 보물을 주었고, 슬피 울다가 까무러치기는 사람도 있었다.

일행은 그들과 이별하고 며칠 후 어느 광야에서 자다가 도둑들을 만나게 되었다. 그들은 몰래 쳐들어와서 물건을 훔치려고 하였다. 그러자 대시는 그들을 가엾이 여겨 곧 가지고 있던 물품을 모두 도둑들에게 주었다.

일행은 다시 길을 나서 앞으로 가다가 방발放鉢이라는 성에 도착했다. 그 성에는 가비리迦毘梨라는 부유한 바라문이 있었다. 대시는 그에게 황금 3,000냥을 빌리려고 집으로 찾아갔다.

한편 그 바라문에게는 아름다운 딸이 하나 있었다. 그녀는 황금색 피부에 머리카락은 감청색이며, 단정하기가 세상에 뛰어나 비교할 만한 사람이 없었다. 그래서 8만 4천 개의 여러 작은 나라 왕들이 태자를 위해 혼인을 청하였다. 하지만 그 혼사를 모두 거절한 여인이었다.

그때 대시가 가비리 바라문의 집 문에 이르러 물었다.

'어른을 뵙고자 합니다.'

집 안에 있던 가비리의 딸은 밖에서 들리는 소리만 듣고도 반가움에 깜짝 놀라며 일어섰다. 그녀가 부모에게 말하였다.

'문밖에 계신 분이 바로 저의 신랑 될 분입니다.'

그러자 가비리가 곧 나가 대시를 만나보았다. 가비리는 대시의 첫인상만으로도 그가 보통 사람이 아니란 것을 대번에 알았다. 가비리는 돈을 빌려달라는 대시의 부탁을 듣고 모두 허락하였다. 그리고 왼손에는 황금 물병을 들고 오른손으로 자신의 딸을 붙잡고서 대시에게 말하였다.

'내 딸은 용모가 매우 아름답습니다. 많은 왕들이 사신을 파견하여 그들의 태자를 위해 혼인을 청했지요. 그러나 이제 상단의 우두머리인 그대를 보니 내 딸만큼 번듯하구려. 부디 내 딸이 곁에서 당신을 모시게 하시오.'

대시는 대답하였다.

'저는 지금 위험을 무릅쓰고 바다로 들어가는 길입니다. 무사히 돌아올지 어떻게 알겠습니까? 이런 처지에 어른의 귀하신 따님을 미리 받는다는 것은 도리가 아닙니다.'

가비리가 말하였다.

'그렇다면 무사히 돌아오게 되면 그때는 나를 위해 받아 주오.'

대시는 곧 좋다고 허락하였다.

그러자 가비리가 기뻐하며 황금 3,000냥과 그 밖의 필요한 물품들을 모두 주었다. 대시 일행은 가비리와 작별하고 앞으로 나가 드디어 바다에 도착하였다. 대시는 상인들에게 명령하여 일곱 겹으로 나무를 덧대어 튼튼한 배를 만들고, 바람이 불 때를 기다렸다가 그 배를 바다에 띄우고, 일곱 개의 큰 밧줄로 바닷가 언덕에 묶었다. 그리고 요령을 흔들면서 상인들에게 큰소리로 알렸다.

'여러분, 다들 잘 들으십시오. 바다 가운데에는 위험이 많습니다. 태풍·나찰·파도와 소용돌이·사나운 용의 독기·바닷속 암초·큰 마갈어 등 위험이 매우 많습니다. 그래서 100명이 바다에 들어가면 겨우 한 사람만 무사히 돌아올 정도입니다. 그러니 그만두고 싶은 사람이 있다면 그냥 이곳에 남으십시오. 밧줄을 끊은 뒤에는 후회해도 소용없습니다. 하지만 단단히 마음먹고서 목숨마저 돌아보지 않고 부모·형제·처자도 잠시 잊을 수 있다면 일곱 가지 보배를 얻어 무사히 돌아올 날이 있을 것입니다. 그러면 자손 일곱 대代까지 먹고 써도 다하지 않을 것입니다.'

이렇게 당부하고는 곧 밧줄 하나를 끊었다. 대시는 날마다 이렇게 하였고, 이레째 되는 날에도 똑같이 외치고 드디어 일곱 번째 밧줄을 끊었다. 그리고 바람을 따라 돛을 올리자 배가 쏜살처럼 앞으로 나아갔다. 그렇게 대시는 상인들과 함께 보배가 있는 곳에 도착하였다.

대시는 지식이 많아 어떤 보배가 무겁고 어떤 보배가 가벼운지, 어떤 보배가 귀하고 어떤 보배가 천한지, 어떤 빛깔과 모양이 좋고, 어떤 빛깔과 모양이 나쁜지를 훤히 알고 있었다. 그래서 상인들에게 알려주었다.

'이런 빛깔의 보배는 가져도 무겁지 않고 값이 많이 나가기 때문에 캐야 하고, 이런 보배는 가지기도 무겁고 값도 싸기 때문에 캐지 말아야 합니다.'

또 당부하였다.

'보배를 캐되 적당히 실어야 합니다. 너무 많이 실으면 배가 무거워 가라앉고, 너무 적게 실으면 배는 가볍지만 애쓴 보람이 없습

니다.'
 이렇게 경계하고, 모두 부지런히 보배를 캐어 배에 실었다. 드디어 보배가 배에 가득 차자, 일행은 곧 돌아가려고 하였다.
 하지만 대시는 배에 오르려 하지 않았다. 사람들이 모두 몰려와 왜 그러느냐고 묻자, 대시가 말하였다.
 '저는 앞으로 더 전진하여 용궁龍宮으로 가서 여의주如意珠를 구하려 합니다. 제 목숨이 끝나더라도 여의주를 얻지 못하면 돌아오지 않겠습니다.'
 상인들은 이 말을 듣고 슬퍼하며 모두 아뢰었다.
 '저희는 상단의 우두머리인 당신만 믿고서 소중한 이들을 버려두고 위험을 무릅쓰면서 여기까지 왔습니다. 서로 의지해 모두 살아서 무사히 집으로 돌아가기만 바라는데, 지금 왜 저희를 버리려 하십니까?'
 그러자 대시가 대답하였다.
 '제가 여러분을 위해 스스로 맹세하고 원을 세워 여러분이 무사히 본국으로 돌아가게 하겠습니다.'
 상인들은 이 말을 듣고서 두려움이 가시고 마음이 편안해졌다.
 상단의 우두머리 대시는 손에 향로를 들고 사방을 향하여 스스로 서원을 세웠다.
 '제가 괴로움을 마다하지 않고 바다에 들어와 보배를 구한 것은 가난과 굶주림에 시달리는 중생들을 건지려는 것이고, 그 공덕을 모아 불도를 구하는데 쓰려는 것입니다. 만약 제가 미래에 지극한 정성으로 이 소원을 성취하게 된다면, 이 상인들과 배에 실은 보배

가 모진 재난을 만나지 않고 무사히 본국으로 돌아가게 하소서.'

대시가 이렇게 맹세하고 원을 세우자, 상인들이 앞으로 달려 나와 대시의 손발을 끌어안고 눈물을 흘리면서 슬퍼하였다. 대시와 이별하고 본국으로 향한 상인들은 밧줄을 끊고 돛을 올려 염부제로 돌아왔다. 그들은 모두 대시의 서원 덕분에 무사히 바다를 벗어나게 되었다.

그때 대시는 상인들과 이별한 뒤에 바다로 더 들어갔다. 물은 무릎까지 찼다. 거기서 이레 동안 앞으로 나아가자 물이 차츰 깊어지면서 사타구니까지 찼다. 거기서 다시 이레 동안 나아가자 물이 허리까지 찼다. 다시 이레 동안 나아가자 물이 목까지 차올랐다. 대시는 거기서부터 이레 동안 떠다니다가 어느 산기슭에 다다랐다. 대시는 두 손으로 나무를 붙잡고 가시덤불이 가득한 산을 기어올라 이레 만에 산꼭대기에 이르렀다. 그 산꼭대기에서 이레 동안 편편한 능선을 따라 걷다가, 다시 산을 내려가 이레 만에 산 아래 물가에 이르렀다. 그 물에는 황금색 연꽃이 가득했는데 매우 강력한 독을 가진 독사들이 그 연꽃의 뿌리마다 칭칭 감고 있었다.

대시는 그것을 보고 곧 단정히 앉아 마음을 집중하고 잡념을 거두었다. 그리고 사랑하는 마음만 가득한 자삼매慈三昧에 들어갔다. 그리고 '저 독사들은 전생에 모두 탐욕과 성냄과 질투를 일으켰기 때문에 이곳에 태어나 저런 나쁜 형상을 받은 것이다.'라고 생각히였다. 이렇게 지극히 사랑하는 마음으로 그들을 가엾이 여겼다. 대시에게 사랑하는 마음이 가득해지자, 그 독사들의 독기가 모두 저절로 사라졌다. 대시는 곧 자리에서 일어나 연꽃을 밟으면서 이레 동안 걸어 비로소 독사에게서 벗어났다.

대시는 다시 얼마쯤 가다가 나찰들을 만났다. 나찰들은 사람 냄새를 맡고 모두 몰려와 사람을 찾았다. 이것을 본 대시는 잡념을 거두고 사랑으로 그들을 관하였다. 그러자 나찰들이 스스로 공경하는 마음을 일으켜 부드러운 말투로 다가와 물었다.

'어디로 가는 길입니까?'

대시가 대답하였다.

'여의주를 찾으러 갑니다.'

그들은 기뻐하면서 가만히 생각하였다.

'이 분은 복덕이 많은 분이다. 저 용궁까지 가려면 아직도 길이 멀다. 어떻게 이런 분이 그 고생을 겪게 하겠는가? 우리가 이분을 저 험난한 곳 너머까지 모셔다드리자.'

그들은 곧 대시를 모시고 400유순을 지나 다시 땅에 내려놓았다.

대시는 또 앞으로 나아가다가 깨끗하고 하얀빛이 은은하게 비치는 한 은성銀城을 보았다. 대시는 그곳이 용왕의 성임을 알고 기뻐하면서 나아갔다. 그 성 밖에는 일곱 겹의 해자가 있었고, 그 해자들 속에는 모두 독사가 있었다. 그 독사들은 독기가 잔뜩 올라 쳐다보기만 해도 해를 당할 수 있었다.

상단의 우두머리인 대시는 '저 독사들은 모두 전생에 성내고 해칠 마음이 많았기 때문에 저런 흉한 몸을 받은 것이다.'라고 생각하고, 갓난아기를 바라보듯 사랑하고 가엾이 여기는 마음을 일으켰다. 사랑하는 그 마음이 가득해지자 독사들의 독기가 모두 사라졌다.

대시는 자리에서 일어나 용의 성으로 달려갔다. 그러다 용 두 마리가 성을 칭칭 감고 성문에서 머리를 서로 맞대고 있는 것을 보았다. 용은 대시를 보자 머리를 쳐들고 노려보았다. 대시는 곧 다시 사랑하는 마음만 가득한 자삼매에 들었다. 그러자 용이 곧 독기를 거두고 머리를 떨군 채 쳐다보지도 않았다. 대시는 곧 앞으로 나아가 그들을 밟고 올라 성벽을 넘었다.

성안에서 한 용이 일곱 가지 보배로 된 궁전에 앉아 있다가 멀리서 보살을 보고는 놀라 일어나면서 가만히 생각하였다.

'지금 나의 성 바깥쪽에는 일곱 겹의 해자가 있고, 그 해자에는 독사들이 있어서 어떤 용이나 야차도 감히 함부로 넘어오지 못한다. 그런데 저 이는 어떤 사람이기에 여기까지 올 수 있었을까?'

그는 곧 나와 맞이하고 공경히 예배하였다. 그리고 일곱 가지 보배로 만든 평상에 앉으라 청하고 갖가지 맛있는 음식을 대접하였다. 공양을 마치고 이야기를 나누다가 보살에게 찾아온 까닭을 물었다.

그러자 보살이 말하였다.

'염부제 사람들이 가난에 시달리고 있습니다. 그들은 옷과 음식을 마련하기 위한 재물과 보물을 구하려고 서로를 죽이고 속이면서 온갖 악업을 짓고, 목숨을 마친 뒤에는 세 갈래 나쁜 세계에 떨어지고 있습니다. 저는 그들이 너무 가엾습니다. 그래서 그들을 구제하려고 위험을 무릅쓰고 멀리서 찾아와 대왕을 뵌 것입니다. 이제 전타마니梅陁摩尼를 얻어 그것으로 저들을 구제하고, 또 그렇게

쌓은 공덕으로 맹세코 불도를 구하고자 합니다. 부디 거절하지 마시고 저에게 그 구슬을 주십시오.'

용왕이 대답하였다.

'전타마니는 얻기 어려운 보배인데 당신은 그것을 위해 멀고 험한 길을 마다하지 않고 이곳까지 찾아왔습니다. 만약 마음을 열고 한 달 동안 이곳에 머무르면서 보잘것없는 공양이나마 받으면서 저를 위해 설법해 주신다면 전타마니를 얻을 수 있을 것입니다.'

보살은 이를 허락하였다. 그러자 용왕이 날마다 온갖 맛있는 음식을 차리고 온갖 춤과 노래를 연주하면서 대시에게 공양을 올렸다. 이에 대시 보살은 4념처念處의 지혜를 자세히 해설하였고, 한 달이 지난 뒤 '돌아가야겠다.'라며 이별을 고하였다.

용왕은 기뻐하면서 상투에 꽂았던 보배 구슬을 빼 대시에게 바치면서 말하였다.

'널리 모든 중생을 구제하려는 대사大士의 자비로운 마음에 저는 미치기 어렵군요. 그 뜻이 굳세고 용맹하니 대사께서는 반드시 불도를 이룰 것입니다. 그때 제가 당신의 지혜로운 제자가 되기를 원합니다.'

대시 보살은 좋다고 허락하며 물었다.

'당신의 이 구슬에는 어떤 능력이 있습니까?'

용왕이 대답하였다.

'이 구슬은 주위 2,000유순 안에서 원하는 모든 것을 비처럼 내리게 할 수 있습니다.'

대시 보살은 생각하였다.

'이 구슬이 대단하기는 하지만 내가 중생을 널리 구제하는 큰일을 성취하기에는 부족하구나.'

크고 작은 용들은 모두 문밖까지 나와 배웅하면서 이별을 아쉬워하였다. 그들과 작별하고 얼마를 가다 보니 멀리 또 한 성이 보였다. 그 성은 순수한 파란색 유리로 만들어졌고, 그 빛깔이 깨끗하였다. 앞으로 다가가니, 그 성 밖에도 일곱 겹의 해자가 있고, 해자 속에는 독사가 가득했다. 보살은 그것을 보고 '이 독사들은 성내고 질투하였기 때문에 이렇게 흉악한 모습으로 태어난 것이다.' 생각하고, 단정히 앉아 사랑하는 마음만 가득한 자삼매에 들어 그들을 가엾이 여겼다. 사랑하는 마음이 충만해지자 독사들의 독기는 모두 사라졌다.

대시 보살은 그들을 밟고 성문으로 다가갔다. 거기에도 두 마리 용이 몸으로 성을 칭칭 감고 문지방에서 머리를 맞대고 있었다. 그들은 보살을 보자 머리를 치켜들며 노려보았다. 보살은 곧 사랑하는 마음을 일으켰다. 사랑하는 마음이 원만해지자 그들은 독기를 풀고 모두 머리를 숙였다. 보살은 또 그들을 밟고 지나갔다.

그때 그 성안에서 한 용왕이 칠보전七寶殿에 앉아 있다가 멀리서 보살이 오는 것을 보고 놀라 자리에서 일어섰다.

'내 성 밖에는 일곱 겹의 독사 해자가 있어서 어떤 용이나 야차도 넘어올 수 없다. 그런데 저 이는 어떤 사람이기에 여기까지 올 수 있있을까?'

용왕은 곧 궁전에서 내려와 대시를 맞이하고 공손히 예배하였다. 그리고 궁전 위로 안내해 일곱 가지 보배로 만든 평상에 앉히고 온갖 맛있는 음식을 준비하여 공양을 올렸다. 식사가 끝나자, 용왕이 천천히 말을 꺼내 찾아온 까닭을 물었다.

보살이 곧 찾아온 뜻을 말하였다.

'오직 전타마니를 얻기 위해서입니다.'

용왕이 말하였다.

'전타마니는 매우 얻기 어렵습니다. 꼭 그것을 얻고 싶다면 저의 청을 받아들여 두 달 동안 이곳에 머무르면서 보살의 행을 보여 주십시오.'

용왕은 갖가지 맛있는 음식을 차리고 갖가지 춤과 노래를 연주하면서 대시 보살에게 공양을 올렸다. 보살은 그를 위해 4신족神足에 대하여 자세히 설명하였고, 두 달이 지난 뒤 돌아가야겠다고 이별을 고하였다. 용왕은 곧 상투에서 보배 구슬을 빼 그에게 바치면서 맹세하였다.

'중생을 가엾이 여겨 구제하시려는 대사의 자비로운 마음이 크고도 넓으시니, 대사께서는 반드시 불도를 이룰 것입니다. 그때 제가 당신의 신통력을 갖춘 제자가 되기를 원합니다.'

보살이 허락하며 말하였다.

'당신 소원대로 될 것입니다.'

그리고 물었다.

'당신이 준 이 보배 구슬에는 어떤 능력이 있습니까?'

용왕이 대답하였다.

'이 구슬은 주위 4,000유순 안에서 원하는 모든 것을 비처럼 내리게 할 수 있습니다.'

대시 보살은 생각하였다.

'이 구슬이 앞서 얻은 구슬보다 낫긴 하지만 그래도 내 마음에는 흡족하지 않구나.'

크고 작은 용들이 모두 문밖까지 나와 배웅하면서 다들 이별을 아쉬워하였다. 보살은 그들과 작별하고, 또 얼마쯤 가다가 황금으로 만들어진 한 성을 보았다. 그 성은 빛은 번쩍이며 매우 아름답고 좋았다. 보살은 곧 그 성으로 달려갔다. 그 성 밖에도 일곱 겹의 해자가 있고, 해자 안에는 독사들이 가득했다. 보살은 '저 독사들도 전생에 성내고 미워하며 질투하고 해칠 마음이 왕성하였기 때문에 저런 흉악한 몸을 받은 것이다.' 생각하고, 단정히 앉아 자삼매에 들어 그들을 지극히 사랑스럽게 생각하였다. 사랑하는 마음이 충만해지자 그 독사들의 독기가 완전히 사라졌다.

대시 보살은 곧 그들을 밟고 지나가 성문에 이르렀다. 그곳에도 두 마리 용이 몸으로 성을 칭칭 감고 문지방에서 머리를 맞대고 있었다. 그들은 보살을 보고 놀라 머리를 치켜들며 노려보았다. 보살은 법대로 자삼매에 들었다. 그러자 용들이 독기를 풀고 머리를 숙이며 바라보았다. 보살은 또 그들을 밟고 성안으로 넘어 들어갔다.

그때 그 성안에도 용왕이 있어 보배궁전에 앉아 있다가 멀리서 보살을 보고 생각하였다.

'내 성 밖에는 일곱 겹의 해자가 있고 거기에 독사가 가득해 어떤 용이나 야차도 넘어올 수 없다. 그런데 저 이는 어떤 사람이기에 여기까지 왔을까?'

매우 이상히 여긴 용왕은 자리에서 내려와 그를 맞이하였다. 그리고 공손히 예배한 뒤에 궁정 위로 안내하여 일곱 가지 보배로 만든 평상을 펴고 자리를 양보하였다. 그리고 갖가지 맛있는 음식을 차려 대접한 뒤에 천천히 그에게 찾아온 뜻을 물었다.

대시 보살이 말하였다.

'염부제 사람들은 덕이 박하고 가난하기에 옷과 음식을 위해 몸과 마음을 괴롭히며 서로 해치고 속이면서 열 가지 악을 짓고, 목숨을 마친 뒤에는 다시 세 갈래 괴로운 세계로 떨어지고 있습니다. 저는 그들이 너무 가엾습니다. 그래서 그들을 구제하려고 바다 용왕의 여의주를 얻고자 위험을 무릅쓰고 멀리서 찾아온 것입니다. 오직 그 구슬을 얻기만을 바랍니다.'

용왕이 말하였다.

'보배인 여의주는 얻기 어려운 물건인데 대사께서 이렇게 찾아와 달라고 하시는군요. 만약 그것을 꼭 얻고 싶다면 넉 달 동안 이곳에 머무르면서 시원찮으나마 제 공양을 받고, 또 저를 깨우쳐 주십시오.'

대시 보살이 좋다고 허락하자 용왕은 기뻐하며 온갖 맛이 어우러진 훌륭한 음식을 장만해 직접 떠드리며 좋은 음식을 받들어 올리고, 또 갖가지 춤과 노래를 연주하도록 명령하였다. 보살은 항상 그를 위해 법의 이름과 내력과 그 뜻을 널리 분별하여 해설하였다.

용왕은 그를 존경하고 사모하며 알뜰히 가르침을 받아들였다. 그리고 하루도 빠짐없이 아침저녁으로 정확한 시간에 문안을 올리고, 때마다 필요한 것들을 용이 스스로 판단하였다. 다른 여러 용과 야차들이 찾아와 뵈려고 할 때도 스스로 법도를 정해 그 범위

안에서 나아가고 물러남을 결정하였으니, 이렇게 시기적절하게 상황을 잘 판단하며 넉 달 동안 대시 보살을 받들어 섬겼다. 넉 달이 지나자, 보살이 용왕에게 이별을 고하였다.

그러자 용왕이 상투에 꽂았던 여의주를 뽑아 보살에게 바치고 이내 서원을 세웠다.

'대사께서는 사랑하는 마음으로 널리 구제하겠노라는 큰 서원을 세우고 저 수많은 중생을 가엾이 여겨 수고를 아끼지 않으시니, 반드시 부처님이 되어 저들을 도탄에서 구제할 것입니다. 그때 제가 당신의 시자로서 당신의 가르침을 모두 기억하는 제자가 되게 하소서.'

보살이 허락하고 다시 물었다.

'당신이 보시한 이 구슬에는 어떤 능력이 있습니까?'

용왕이 말하였다.

'이 구슬은 원하기만 하면 주위 8,000유순 안에서 일곱 가지 보배를 비처럼 내리게 할 수 있습니다.'

보살이 기뻐하면서 생각하였다.

'염부제는 7,000유순이니, 이 구슬의 공덕이면 나의 소망을 이룰 수 있다.'

대시 보살은 지금까지 얻은 세 개의 구슬을 옷깃에 묶고 곧 자리에서 일어나 성을 나섰다. 그러자 크고 작은 용들이 모두 성 밖까지 따라와 배웅하면서 슬퍼하고 아쉬워하였다.

보살은 얼마쯤 가다가 구슬을 쥐고 소원을 빌었다.

'만약 이 구슬이 정말로 전타마니라면, 제 몸이 허공을 날게 하

소서.'

 소원을 빌자 곧 그 몸이 붕 뜨더니 하늘을 날아서 바다 밖으로 벗어났다. 바다를 무사히 건넌 대시는 바닷가에서 잠시 쉬다가 잠이 들었다.

 그때 바다 가운데 있던 용들이 서로 의논하였다.

 '우리 바다에 있던 이 세 개의 구슬은 견줄 데가 없을 만큼 그 공덕이 매우 크다. 그런데 이 사람이 찾아서 모두 가져가 버렸다. 이 구슬은 참으로 아깝다. 도로 빼앗자.'

 이렇게 의논하고는 대시 보살의 옷깃에서 몰래 구슬을 풀어 가지고 갔다.

 잠에서 깬 보살은 구슬이 없어진 것을 발견하고 생각하였다.

 '여기는 사람이 없는 곳이다. 이것은 분명 바다의 용들이 내 보배를 가지고 간 것이다. 나는 이 구슬을 얻기 위해 멀고 험한 길을 마다하지 않다가 이제 겨우 소원을 이루고 본국으로 돌아가게 되었다. 저들이 아무리 내 구슬을 가져가려 한다 해도 나는 절대 주지 않으리라. 있는 힘을 다해 이 바닷물을 다 푸고야 말리라. 굳게 맹세하니, 이곳에서 죽는 한이 있더라도 구슬을 찾기 전에는 절대 빈손으로 돌아가지 않으리라.'

 대시 보살은 생각을 정하고, 곧 바닷가로 가서 거북 껍질 하나를 주워 두 손으로 움켜쥐고 바닷물을 푸려고 하였다.

 그때 바다의 신이 그의 마음을 알고 다가와 물었다.

 '바닷물은 깊이와 너비가 336만 리나 됩니다. 사람이란 사람은 모두 와서 함께 푼다고 해도 줄어들게 할 수조차 없습니다. 하물며

당신 혼자서 어떻게 그 일을 완수할 수 있겠습니까?'

보살이 말하였다.

'만일 사람이 지극한 마음으로 무슨 일을 하려고 들면 안 될 일이 없습니다. 저는 이 보배를 얻어 일체중생을 이롭게 하고, 그 공덕으로 불도를 구하고자 합니다. 제 마음만 게으르지 않으면 무엇을 못하겠습니까?'

그때 보살이 일체중생을 두루 구제해 안락하게 하려고 혼자서 고집스럽게 애쓰는 것을 수타회천首陁會天이 멀리서 보았다.

'우리가 어찌 가서 저분을 돕지 않을 수 있겠는가?'

수타회천은 서로 말을 전하여 함께 보살이 있는 곳으로 찾아갔다. 보살이 거북 껍질을 바다에 담글 때 모든 하늘나라의 신들도 다들 하늘나라 옷을 바닷물에 담그고, 보살이 거북 껍질을 바다에서 꺼낼 때 모든 하늘나라의 신들도 옷을 들어 그 바닷물을 다른 곳에 버렸다. 그래서 한번 바닷물을 푸자 바다가 40리나 줄고, 두 번을 푸자 80리가 줄고, 세 번을 푸자 120리나 줄었다.

그러자 용들이 당황하여 대시에게 찾아와 말하였다.

'멈추시오, 멈추시오. 바닷물을 푸지 마십시오.'

보살이 잠시 멈추자, 용들이 물었다.

'당신은 이 보배를 구해 무엇하려고 합니까?'

'일체중생을 구제하려고 합니다.'

'당신 말대로 하자면 우리 바다 가운데에도 중생이 매우 많습니다. 왜 그들에게 주지 않고 기어이 가져가려 합니까?'

보살이 답하였다.

'바다에서 사는 생명체도 중생입니다. 하지만 그들에게는 극심한 고통이 없지 않습니까? 하지만 저 염부제 중생들은 돈이나 재물을 위해 서로를 죽이고 속이면서 열 가지 악을 짓고, 죽어서는 세 갈래 나쁜 세계에 떨어지고 있습니다. 저는 사람이고 또 법의 교화를 알고 있습니다. 그래서 이렇게 보배를 구해 우선 저들의 가난을 구제하고, 다음에 열 가지 착한 일을 하도록 가르치고 권하려는 것입니다.'

용들은 그 말을 듣고 구슬을 꺼내 돌려주었다.

그때 바다의 신이 할 일에 최선을 다하는 대시 보살의 정진을 보고 곧 맹세하였다.

'당신이 지금 이렇게 쉬지 않고 노력하니, 당신은 반드시 불도를 이룰 것입니다. 그때 제가 당신의 가장 열심히 노력하는 제자가 되기를 원합니다.'

보살은 구슬을 가지고 다시 하늘로 날아올랐다. 그리고 앞서 바다로 같이 들어갔던 동료 상인들을 발견하고 곧 땅으로 내려왔다. 동료 상인들은 그를 보고 한량없이 놀라고 기뻐하면서 모두 찬탄하였다.

'참으로 놀랍고 참으로 장합니다.'

그들은 다시 길을 재촉해 앞으로 가다가 방발성放鉢城에 도착했다. 가비리 바라문은 대시 보살이 바다에서 무사히 돌아왔다는 소식을 듣고 기뻐 뛰면서 마중 나와 안부를 물었다. 가비리 바라문은 그의 동료들까지 초청해 잔치를 열고 갖가지 맛있는 음식을 대접하였다. 식사를 마치고 상인들은 도중에 겪은 갖은 고생에 대해 이야기보따리를 풀어놓았다.

그때 대시 보살이 가지고 있던 보배 구슬로 바라문의 집을 두루 비추었다. 그러자 바라문 집안의 창고들이 모두 보배로 가득 찼다. 그 자리에 모인 사람들은 이것을 보고, 일찍이 없었던 일이라며 찬탄하였다.

그때 가비리 바라문이 여러 가지 보배로 자신의 딸을 장식한 뒤에 손수 황금 물병을 들었다. 그 물로 먼저 자신의 손을 씻고, 다음에는 딸의 팔을 당겨 보살에게 건네었다. 보살은 곧 그녀를 아내로 맞이하였다. 가비리는 기뻐하며 재능과 솜씨가 뛰어난 기녀伎女 500명을 선발하여 딸을 보필하게 하였다. 그리고 온갖 보배로 장식하여 아주 기이한 500마리 하얀 코끼리에 태워 딸을 전송하였다.

보살은 일행을 이끌고 수레에 올라 곧 길을 나섰다. 그러자 성안의 남녀노소가 모두 길에 나와 행렬을 전송하면서 춤을 추고 노래를 불렀다. 이렇게 호위를 받으면서 본국으로 돌아갔다.

대시의 부모는 자식과 이별한 뒤 쌓이는 근심과 우울함으로 심하게 울며 슬퍼하다가 그만 두 사람 모두 눈이 멀어 아무것도 보지 못하게 되었다. 본국으로 돌아온 아들은 집에 도착해 부모님께 예배하고 문안을 여쭈었다. 부모는 아들의 목소리를 듣고 손을 뻗어 아들의 얼굴을 쓰다듬었다. 부모는 비로소 대시가 돌아온 것을 알고 슬픔과 기쁨이 엇갈리면서 아들을 꾸짖었다.

'이 무정한 놈아. 네가 우리를 버리고 바다로 들어가는 바람에 우리는 이렇게 힘들게 살면서 목숨만 겨우 붙어 있단다. 너는 바다

에 들어가 도대체 무엇을 얻었느냐?'

보살은 구슬을 꺼내 부모님에게 드렸다. 부모가 그것을 받아 들고 말하였다.

'이런 돌 따위야 지금 우리 창고에도 적지 않다. 그 고생을 하고 겨우 이런 것을 얻었단 말이냐?'

그러자 보살이 그 구슬을 집어 부모님 눈을 비추었다. 그러자 부모의 눈이 바람에 구름이 걷히듯 갑자기 밝고 깨끗해졌다. 부모는 눈이 다시 밝아지자 그제야 마음을 풀고 그 구슬의 신비한 공덕에 감탄하며 찬탄하였다.

'참 신기하구나. 네가 비록 고생은 하였으나 그 공은 헛되지 않았구나.'

보살은 다시 구슬을 쥐고 원을 세웠다.

'만약 이것이 전타마니라면, 우리 부모님이 일곱 가지 보배로 만들어진 기묘하고 진기한 평상에 앉게 하고, 위에는 일곱 가지 보배로 만들어진 아주 깨끗한 큰 일산이 드리우게 하소서.'

말을 마치자 모두가 그 말대로 되었다. 보살은 다시 구슬을 쥐고 원을 세웠다.

'우리 부모님과 왕과 신하와 백성들의 모든 창고가 다 가득 차게 하소서.'

그리고 곧 그 구슬로 사방을 비추며 한 바퀴를 돌았다. 그러자 그의 말대로 창고들이 가득 차 모두 놀라고 기뻐하였다.

대시는 다시 사람을 파견하여 하루에 8,000리를 달리는 코끼리를 타고 염부제의 모든 백성에게 알리게 하였다.

'대시가 바다에서 매우 뛰어난 공덕을 발휘하는 신기한 여의주를 얻어 무사히 돌아왔다. 지금부터 이레 뒤에 그 구슬로 온갖 보배와 옷과 음식 등을 비처럼 쏟아지게 하여 사람들이 원하는 대로 맘껏 가져가게 할 것이니, 다들 재계하고 그때를 기다려라.'

이렇게 두루 알리고, 이레가 되었다. 대시 보살은 깨끗이 목욕한 뒤에 깨끗한 새 옷을 입고 평탄한 곳으로 갔다. 그리고 구슬을 높은 깃대 꼭대기에 달고 손에 향로를 들고서 사방을 향해 원을 세웠다.

'가난으로 신음하는 염부제 사람들을 구제하여 그들에게 모자람이 없게 하고자 합니다. 만약 이것이 정말 전타마니라면 필요한 물품들을 차례로 비처럼 내리소서.'

이렇게 원을 세우자, 사방에 구름이 드리우더니 즉시 바람이 불어 온갖 더러운 티끌과 똥과 오줌들을 날려버렸다. 다음에는 보슬비가 내려 흙먼지를 가라앉히고, 다음에는 온갖 맛있는 음식들이 비처럼 쏟아지고, 다음에는 다섯 가지 곡식이 비처럼 쏟아지고, 다음에는 옷이 비처럼 쏟아지고, 다음에는 일곱 가지 보배를 비롯한 갖가지 진기한 보물들이 비처럼 쏟아져 염부제가 온갖 보배로 가득 찼다. 그리하여 사람들이 마음껏 가져가고도 훌륭한 옷과 음식이 차고 넘치도록 남았다. 그래서 보배를 기왓장이나 조약돌처럼 보게 되었다.

그때 보살은 백성들의 소원이 충족된 것을 보고, 사방에 사신을 파견하여 온 염부제 백성들이 모두 알도록 전하였다.

'여러분은 예전에 가난 때문에 옷과 음식과 재산과 보물을 얻으려고 서로를 속이고 심지어는 죽이기까지 하였습니다. 그렇게 의리를 잊고 자기 이익만 도모하면서 그 행동이 죄가 되는지 복이 되는지조차 생각하지 않다가 목숨을 마친 뒤에는 세 갈래 나쁜 세계에 떨어졌습니다. 그렇게 어둠에서 나와 다시 어둠으로 들어가면서 오랜 겁 동안 죗값을 치렀습니다.

저는 그런 여러분을 항상 가엾이 여겼지만 구제할 길이 없었습니다. 그래서 이 몸의 고달픔을 잊은 채 위험을 무릅쓰고 바다로 들어가 이 보배 구슬을 얻어서 여러분을 구제한 것입니다.

여러분은 이제 부족한 것이 다시는 없게 되었습니다. 그러니 스스로 욕심을 극복하고 열 가지 착한 일을 열심히 닦아 몸과 말과 뜻을 잘 단속하고, 인자하고 효순孝順할 것이며, 부지런히 마음을 다스리면서 방탕한 생각을 품지 마십시오.'

대시는 이렇게 갖가지 방편을 써서 선을 받들도록 널리 권하였다. 그리고 또 문서를 작성하여 여러 왕과 대신들에게 알렸다. 그리하여 그의 법다운 가르침을 기록해 다들 알게 하고, 또 서로 권하고 독려하여 함부로 잘못을 저지르지 않도록 분부하였다.

그때 염부제의 모든 백성은 그의 큰 은혜와 사랑의 비를 맞고 다들 '어떻게 해야 저 지극한 덕을 갚을 수 있을까?' 하고 생각하고 있었다. 그러던 차에 '선행을 닦으라'는 훌륭한 가르침이 내려오자, 다들 그 의리를 사모하여 사랑과 공경을 오로지 익히고, 몸과 입과 뜻을 단속하여 함부로 잘못을 범하지 않았다. 그리하여 목숨을 마친 뒤에는 모두 하늘나라에 태어났다."

이어 부처님께서 말씀하셨다.

"사리불이여, 알고 싶은가? 그때 그 대시의 아버지 바라문 니구루타가 바로 지금의 내 아버지 정반왕이요, 그 대시의 어머니는 지금의 내 어머니 마하마야이며, 대시는 지금의 나이다. 그리고 은으로 만든 성에 살던 용은 지금의 사리불이요, 유리로 만든 성에 살던 용은 지금의 목건련이며, 황금으로 만든 성에 살던 용은 지금의 아난이요, 바닷물을 함께 푼 바다의 신은 지금의 이월離越이니라.

아난은 용왕이었을 때도 나를 받들어 섬기면서 시간을 잘 알아서 관리하였고, 지금에 이르러서도 스스로 시간을 잘 알아서 관리하려는 것이다.

아난이 그 세 가지를 원한다면 그의 뜻대로 따라 주리라."

아난은 이 말을 듣고 기뻐 뛰면서 자리에서 일어났다. 그리고 다시 꿇어앉아 부처님께 아뢰었다.

"죽는 날까지 부처님의 시자가 되겠습니다."

그때 그 자리에 모인 대중들은 부처님 말씀을 듣고 큰 은혜에 감격하였다. 그리고 오롯한 마음으로 부지런히 힘쓰면서 네 가지 성스러운 진리와 번뇌를 벗어나는 모든 법을 사유하였다. 그리하여 수다원을 얻는 이도 있고, 사다함·아나함·아라한을 얻는 이도 있었으며, 벽지불의 선근善根과 인연을 심는 이도 있고, 위없는 바르고 참된 도의 마음을 일으키는 이도 있었으며, 물러나지 않는 자리에 머무르게 된 이도 있었다.

그리하여 모두 기뻐하면서 받들어 행하였다.

지혜로운 자와 어리석은 자의 이야기
- 현우경 -

제9권

원위元魏 시대에 양주涼州의 사문 혜각慧覺 등이
고창군高昌郡에서 한역하였다.

37

부처님을 목욕시킨 정거천

나는 다음과 같이 들었다.

언젠가 부처님께서 사위국의 기수급고독원에 계실 때였다.

그때 수타회천首陁會天이 염부제로 내려와 부처님께 찾아가서 부처님과 스님들을 목욕시키는 공양에 초청하였다. 부처님께서는 잠자코 허락하셨다.

수타회천은 곧 음식을 준비하고, 아울러 적당한 온도의 따뜻한 방과 따뜻한 물을 준비하고 소유蘇油와 몸을 씻을 때 쓰는 풀을 모두 준비해 두었다. 그리고 부처님께 아뢰었다.

"음식이 준비되었습니다. 성인께서는 때를 알아 하소서."

이에 부처님과 비구들이 그 공양을 받아들여 모두 목욕하고 음식을 잡수셨다. 그 음식 맛은 세상에 드물었다. 부처님과 비구들은 공양이 끝난 뒤 손을 씻고 양치질한 뒤에 본래 있던 자리로 돌아갔다.

그때 아난이 꿇어앉아 합장하고 부처님께 여쭈었다.

"저 하늘나라 신은 형체가 매우 아름답고, 위엄있는 모습이 기이하고 특별하며, 큰 보배산처럼 광명이 빛납니까? 저 신은 과거 전생에 어떤 공덕을 지었기에 저런 과보를 받은 것입니까? 부디 세존께서 자세히 말씀해 주소서."

부처님께서 말씀하셨다.

"자세히 듣고 잘 기억하라. 내가 설명하리라.

저 하늘나라 신은 먼 옛날 비바시 부처님 시절에 매우 가난한 집의 아들로 태어나 늘 품을 팔아서 먹고살았다. 어느 날 그는 비바시 부처님께서 스님들을 목욕시키는 공덕에 대한 말씀을 들었다. 그는 마음속으로 기뻐하면서 자기도 부처님을 목욕시켜 드리고 싶었다. 그래서 부지런히 품을 팔아 조금씩 모은 돈과 곡식으로 목욕 도구와 음식을 준비한 뒤에 부처님과 스님들을 초청하여 모두 공양을 올렸다. 그는 그 복된 행으로 말미암아 목숨을 마친 뒤에 수타회천에 태어나 저렇게 빛나는 모습이 된 것이니라."

부처님께서 이어 아난에게 말씀하셨다.

"저 하늘나라 신은 비바시 부처님과 스님들만 초청한 것이 아니다. 시기尸棄 부처님 때에도 이 세상에 찾아와 부처님과 스님들께 공양을 올렸고, 나아가 가섭 부처님 시절에도 역시 그렇게 하였느니라."

부처님께서 이어 아난에게 말씀하셨다.

"저 하늘나라 신은 그와 같이 일곱 부처님만 받들어 공양한 것이 아니니라. 앞으로 이 현겁賢劫 동안 1,000분의 부처님이 출현하실 때마다 오늘과 다름없이 그 부처님 한 분 한 분과 스님들을 목욕시켜드리고 공양을 올릴 것이다."

그때 부처님께서 곧 그 하늘나라 신에게 수기를 내리셨다.

"그대는 1아승기겁을 보내고 다시 100겁이 지난 미래 세계에서 부처님이 되어 호를 정신淨身이라 하고, 10호號를 완전히 갖출 것이며, 교화하는 중생이 한량없을 것이다."

그때 아난과 대중들은 부처님 말씀을 듣고 기뻐하면서 모두 말하였다.

"부처님께서 세상에 나오신 것은 큰 이익이 있습니다. 이렇게 작은 보시로도 얻는 과보가 너무나 많습니다."

부처님께서 아난에게 말씀하셨다.

"착하고, 착하다. 너희들의 말과 같다."

부처님께서는 이 일을 인연으로 대중에게 널리 묘법을 설하셨다. 그 법을 들은 이들은 수다원 또는 사다함 또 아나함을 얻었고, 나아가 아라한을 얻는 이도 있었으며, 큰 도를 구하려는 뜻을 일으킨 이도 있었다.

그리고 모두 기뻐하며 받들어 행하였다.

38

바다로 들어간 선사 태자

나는 다음과 같이 들었다.

언젠가 부처님께서 나열기의 기사굴산에서 큰 비구들에게 둘러싸여 설법하고 계실 때였다.

당시 제바달다는 늘 부처님을 질투하여 술에 취한 코끼리를 풀어놓기도 하고, 바위를 굴려 부처님을 뭉겨버리려고도 하는 등 갖가지 방법을 써서 부처님을 해치려 하였다. 하지만 부처님께서는 사랑하는 마음으로 항상 그를 가엾이 여기시며 그런 제바달다를 자신의 아들인 라후라羅睺羅와 조금의 차별도 없이 똑같이 보셨다.

현자 아난은 이런 일련의 사건들을 보고 늘 제바달다를 원망하는 마음을 품고 있었다. 그래서 자리에서 일어나 오른쪽 어깨를 드러내고, 다시 꿇어앉아 합장하고는 제바달다가 하는 짓을 한탄하였다.

그러자 부처님께서 아난에게 말씀하셨다.

"제바달다가 나에게 나쁜 마음을 가진 것은 오늘만이 아니다. 과거 전생에도 그는 나를 해치려 하였다. 하지만 나는 언제나 그에게 사랑하는 마음을 품었느니라."

현자 아난이 여쭈었다.

"궁금합니다. 전생에도 제바달다가 부처님을 해치려 하고 그때도 부처님께서는 그를 사랑하고 가엾이 여기셨다는 그 이야기를 부디 자세히 들려주소서."

그러자 부처님께서 말씀하셨다.

"아득히 먼 옛날 한량없고 헤아릴 수 없는 아승기겁 전 이 염부제에 500명의 작은 나라 왕들을 거느린 늑나발미勒那跋彌(중국 말로는 보개寶鎧)라는 국왕이 있었다. 그는 500명의 부인과 궁녀가 있었으나 아무에게도 아들이 없었다.

그는 여러 해 동안 온갖 하늘나라 신들과 해·달·산·바다·나무의 신들에게 기도하고 제사를 지냈으나 아들을 얻지 못하였다.

왕은 크게 걱정하면서 가만히 생각하였다.

'내게 지금 아들이 없으니, 내가 갑자기 죽으면 이 나라에 왕위를 이을 자가 없어 천하가 반드시 어지럽게 될 것이다. 왜냐하면 500명의 신하가 서로 양보하지 않고 힘으로 서로 싸우면서 죄 없는 사람들을 억울하게 죽일 것이기 때문이다. 이는 나라를 망치고 백성을 잃는 지름길이다.'

이런 생각이 들자, 마음이 더욱 어지럽고 괴로웠다.

그때 어떤 천신天神이 왕의 간절한 뜻을 알고, 꿈속에 나타나 왕에게 말하였다.

'성 밖 숲속에 두 분의 선인仙人이 계신다. 그 첫째 선인은 피부색이 황금빛이고, 누구도 미치지 못할 복과 덕과 총명과 변재辯才를 가지고 있다. 그대가 진실로 아들이 필요하다면 그에게 찾아가 부탁해 보라. 분명 뜻을 돌려 그대 집안에 태어나리라.'

왕은 깜짝 놀라며 잠에서 깨어났다. 왕은 희색이 만연한 얼굴로 곧 수레를 준비하라 명령하고, 혼자서 몇 사람만 데리고 그 선인을 찾아다녔다. 그러다 그들을 발견하였다. 왕은 그들에게 다가가 애걸하면서 직접 이야기하였다.

'나라에 왕위를 이을 사람이 없어 근심과 걱정이 깊습니다. 부디 큰 선인께서 뜻을 굽혀 우리 집에 태어나 왕위를 이어받아 이 근심과 걱정을 덜어 주소서. 치욕이라 여기지 않으신다면 부디 고려해 주소서.'

그러자 첫 번째 선인이 왕의 간절한 정성을 보고는 차마 거절할 수 없어 곧 좋다고 승낙하였다. 그 둘째 선인도 왕에게 말하였다.

'저도 당신 집안에 태어나겠습니다.'

왕은 매우 기뻐하면서 이별을 고하고 곧 궁으로 돌아왔다.

얼마 후 피부가 황금색인 선인이 갑자기 목숨을 마쳤는데, 그때 왕의 큰 부인 소마蘇摩가 곧 태기를 느꼈다. 그녀는 총명하였기에 자기가 잉태한 아기가 사내인지 여자인지 분별할 줄 아는 지혜가 있었다.

그녀는 스스로 말하였다.

'내가 밴 아기는 사내인 게 분명하다.'

왕을 비롯한 궁중 사람들이 이 소식을 듣고 한량없이 기뻐하였다. 왕은 궁중의 부인과 궁녀들에게 명령을 내렸다.

'부인의 마음에 들도록 모든 것을 공급하고, 침구와 음식을 아주 곱고 부드러운 것들로 준비하라. 움직일 때마다 항상 부축하고, 위험한 곳에는 가지 않도록 하라.'

큰 부인은 열 달이 지나 아들을 낳았다. 그 아기는 매우 단정하고, 순수한 황금색 피부에 머리카락이 검푸르며 사람의 모양을 온전히 갖추고 있었다. 왕과 안팎의 모든 이들은 아기를 바라보며 조금도 싫증을 내지 않았다.

왕은 관상가를 불러 아기의 관상을 보게 하였다. 관상가는 곧 나아가 아기의 상호를 아래위로 자세히 살펴보고 기뻐하면서 아뢰었다.

'이 아기는 사람 중에 보기 드문 상호를 가졌습니다. 이 아기의 총명과 복덕은 아무도 따라오지 못할 것입니다.'

왕은 그 말을 듣고 못내 기뻐하면서 다시 관상가에게 명령하였다.

'이름을 지어보라.'

관상가가 왕에게 물었다.

'이 태자를 잉태하고 어떤 이상한 일이 없었습니까?'

왕이 대답하였다.

'이 태자의 어미는 평소 질투심이 많아 남의 허물 보는 것을 좋아해 함부로 살붓을 늘주고, 남의 좋은 점을 보면 별로 기뻐하지 않던 사람이었다. 그런데 아기를 가진 뒤로는 성격이 바뀌어 사람들을 인자하게 대하고, 어리석은 자들을 가엾이 여기며, 지혜로운

자들을 사랑하고, 보시하기를 좋아하며, 평등한 마음으로 사람들을 보호하였다.'

관상가가 이 말을 듣고 찬탄하였다.

'훌륭합니다. 그것은 이 아기가 어머니에게 그렇게 시킨 것입니다.'

그들은 곧 이름을 가량나가리迦良那伽梨(중국 말로는 선사善事)라고 지었다.

왕의 둘째 부인은 이름이 불파佛巴였다. 둘째 선인은 목숨을 마치고 둘째 부인에게 잉태되었다. 달이 차 둘째 부인도 사내아이를 낳았다. 그러나 그 형체와 모양이 조금도 특이한 데가 없었다.

왕은 다시 관상가를 불러 아기의 관상을 보게 하였다. 관상가는 아기의 관상을 뜯어보고 말하였다.

'이 아기는 평범한 사람입니다. 그 복덕과 지능도 저 하나 감당할 정도입니다.'

왕은 다시 명령하였다.

'이름을 지어보라.'

관상가가 다시 물었다.

'어떤 이상한 일이 없었습니까?'

왕이 말하였다.

'이 태자의 어머니는 본래 성품이 진실하고 선량하여 사람들을 인자하게 대하고 남의 좋은 점들을 선전하기 좋아하였다. 그런데 아기를 밴 뒤로는 반대로 남의 나쁜 점들을 들추기 좋아하고, 어질고 능력 있는 자들을 질투하며, 남의 좋은 점을 보면 좋아하지 않

았다.'

그러자 관상가가 말하였다.

'그것 역시 아기가 그 어머니에게 그렇게 시킨 것입니다.'

그래서 이름을 파바가리波婆伽梨(중국 말로는 악사惡事)라고 하였다.

그때 왕은 오로지 가량나가리 태자만 사랑해 그의 뜻이면 무엇도 거절하지 않았다. 그리고 곧 명령하여 세 계절에 알맞은 전각을 지어 겨울에는 따뜻한 전각에서 지내고, 봄과 가을에는 중간 전각에서 지내고, 여름에는 시원한 전각에서 지내게 하고, 춤과 노래에 뛰어난 기녀들을 두어 즐기게 하였다.

태자는 자라면서 총명하고 말솜씨가 남달리 뛰어났으며, 온갖 세속의 경전을 배우고 18부部의 경을 모두 외워 통달하고 그 뜻도 잘 알았다.

그 뒤에 태자는 성 밖으로 나가 놀고 싶다고 왕에게 청하였다. 왕은 곧 허락하고, 길을 정비하라 명령하며 온갖 더러운 것들을 치우게 하였다.

태자가 금과 은으로 장식한 하얀 코끼리에 오르자 1천 수레와 1만 말이 태자를 앞뒤로 호위하였다. 큰 거리나 좁은 골목에서 사람들이 길 양쪽에 늘어섰고, 다락 위에서 구경하는 사람도 수없이 많았다.

그들은 모두 이렇게 말하였다.

'태자님은 마치 범천과 같구나. 저런 위엄스러운 모습과 아름다운 얼굴은 인간에서 보기 드물다.'

그때 여윈 몸에 다 떨어진 옷을 걸친 거지들이 왼손에는 깨진 그릇을 들고 오른손에는 부러진 지팡이를 짚고서 사람을 쫓아다니며 비굴한 말투로 구걸하는 것을 태자가 보게 되었다.
태자가 신하들에게 물었다.
'왜 저렇게 하는가?'
신하들이 대답하였다.
'저 사람들은 부모가 없어 외롭고 가난하고 의지할 곳이 없으며, 병들거나 미치광이라서 일을 할 수도 없습니다. 그래서 돈이 한 푼도 없는 처지라 우선 먹고 입을 것이 절박해 저렇게 구걸하는 것입니다.'
그들을 사랑하고 가엾이 여긴 태자는 마음이 매우 슬퍼하였다. 태자는 다시 얼마쯤 가다가, 짐승을 죽이고 그 살을 잘라 저울에 달아서 파는 백정들을 보았다.
태자가 그들에게 물었다.
'왜 그런 짓을 하는가?'
그들이 대답하였다.
'저희도 꼭 좋아해서 이러는 것이 아닙니다. 저희는 할아버지 때부터 이 짓을 업으로 삼아 왔습니다. 만일 이 짓마저 그만둔다면 살아갈 길이 없습니다.'
태자는 그 말을 듣고 길게 탄식하고 떠났다.
또 얼마를 가다가 들판에 이르러 농부들을 보았다. 그들이 땅을 갈아 벌레가 뛰어나오자 개구리가 날름 집어먹고, 또 뱀이 그 개구리를 잡아먹고, 또 공작이 날아와 그 뱀을 쪼아먹고 있었다.

태자가 그들에게 물었다.
'무엇 하는 것이냐?'
농부들이 대답하였다.
'이것은 우리 직업입니다. 이 밭에 종자를 뿌려야 뒷날 곡식을 거두어 그것으로 먹고살고, 또 나라에 세금을 바칠 수 있습니다.'
태자는 탄식하면서 말하였다.
'사람들이 옷과 음식을 위하여 중생을 죽이고, 온 힘을 다해 일하며 저렇게 고생하는구나.'
다시 얼마를 가다가 태자는 사냥꾼들을 만났다. 그들은 새들에게 다가가 활을 쏘았다. 또 그물을 땅에 설치하였는데 온갖 새와 짐승이 그 그물에 걸려 발버둥 치고 울부짖으면서 벗어나지 못하였다.
태자가 그들에게 물었다.
'너희들은 무엇 하는가?'
그들이 모두 대답하였다.
'저희는 새와 짐승들을 잡아 그것으로 살아갑니다.'
태자는 그 말을 듣고 깊이 한숨짓고 떠났다.
태자는 강가에 이르러 고기잡이들을 보았다. 그들은 그물을 펼쳐 고기를 잡아서 육지에 쌓아 두었는데, 물고기들이 펄쩍펄쩍 뛰고 죽은 놈도 수없이 많았다.
태자가 그들에게 까닭을 묻자, 그들이 모두 대답하였다.
'우리는 이 물고기 덕으로 먹고 입고 살아갑니다.'
태자는 중생들을 가엾이 여기며 길게 탄식하였다.

'저들은 옷과 음식을 위해 저렇게 중생을 죽여서 먹거리로 삼는구나. 재앙과 죄가 날로 불어가니, 뒷날의 과보는 어떠하겠는가?'

곧 궁중으로 돌아온 태자는 그 무엇도 즐겁지 않고 마음이 울적하였다. 태자는 부왕에게 찾아가 아뢰었다.

'한 가지 소원을 들어주소서.'

왕은 대답하였다.

'너 하고 싶은 대로 하라. 반대하지 않으리라.'

태자는 아뢰었다.

'제가 얼마 전에 성 밖으로 나가 놀다가 저 중생들이 옷과 음식을 위해 서로 속이고 죽이면서 나날이 죄만 더하는 것을 보았습니다. 저는 저들이 너무 가여워 구제하고 싶습니다. 부디 부왕께서는 제가 부왕의 창고 물건을 마음대로 보시하여 저 백성들을 가난에서 구제하도록 허락해 주소서.'

태자를 너무나 사랑했던 왕은 그 말을 듣고 거절할 수 없어 곧 좋다고 승낙하였다. 그래서 태자는 영을 내려 모든 백성에게 알렸다.

'가량나가리 태자가 힘들고 가난한 이들에게 일체를 보시하고자 합니다. 금·은 등의 보물과 옷·음식 및 그 밖의 필요한 것들을 원하는 대로 모두 드리겠으니 다들 오셔서 가져가십시오.'

태자는 곧 왕의 창고를 열고 온갖 보물을 꺼내 여러 성문과 시장에 두고서 사람들이 원하는 대로 다 주었다.

그때 여러 나라의 사문과 바라문과 가난하고 고독한 늙은이와 쇠약하고 병든 이들과 튼튼한 사람 약한 사람이 서로 부축하면서 줄지어 몰려들었다. 태자는 그들에게 옷이 필요하다면 옷을 주고, 밥이 필요하다면 밥을 주고 금·은의 보물도 원하는 대로 주었다.

백성들 사이에서 소문이 퍼지자, 온 염부제 사람들이 모두 모여들어 왕의 보배 창고는 3분의 2가 줄게 되었다.

그때 창고관리자가 왕에게 찾아가 아뢰었다.

'대왕께서는 500개의 작은 나라를 거느리고 계십니다. 그 나라 사신들이 수시로 찾아오는데, 그들이 돌아갈 때는 반드시 그들에게 줄 보물이 필요합니다. 그런데 이제 태자님이 널리 보시함으로써 대왕님 창고 물건이 3분의 2나 줄었습니다. 대왕께서는 깊이 생각하시어 후회하는 일이 없도록 하소서.'

왕은 그 말을 듣고 창고관리자에게 말하였다.

'내 태자가 보시하기를 좋아하는데, 그 마음이 너무나 강렬해 도무지 돌릴 수가 없구나. 만약 그것을 금하고 막아 혹 그 뜻에 어긋나기라도 하면 태자는 몹시 근심하고 괴로워할 것이니, 어떻게 하겠는가? 그냥 태자 뜻대로 하게 두고 거부하지 말라.'

다시 태자가 며칠 동안 보시하자, 창고에 남았던 물건에서 다시 3분의 2가 줄어들었다.

창고관리자가 다시 왕에게 아뢰었다.

'앞서 남았던 물건을 날마다 보시하여 그 3분의 2가 또 줄었습니다. 이제 얼마 남지도 않았습니다. 저 사신들에게 줄 것까지 다 써 버리면 안 됩니다. 부디 대왕께서는 깊이 생각하시어 뒷날 허물이 없게 하소서.'

왕은 생각하다가 창고관리자에게 말하였다.

'나는 이 아들을 다른 누구보다 특별히 사랑한다. 그러므로 차마 드러내놓고 그의 뜻을 거부할 수는 없다. 만약 태자가 찾아와 보물을 요구하거든 잠깐 딴 곳으로 몸을 피하고, 급히 요구하는 것만 우선 주라. 그렇게 주기도 했다가 주지 않기도 했다가 하면서 날짜를 끌도록 하라.'

창고관리자는 왕의 분부를 받은 뒤로는 태자가 찾아와 보물을 요구할 때면 핑계를 대고 다른 곳으로 가버렸다. 그래서 태자는 어떤 때는 얻고 어떤 때는 얻지 못하여 번번이 자기 뜻대로 되지 않았다.

태자는 어떤 상황인지 깨닫고 잠시 생각하였다.

'지금 저 창고관리자가 무슨 힘이 있다고 감히 나의 명을 거역하겠는가. 분명 왕의 뜻을 받들어 저러는 것이다. 또 사람으로서 자식이 부모님의 창고 물건을 싹 비워버리는 것은 도리에 맞지 않는다. 게다가 지금 이 창고에는 물건이 얼마 남지도 않았다. 내가 어떻게 하면 재물과 보물을 많이 얻어 일체중생에게 보시하여 부족함이 없게 할 수 있을까?'

그는 이렇게 생각하고 사람들에게 물었다.

'이 세상에서는 어떤 사업을 해야 많은 재물을 얻어 마음대로 쓸 수 있습니까?'

어떤 사람이 말하였다.

'극도의 위험을 두려워 말고 멀리 나가 장사하면 많은 재물을 얻을 수 있습니다.'

어떤 사람은 말하였다.

'추위와 더위를 피하지 않고 전답을 개간하여 다섯 가지 곡식을 많이 심으면 많은 재물을 얻을 수 있습니다.'

또 어떤 사람은 말하였다.

'여섯 가지 가축을 많이 길러 항상 보호하고 때를 맞춰 번식시키면 많은 재물을 얻을 수 있습니다.'

또 어떤 사람은 말하였다.

'목숨을 돌아보지 않고 큰 바다에 들어가 용왕의 궁궐로 가서 여의주를 구하십시오. 그 일만 성취하면 가장 많은 재물을 얻을 것입니다.'

그때 태자는 여러 사람의 말을 듣고 가만히 생각하였다.

'장사와 농사와 목축은 내게 적당하지 않을 뿐 아니라 얻는 이익도 얼마 되지 않는다. 큰 바다로 들어가 용왕의 궁궐로 찾아가는 것만이 내 마음에 든다. 나는 힘써 이 일을 성취하리라.'

그는 이렇게 생각하고 부왕에게 찾아가 아뢰었다.

'저는 바다에 들어가 보배를 찾고자 합니다. 그것을 중생들에게 보시하여 아무리 써도 다함이 없게 하겠습니다. 부디 부모님께서 허락해 주소서.'

왕과 부인은 태자의 말을 듣고 매우 당황하며 물었다.

'너는 무슨 생각으로 바다에 들어가겠다는 것이냐. 정말 보시를 하고 싶어서라면 너의 뜻을 이루게 하리라. 우리 집 창고에 남은 물건을 모두 너에게 주리니 너는 그것으로 보시하라. 왜 그것을 버리고 바다로 들어가려 하는가? 또 들으니 저 바다에는 온갖 위험이 있다더구나. 태풍·나찰·소용돌이·큰 마갈어·바닷속 암초 등 온갖 재난이 있다더구나. 그래서 안전하게 다녀오는 자가 적으니 백 사람이 가면 한 사람이나 돌아올까 말까다. 그런데 너는 지금 뭐가 그리도 급해 그런 위험 속으로 몸을 던지려 하는가? 나와 네 어미는 못내 걱정할 것이요, 왕과 신하와 백성들도 모두 근심하고 두려워할 것이다. 그러니 잘 생각해 그 마음을 버리고 다시는 여러 말 말라.'

태자는 이런 말을 듣고도, 마음에 큰 계획에 있고 일체중생을 구제할 뜻을 품었기에 왕이 아무리 만류하여도 뜻이 흔들리지 않았다. 태자는 '비록 목숨이 다하더라도 이 일은 성취하고야 말리라.'라고 결심하였다.

태자가 왕 앞에 엎드려 아뢰었다.

'부디 저를 가엾이 여겨 저의 소원을 들어주소서. 만약 기어코 거절하며 들어 주지 않으신다면, 저는 이 땅에 엎드린 채로 다시는 일어나지 않겠습니다.'

왕과 부인과 안팎의 사람들은 태자가 마음을 돌리지 않고 죽음을 불사하고 땅에 엎드린 것을 보고 함께 타이르면서 일어나기를 권하였다. 그러나 태자의 말은 처음과 같았고 뜻을 고집하며 변함이 없었다.

그렇게 하루 이틀, 그리고 엿새가 지났다. 왕과 부인은 서로 의논하였다.

'태자가 굶은 지 이미 엿새가 지났소. 내일이면 이레째가 되니, 분명 그 목숨을 보전하지 못할 것이오. 저 아이는 지금까지 무엇을 하려고 마음먹으면 기어코 해내고야 마는 성미라, 그 마음을 돌리지 못할 것이오. 저 아이를 바다에 들여보내면 혹 돌아올 수도 있지만, 지금 그의 요구를 거절하면 우리는 희망조차 없어지게 되오. 그러니 우선 허락하고 걱정은 뒤로 미룹시다.'

왕과 부인은 의논을 마치고, 함께 태자 앞에 나아가 한 손씩 붙잡고 눈물을 흘리면서 말하였다.

'바다에 들어가겠다는 네 부탁을 허락할 것이니, 어서 일어나 음식을 먹거라.'

그러자 태자가 기뻐하면서 일어나 부모를 위로하였다.

'제가 비록 바다에 들어가더라도 오래지 않아 돌아올 것입니다. 부디 너무 걱정하지 마소서.'

부모는 그를 위해 갖가지 맛있는 음식을 장만하였다. 그는 그것을 먹고 밖으로 나가 널리 영을 내렸다.

'지금 가량나가리가 바다에 들어가려 합니다. 가고 싶다면 누구든 함께 갑시다.'

그러자 그 나라의 상인 500명이 함께 찾아와 같이 가겠다고 청하였다.

그때 그 나라에 장님 길잡이가 있었다. 그는 일찍이 여러 번 바다에 들어간 일이 있었다. 태자는 이 소문을 듣고 곧 그에게 찾아가 좋은 말로 간절히 그의 지도를 구하였다.

'당신은 나와 함께 바다로 갑시다. 가고 오는 길에 이롭고 해로움과 나아갈 때와 물러날 때를 나에게 가르쳐 주십시오.'

길잡이가 대답하였다.

'나는 이미 늙었고, 또 장님이라 보지 못합니다. 비록 같이 가고 싶으나 사정이 매우 곤란합니다. 또 대왕께서는 태자님을 특별히 사랑하여 잠시도 태자님에게서 눈을 떼지 않으시고 항상 불안한 마음을 가지고 계십니다. 지금 제가 태자님과 함께 바다에 들어간 다는 말을 듣고 혹 거절하기라도 하시면 제게 허물이 작지 않을 것입니다.'

그러자 태자는 이 말을 듣고 곧 궁중으로 돌아가 직접 부왕에게 아뢰었다.

'지금 이 나라에 장님 길잡이가 있는데, 그는 일찍이 여러 번 바다에 들어간 일이 있다고 합니다. 부디 왕께서 분부하시어 저와 함께 가게 하소서.'

왕은 이 말을 듣고 몸소 그에게 찾아가 말하였다.

'이 태자는 뜻이 바다에 들어가는 데 있다. 여러 가지로 타일렀으나 마음을 돌리지 않기에 부득이한 사정으로 이제 가도록 허락하였다. 태자는 아직 고생이 무엇인지 모르는 아이다. 그대는 일찍이 바다에 가본 적이 있어 바다의 사정을 잘 안다고 들었다. 그대가 마음을 돌려 괴로움을 참고 함께 가주기를 바란다.'

길잡이가 왕의 이 말을 듣고 아뢰었다.

'다만 제가 늙고 눈이 멀어 보지 못하는 것이 한스러울 뿐이지 대왕의 명령을 어찌 감히 어기겠습니까?'

왕은 길잡이의 승낙을 받고 곧 궁중으로 돌아갔다.

태자가 길잡이와 함께 출발 날짜를 정하고 왕궁으로 돌아오자, 왕이 측근에게 물었다.

'나를 공경하고 사랑해 저 태자와 함께 보물을 캐러 갈 사람 없

는가?'
파바가리가 왕에게 아뢰었다.
'제가 형님과 함께 바다로 가겠습니다.'
왕은 그 말을 듣고 가만히 생각하였다.
'지금 저 아우가 험난한 곳으로 함께 간다면 남들보다는 태자를 더 잘 돌볼지도 모른다.'
왕은 이렇게 생각하고 곧 허락하였다.
그때 태자는 황금 3,000냥을 출자하여 1,000냥으로는 양식을 준비하고, 1,000냥으로는 배를 마련하고, 또 1,000냥으로 다른 필요한 물품들을 장만하였다. 태자가 모든 준비를 마치고 출발하자, 왕과 부인과 모든 신하와 백성들이 길에 나와 울면서 배웅하였다.
동행들과 함께 길을 나선 태자는 이윽고 바닷가에 도착하였다. 태자는 일곱 겹으로 나무를 덧대어 튼튼한 배를 만들고, 바람이 불 때를 기다렸다가 그 배를 바다에 띄우고, 일곱 개의 큰 밧줄로 바닷가 언덕에 묶었다. 그리고 요령을 흔들면서 상인들에게 큰소리로 외쳤다.
'여러분 모두 잘 들으십시오. 바다에는 여러 가지 위험한 일이 많습니다. 소용돌이·사나운 용·나찰·휘몰아치는 검은 바람·바닷속 암초·큰 마갈어가 있고 이 외에도 많은 위험들이 있습니다. 그래서 지금까지 바다로 들어간 사람은 많으나 무사히 돌아온 사람은 적습니다. 그러니 만약 주저하는 이가 있다면 여기서 돌아가십시오.
하지만 단단히 마음먹어 목숨마저 버릴 각오가 되어 있고 부모와 처자식을 잠시 잊을 수 있다면 함께 바다로 갑시다. 보물 있는 곳에 이르러 보배를 캐어 무사히 돌아오면 자손 7대까지 쓰고도 남을 것입니다.'

이렇게 명령하고 곧 밧줄 하나를 끊었다. 태자는 날마다 이렇게 하였고, 이레째 되는 날 명령을 마치고 일곱 번째 밧줄을 마저 끊었다. 그리고 바람에 돛을 올리자 배가 쏜살처럼 앞으로 나아갔다. 그렇게 태자는 사람들과 함께 보물섬에 이르렀다.

태자는 원래 총명하고 세상 경전에 통달하여 보물의 빛깔과 모양을 잘 분별하고 그 가격도 모두 알았다. 그리하여 상인들에게 어떤 보배가 좋고 나쁜지 가르쳐주면서 그들에게 말하였다.

'마음대로 가지십시오.'

그리고 다시 당부하였다.

'하지만 적당히 실어야 합니다. 너무 많이 실으면 배가 무거워 침몰할 염려가 있고, 그렇다고 너무 적게 실으면 고생만 하고 애쓴 보람이 없습니다.'

이렇게 당부한 뒤, 그는 혼자 길잡이와 함께 작은 배를 따로 타고서 상인들과 이별하였다.

얼마쯤 가다가 길잡이가 그에게 물었다.

'앞쪽에 하얀 산이 있을 것입니다. 태자님, 보이십니까?'

태자가 대답하였다.

'보입니다.'

길잡이는 말하였다.

'그것은 은산銀山입니다.'

또 얼마쯤 가다가 길잡이가 물었다.

'검푸른 산이 나올 텐데, 태자님 보이십니까?'

'예, 벌써 보았습니다.'

'그것은 검푸른 유리산입니다.'

또 얼마쯤 가다가 그가 물었다.

'여기 어디쯤 황금색 산이 있을 텐데, 태자님 보이십니까?'

'보입니다.'

'그것은 황금산입니다.'

그들은 황금산 기슭에 도착해 황금 모래사장에 앉았다.

길잡이가 말하였다.

'저는 너무 늙고 쇠약해 이제 죽을 때가 되었습니다.'

길잡이는 태자에게 나아갈 방향과 길을 가르쳐주면서 말했다.

'태자님, 이쪽으로 가다 보면 앞에 성이 나올 것입니다. 그 성은 아주 오묘하고 일곱 가지 보배로 사이사이에 장식하였을 것입니다. 태자님이 그 성문에 이르렀을 때 만약 성문이 닫혔거든, 성문 곁에 금강저金剛杵가 있을 것이니 그것으로 문을 두드리십시오. 그러면 그 성에 사는 500명의 천녀가 각기 보배 구슬을 가지고 와서 태자님에게 바칠 것입니다. 그중에서도 유난히 빼어나고 아름다운 한 여인이 있을 것입니다. 그녀가 가진 보배 구슬은 보랏빛이고 이름이 전타마니旃陁摩尼인데, 그것이 여의주입니다. 그것을 얻거든 잘 간직하여 잃어버리지 않도록 하십시오. 다른 구슬도 받아 가지되, 정신을 차리고 그들과 말은 하지 마십시오. 저는 이제 살 날이 얼마 남지 않았습니다. 만약 제가 죽거든 제 은혜를 생각하여 저를

불쌍히 여기시고 이 모래사장에 묻어 주십시오.'

길잡이는 이 말을 마치고 기운이 다해 숨을 거두었다. 태자는 그를 위해 못내 슬퍼한 뒤에 모래사장에 묻어 주었다.

길잡이가 지시한 대로 앞으로 얼마쯤 가자 일곱 가지 보배로 만들어진 성이 나타났다. 성문은 굳게 닫혀 있었다. 태자는 금강저가 그 성문 곁에 있는 것을 보았다. 길잡이 말대로 그 금강저로 성문을 두드리자 곧 성문이 열렸다.

그리고 500명의 천녀가 제각기 보배 구슬을 가져와 태자에게 바쳤는데, 가장 앞에 있는 천녀의 손에 들린 구슬은 그의 말대로 보랏빛이었다. 태자는 그것들을 차례로 받아 옷깃 속에 넣고 곧바로 발길을 돌렸다.

한편 태자가 떠난 뒤에 파바가리는 상인들에게 이렇게 말하였다.

'이곳은 오기가 쉽지 않다. 그러니 보물을 되도록 많이 가져가야 한다.'

사람들은 보물을 탐하여 배에 너무 많이 실었다.

태자가 돌아왔을 때 그 배는 이미 만선이었기에 배를 띄우고 돌아가다가 그만 침몰하고 말았다. 상인들은 물에 빠져 떴다 잠겼다 하였지만, 태자는 여의주 덕분에 물에 빠지지 않았다.

그때 파바가리가 멀리서 태자를 부르면서 말하였다.

'저를 구해 주십시오. 저를 버리지 마십시오.'

태자는 그 말을 듣고 곧 물 위로 끌어당기고 온 힘을 다해 함께 헤엄쳐 바다에서 빠져나왔다.

바다에서 나오자, 아우가 형에게 말하였다.

'우리 형제가 부모를 하직하고 바다에 들어와 헛되이 돌아가지 않기를 바랐는데, 불행히도 변을 당해 많은 재산과 보물을 잃었습니다. 빈 몸으로 돌아가게 되었으니 참으로 부끄럽습니다.'

가량나가리 태자는 천성이 진실하고 정직하여 곧 아우에게 말하였다.

'내가 얻은 보물이 있다.'

'저에게 보여 주십시오.'

태자는 곧 옷깃을 풀어 그 속에 넣어두었던 구슬을 꺼내 보여주었다. 아우는 그 구슬을 보고 나쁜 생각을 품었다.

'우리 부왕은 은혜와 사랑이 넓지 못하여 형만 사랑하고 내게는 생각이 없다. 지금 우리 형제가 함께 바다에 들어왔다가 형은 진기한 보배를 얻고 나만 빈손으로 돌아간다면, 그때부터는 틀림없이 나를 더욱 천대할 것이다. 나는 어떻게 하면 좋을까? 형이 잠든 틈을 타서 몰래 형을 죽이고, 저 보배 구슬을 가지고 돌아가 부왕에게 형은 바다에 빠져 죽었다고 말하자. 그러면 그때는 나를 특별히 사랑하고 생각하리라.'

이렇게 생각하고 그는 가만히 꾀를 내어 형에게 말하였다.

'사람들이 사는 마을이 차츰 가까워지고 있으니, 우리 형제가 한꺼번에 잠들어서는 안 됩니다. 한 사람씩 번갈아 앉아서 보배 구슬을 지키고 보호합시다.'

형은 그렇게 하자고 하고, 둘이서 번갈아 지키기로 하였다.

파바가리가 잘 차례가 되었다. 그는 땅바닥에 누워 약속보다 긴 시간 동안 늘어지게 자고 일어났다. 다음에는 형이 쉴 차례였다. 형은 너무 오래 앉아 있었기 때문에 고단하여 곧장 깊은 잠에 빠져들었다.

그러자 파바가리가 일어나 숲속으로 들어갔다. 숲속에는 가시가 아주 날카로운 나무들이 있었다. 그는 길이가 한 자 다섯 치나 되는 가시 두 개를 꺾어 형 곁으로 왔다. 형은 아직 깊이 잠들어 있었다. 그는 한 손에 가시 하나씩을 쥐고서 형의 두 눈에 가시 끝이 보이지 않을 만큼 깊숙이 찔러넣었다. 그리고 형의 보배 구슬을 가지고 떠났다.

태자는 고통을 견딜 수 없어 큰소리로 다급히 외쳤다.

'파바가리, 파바가리. 여기 도적이 있다.'

몇 번을 불렀으나 아무 대답이 없었다.

그때 나무의 신이 태자에게 말하였다.

'파바가리가 바로 당신의 도적입니다. 그가 당신 눈을 찌르고 당신의 구슬을 훔쳐 달아났습니다.'

태자는 땅에 뒹굴며 고통스러워하였다. 태자는 엉금엉금 기어서 조금씩 앞으로 나아가다가 이사발타국梨師跋陀國의 어느 늪 가에 이르렀다. 마침 500마리의 소가 그의 곁으로 다가왔다. 그때 그 가운데 가장 큰 소가 태자를 보고는 가엾기도 하고 존경스럽기도 하여 혀를 내밀어 그의 눈을 핥아 주었다. 나머지 다른 소들도 모두 몰려들어 태자를 걱정하며 함께 지켜보았다.

소들의 주인이 이를 보고 이상히 여겨 다가왔다가 땅에 누운 태자를 발견하였다. 그의 눈에는 긴 가시가 박혀 있었다. 소들의 주인은 그의 형상을 살펴보고 보통 사람이 아니란 것을 알아차리고는 곧 가시를 뽑고 자기 집으로 데리고 갔다. 소들의 주인은 그의 상처에 매일 우유를 바르고 또 음식을 먹이면서 수시로 태자를 보살폈다. 시간이 지나자 눈의 상처는 차츰 나아졌지만, 주인은 정성어린 간호를 조금도 게을리하지 않았다.

어느 날 태자가 소들의 주인에게 물었다.

'당신은 여기 살면서 어떤 직업을 가지고 있습니까?'

그는 대답하였다.

'저는 여기서 별다른 업이 없습니다. 오직 이 우유와 소(酥)를 팔아서 살아갑니다.'

태자가 가만히 생각하였다.

'내가 곤액을 당하는 바람에 이 주인이 항상 나를 보살피느라 힘들었다. 이제 병도 나아 조금은 움직일 수 있으니, 다른 방법을 찾아 조금이라도 짐을 덜어드리자.'

이렇게 생각하고는 곧 주인에게 말하였다.

'오랫동안 신세를 많이 끼쳤습니다. 당신에게 참으로 갚기 어려운 은혜를 입었습니다. 저는 이제 이곳을 떠나 성으로 가서 여기저기 다니면서 구걸하며 살아갈까 합니다.'

주인은 태자의 말을 듣고, 자기 집 처자나 노비들이 혹 귀찮아하는 말을 하여 그것이 태자 귀에 들어갔나 걱정하였다. 그렇지 않으면 떠날 이유가 없었기 때문이다. 그래서 먼저 가족들에게 물었다.

'너희들이 무슨 잘못을 저질렀기에 귀한 손님이 여기를 떠나 다

른 곳으로 가시겠다는 것이냐?'

가족들이 모두 말하였다.

'저희는 그분을 형이나 아우처럼 대하였습니다. 무슨 까닭으로 이곳을 버리고 가려는지 모르겠습니다.'

이에 주인이 태자에게 말하였다.

'우리가 당신을 모시면서 잘못한 적이 없습니다. 우리를 버리고 다른 곳으로 다니면서 구걸하지 마십시오.'

태자는 주인의 말을 듣고, 또 그가 정성껏 자기 뜻을 받들어 주는 것을 보아 우선 잠깐 머물기로 하였다.

또 얼마를 지나 태자가 주인에게 말하였다.

'주인께서 저를 대접하는 것은 때를 따라 모자람이 없고, 또 가족들도 저를 대접하는 것이 매우 융숭합니다. 다만 제가 스스로 돌아다니면서 저 성으로 가고 싶을 뿐입니다. 한 사람을 시켜 저를 그 성까지만 데려다주십시오.'

태자가 하도 간곡히 청하자, 주인은 그의 뜻을 거절하면 도리어 마음이 상할까 염려하여 자신이 직접 태자를 데리고 성으로 함께 갔다.

성에 이르러 서로 이별하게 되자, 태자가 말하였다.

'당신이 저를 가엾이 여기신다면 거문고를 하나 사 주십시오. 저는 그것으로 즐기겠습니다.'

주인은 곧 거문고를 사서 태자에게 주고, 서로 이별하고 떠났다.

태자는 원래 재능이 많아 노래와 문장에 아주 뛰어났다. 태자는 저잣거리에서 소리 높여 노래를 부르면서 거문고를 연주하였는데, 그 소리가 매우 맑고 고상하였다. 성안 사람들은 모두 그의 노래의 연주를 보고 들으면서 조금도 싫증을 내지 않았다. 그리고 다들 음식을 가지고 다투어 찾아와 그에게 주었다. 그때 그 성에 있던 500명의 거지도 모두 그에게 빌붙어 그의 덕으로 배불리 먹고살았다.

한편 그 성의 이사발왕에게 한 동산지기가 있었다. 그는 왕을 위해 망고 동산을 지키고 있었다. 망고가 익으면 앵무새가 날아와 먹어치웠지만, 그는 손이 모자라 미처 그것을 다 막지는 못하였다.

어느 날 그 동산지기가 망고를 따다가 왕에게 바쳤는데, 그 가운데 잘 익은 망고들은 죄다 앵무새가 쪼아먹은 것들이었다. 왕은 그것을 보고 화를 내며 형벌을 주려 하였다. 동산지기는 벌벌 떨면서 왕에게 그 사정을 호소하였다.

'사람 손이 모자라 그렇게 된 것입니다. 부디 너그럽게 용서하시어 형벌을 면하게 해 주소서. 그러면 동산을 지킬 사람을 더 고용하여 이런 일이 다시는 없도록 하겠습니다.'

왕은 용서하고 그의 죄를 묻지 않았다. 동산지기는 죄를 벗어난 뒤에 돌아다니면서 사람을 구하였다. 그는 길가에서 구걸하던 가량나가리를 보고, 그의 형상이 충실한 사람인 것 같아서 곧 말하였다.

'그대는 나를 위해 동산을 지킬 수 있겠는가? 만약 그렇게 한다면 내가 그대에게 모자라는 것을 대어 주리라.'

태자는 대답하였다.

'저는 장님입니다. 어떻게 동산을 지키겠습니까?'

'그대가 정말 하려고만 한다면, 비록 눈이 없더라도 지킬 방법이 있다.'

그는 가느다란 줄을 많이 만들어 나뭇가지 끝마다 연결하고 여러 개의 방울을 그 줄에 매달고 말하였다.

'그대는 이 줄 끝을 잡고 있다가 무슨 소리가 나거든 곧바로 줄을 당겨 흔들어라. 그러면 앵무새가 놀라 나무에 앉지 않을 것이다.'

태자는 그 말을 듣고 대답하였다.

'그런 일이라면 할 수 있습니다.'

서로 합의가 끝나자, 태자는 곧바로 동산으로 가서 망고 동산을 지켰다.

그 무렵 파바가리는 부왕의 나라로 돌아왔다. 왕은 그가 혼자 온 것을 이상히 여겨 곧 태자의 소식을 물었다.

그러자 파바가리가 왕에게 아뢰었다.

'저희 배는 불행히도 짐이 무거워 침몰하였습니다. 그래서 가량나가리 형님과 상인들은 온갖 보물과 함께 모두 바다에 빠져 죽었습니다. 저만 죽을 힘을 다해 바다를 헤엄쳐 겨우 살아나왔습니다.'

왕과 부인은 이 말을 듣고 까무러쳤다. 그렇게 아무 의식도 없다가 한참 후 물을 얼굴에 뿌린 뒤에야 겨우 깨어났다. 궁중 안팎과 여러 신하와 백성들도 이 소식을 듣고 모두 슬퍼하였다.

왕과 그 부인이 파바가리에게 말하였다.

'가량나가리 태자가 바다에 빠져 죽었는데 왜 너만 혼자 왔느

냐? 왜 그 바다에서 같이 죽지 않았느냐?'

온 나라 백성이 모두 슬퍼하고 애석히 여겨 마치 자신의 부모를 잃은 것처럼 아침저녁으로 울면서 그리워하였다.

그 궁궐에 태자가 사랑하던 기러기가 한 마리 있었다. 왕은 그 기러기에게 말하였다.

'너를 기르고 돌보던 태자가 지금 바다에 들어가 갑자기 죽어 돌아오지 않고 있는데, 너는 왜 가보지 않느냐? 너는 지금 얼른 가서 그가 어디 있는지 알아 오너라.'

왕은 편지를 써서 기러기 목에 걸었다. 기러기는 곧 높이 날아올라 두루 다니면서 태자를 찾아보았다. 기러기는 마침 망고 동산 위를 날아가다가 태자의 노랫소리를 알아듣고는 곧 내려가 살펴보았다. 태자를 발견한 기러기는 슬픔과 기쁨을 이기지 못해 큰 소리로 울었다.

태자도 자신이 키우던 기러기 소리임을 알아차리고 곧 그 목에 걸린 편지를 끌렀다. 그러나 눈이 보이지 않아 편지를 읽을 수 없었다. 태자는 곧 종이와 붓을 구해 편지를 써서 왕에게 보내었다. 파바가리가 눈을 찌른 사정과 그동안 지낸 곳과 고생했던 여러 가지 일들을 자세히 적어 기러기 목에 매었다. 기러기는 곧 날아갔다.

한편 이사발왕에게 딸이 하나 있었는데, 그녀는 뛰어나게 단정하고 아름다워 세상에 드물었다. 왕은 그녀를 매우 사랑하고 소중히 여겨 딸의 뜻을 거절하지 않았다.

어느 날 그 공주가 왕에게 동산에 나가 놀게 해달라고 청하였다. 왕은 허락하였다. 공주는 동산에 놀러 왔다가 태자 가량나가리를 보게 되었다. 머리카락은 흐트러지고, 얼굴에는 땟국물이 흐르며, 눈은 장님인 자가 다 떨어진 옷을 걸치고 나무 사이에 앉아 있었다. 공주는 그의 모습을 살펴보다가 마음이 쏠려 그의 곁을 떠나지 못하고 나란히 앉아 이야기를 나누었다.

식사 시간이 되자, 왕은 사람을 보내 딸을 불렀다. 공주는 그 사람을 돌려보내며 왕에게 아뢰었다.

'음식을 보내 주시기 바랍니다. 여기서 먹겠습니다.'

곧 음식이 도착하자, 공주가 태자에게 말하였다.

'저는 당신과 한자리에 앉아 먹고 싶습니다.'

태자는 대답하였다.

'저는 거지요. 당신은 왕의 딸입니다. 어떻게 한자리에서 먹을 수 있겠습니까? 만약 왕께서 아신다면 제게 큰 벌을 내릴 것입니다.'

공주가 간절히 태자에게 말하였다.

'만약 당신이 허락하지 않으시면 저도 먹지 않겠습니다.'

이렇게 되풀이해 독촉하자, 마침내 마지못해 함께 음식을 먹었다. 공주의 말씨는 갈수록 정다웠고, 마음이 차츰 끌려 잠시도 눈을 떼지 않았다.

해가 저물자, 왕은 사람을 보내 딸을 불렀다. 공주는 그 사람을 돌려보내면서 왕에게 아뢰었다.

'저는 이 동산지기의 아내가 되기를 원합니다. 다른 어떤 국왕이나 태자도 필요 없습니다. 저는 지금 오로지 이 마음뿐입니다. 부

디 부왕께서는 저의 뜻을 거절하지 마소서.'

 사신은 돌아가 이 사정을 왕에게 자세히 아뢰었다. 왕은 이 말을 듣고, 공주의 마음을 물리칠 수 없어 혼자 개탄하였다.

 '이런 변이 있나. 내 딸이 이렇게 못났단 말인가. 예전에 보개대왕寶鎧大王이 자신의 첫째 태자인 가량나가리를 위하여 혼인을 청한 적이 있었지. 이제 그 태자가 바다에 들어갔다가 돌아오지 못하니까 저 거지의 아내가 되려고 하는구나. 이것은 우리 왕가의 이름을 욕되게 하는 짓이다. 나는 이제 얼굴을 가리고 어디에 숨어야 한단 말인가.'

 이렇게 말하고 왕은 다시 사람을 보내 딸을 불렀다. 그러나 공주의 말은 처음과 같고 먹은 마음도 변치 않았다.

 공주를 사랑했던 왕은 결국 그녀의 뜻을 거절하지 못하고, 그들을 궁중으로 데려와 결혼시켜 부부를 만들었다.

 그리고 며칠이 지났다. 그런데 아내가 항상 낮에 나갔다가 저물녘에야 돌아왔다. 태자는 이상히 여겨 아내에게 물었다.

 '당신 말대로 우리는 부부가 되었소. 그런데 당신은 새벽에 나갔다가 저물녘에야 돌아오면서 이곳에 마음을 두지 않고 있소. 다른 뜻이 있어서 그러는 것이 아니오?'

 아내는 스스로 맹세하였다.

 '저는 지금 한마음으로 당신을 높이 받들 뿐, 털끝만큼도 다른 뜻이 없습니다. 만약 제 말이 진실이고 저의 지극한 정성이 헛되지 않다면, 당신의 한쪽 눈이 본래와 같이 회복될 것입니다.'

 이렇게 맹세하자, 그의 한쪽 눈이 곧 본래와 같이 회복되었다.

아내가 태자에게 물었다.

'당신 부모님은 어느 나라에 계십니까?'

태자가 대답하였다.

'당신은 늑나발미勒那跋彌라는 대왕의 이름을 들어본 적 있습니까?'

'들었습니다.'

'그분이 바로 저의 아버지이십니다. 또 그 왕의 태자 가량나가리의 이름을 당신은 들어본 적 있습니까?'

'들었습니다.'

'내가 바로 그 사람이오.'

아내는 깜짝 놀라면서 물었다.

'그렇다면 당신은 왜 이런 고생을 하십니까?'

태자는 곧 그동안 있었던 일들을 아내에게 이야기하였다. 아내는 그 말을 듣고 깊이 탄식하면서 말하였다.

'파바가리가 당신을 해치려고 한 짓은 고금에 없던 일입니다. 만약 당신이 그를 만난다면 어떻게 처리하겠습니까?'

태자가 대답하였다.

'파바가리가 나를 해치려 하였지만 나는 그에게 조금도 원한이 없소.'

'그 말은 믿기 어렵습니다. 그 사람 때문에 이렇게 고생하셨는데 어찌 분하지 않겠습니까?'

그러자 태자가 곧 스스로 맹세하였다.

'나는 저 파바가리에게 털끝만큼도 원한이 없소. 만약 내 말이

진실이요 거짓이 아니라면 나의 나머지 한쪽 눈도 회복될 것이오.'

이렇게 맹세하자 즉시 눈이 맑고 깨끗해졌다.

아내는 남편의 두 눈이 완전히 깨끗해지고 일찍이 본 적이 없는 단정하고 위엄스러운 모습이 된 것을 보고는 기쁨을 이기지 못하였다.

아내는 곧 그의 아버지에게 달려가 아뢰었다.

'부왕께서는 보개 왕의 태자 가량나가리를 아십니까?'

'알다 뿐이겠냐?'

'지금 만나보시겠습니까?'

'그가 지금 어디 있느냐?'

'제 남편이 바로 그 사람입니다.'

아버지는 웃으면서 말하였다.

'이 애가 미쳐 제정신이 아니구나. 가량나가리는 바다에 들어가서 돌아오지 못했는데, 장님 거지를 보고 그 사람이라 하는구나.'

딸이 다시 아뢰었다.

'부디 부왕께서 직접 확인해 보소서.'

왕은 곧 찾아가 그가 태자임을 확인하고는 두려움에 떨었다. 왕은 부끄러움과 두려움이 뒤섞여 태자 앞에 엎드리고 그에게 참회하였다.

'정말 몰랐소. 나의 허물을 용서하시오.'

그리고는 몰래 태자를 데리고 가 국경 근처에 두고, 돌아와서 '보개 대왕의 태자 가량나가리가 저 바다에서 돌아왔다.'라는 소문을 퍼뜨렸다. 왕은 온갖 채비를 한 뒤에 코끼리와 말을 장식하고,

직접 신하들과 함께 나아가 태자를 맞이하고 궁중으로 돌아왔다. 그리고 많은 손님을 모은 뒤에 공주를 아름답게 장식하고 비로소 말하였다.

'내 딸을 가랑나가리의 아내로 주고 싶다.'

그때 기러기가 태자의 편지를 가지고 본국으로 돌아갔다. 대왕은 기러기 목에 묶인 편지를 끌러 읽어보고, 태자가 아직 살아 있다는 것을 비로소 알았다. 그리고 태자가 겪은 여러 가지 고난도 모두 알게 되었다.

왕과 부인은 기쁨과 슬픔이 교차하였다. 궁중 안팎의 모든 이들이 슬퍼하고 놀라고 분해 하며 성내지 않는 이가 없었다. 왕은 파바가리를 붙잡아 몸에 쇠사슬을 채워 옥에 가두고, 다시 이사발왕에게 사신을 보내어 영을 내렸다.

'태자가 그대의 나라에서 고생하고 있는데, 왜 잠자코 있으면서 와서 알리지 않는가? 이 편지가 가는 즉시 코끼리와 말로 호위하여 보내라. 만약 어기는 일이 있으면 내가 직접 찾아가리라.'

사신은 편지를 가지고 그 나라로 갔다. 이사발왕은 그 편지를 받아 읽었다.

그때 태자가 이사발왕에게 말하였다.

'소를 치던 그 사람은 제게 많은 은혜를 베풀었습니다. 제가 이제 고마워 그를 만나고 싶습니다. 저를 위해 사람을 보내 그 분을 불러 주십시오.'

왕은 곧 그를 불렀다. 그러자 태자가 왕에게 말하였다.

'제가 눈을 찔렸을 때 바로 이 분이 저의 부모님처럼 저를 돌보

앗습니다. 만약 왕께서 저를 어여삐 여기신다면 저를 위해 대신 은혜를 갚아 주십시오.'

왕은 매우 기뻐하여 곧 훌륭한 의복과 코끼리·말·수레와 농토와 집과 금·은의 보물과 남녀의 종과 일꾼을 비롯해 관리할 소까지 모두 그에게 주었다. 그는 매우 기뻐하였다. 뜻밖의 일로 그는 부유하고 귀하게 되어 죽는 날까지 안락을 누리게 되었다.

왕은 사신을 돌려보내면서 그동안의 사정을 자세히 아뢰었다.

'태자께서 여기 계신 줄은 참으로 몰랐습니다. 그동안 고생하신 일은 황공하게 생각합니다. 태자께서는 지금 눈을 다시 얻었고, 또 신의 딸을 바쳐 태자님의 아내로 삼게 하였습니다. 온갖 채비를 장엄하게 갖추고 신이 직접 호위하여 보내겠습니다.'

왕은 곧 500마리 하얀 코끼리를 금과 은으로 극도로 화려하게 장식하고, 500명의 소년을 뽑아 태자를 모시도록 명령을 내렸다. 또 얼굴이 단정하고 재능이 뛰어난 500명 시녀를 뽑아 갖가지 보물로 장식하고, 500대의 수레를 보물로 아주 화려하게 장식하여 자신의 딸을 보내었다.

그리고 이사발왕은 신하들과 함께 수백 수천 대의 수레에 올라 태자 부자를 앞뒤로 에워싸고 갖가지 춤과 노래로 경사를 한량없이 칭송하면서 국경까지 전송하고 본국으로 돌아왔다.

그때 그 사신은 본국으로 돌아갔다. 보개 대왕은 그 편지를 받아 보고 더욱 기뻐하면서 곧 여러 왕에게 명령하여 모두 모이게 하였다. 그리고 코끼리와 말을 장식하고 앞뒤로 수많은 신하와 관리와 부인과 궁녀들의 호위를 받으며 직접 태자를 맞이하러 국경까지 나갔다.

그때 태자는 멀리서 부왕을 보고 수레에서 내렸다. 태자는 걸어서 부모님에게 다가가 땅에 엎드려 예배하고 문안을 드렸다. 부모도 수레에서 내려 서로를 껴안았다. 이별하고 오랜만에 아들과 만난 것을 생각하니, 슬프기도 하고 기쁘기도 하였다. 여러 왕과 신하와 백성들도 그 정경을 보고 이루 말할 수 없는 기쁨을 느꼈다.

부모님과 태자는 하고 싶은 말들을 대충 마무리 짓고 곧 수레를 돌렸다. 일행은 종을 치고 북을 울리면서 온갖 춤과 노래를 연주하고, 기쁨에 넘쳐 경사를 축하하면서 앞서거니 뒤서거니 성으로 향하였다.

성문에 이르러 태자가 왕에게 아뢰었다.

'파바가리는 지금 어디 있습니까?'

왕은 대답하였다.

'그런 악인은 천하가 용서하지 않는다. 나 역시 꼴도 보기 싫어 일단 옥에 가둬 두었다.'

태자가 아뢰었다.

'이제 풀어주십시오.'

'그의 죄는 매우 무겁다. 아직 제대로 조사도 하지 않았는데 어떻게 풀어준단 말이냐?'

'만약 파바가리를 풀어주지 않으신다면 저는 결코 성에 들어가지 않겠습니다.'

왕은 곧 파바가리를 풀어주라고 명령하였다. 옥에서 나온 파바가리가 태자를 보러 찾아왔다. 태자는 그를 껴안고 그의 마음을 위로하였다. 그리고 성으로 들어가 궁궐에 이르렀다.

그때 태자의 부모와 여러 왕과 신하와 남녀노소의 모든 백성은 태자가 원수를 자신의 친자식처럼 여기는 것을 보고는 '저 파바가리가 그의 눈을 찔렀건만 그는 털끝만큼도 원한이 없구나.' 하면서 태자를 예전보다 배나 더 공경하고 사랑하였다.

일체 대중이 모두 찬탄하면서 말하였다.

'참으로 놀랍고 훌륭하구나. 하늘나라에도 인간세계에도 진실로 이런 분은 없으리라.'

태자는 궁으로 돌아온 뒤에도 파바가리와 친하게 지냈고, 간절한 정과 사랑하는 마음이 옛날과 다름없었다. 그리고 차근차근 그 구슬에 관해 물었다.

'그 구슬은 지금 어디 있느냐?'

파바가리가 말하였다.

'돌아오다가 길가 땅속에 묻어 두었습니다.'

태자는 사람을 시켜 가서 찾게 하였으나 찾지 못하였다. 태자는 파바가리와 함께 가서 구슬을 찾아내고 보배 구슬을 모두 거두어 궁으로 돌아왔다. 그리고 500개 구슬을 여러 왕에게 주어 각각 하나씩 가지게 하고, 남은 여의주는 자기가 가졌다.

태자는 그 구슬을 손에 쥐고 소원을 빌었다.

'만약 이것이 정말 여의주라면 우리 부모님이 앉는 곳에 일곱 가지 보배로 만든 자리가 있게 하시고, 머리 위에는 일곱 가지 보배로 만든 큰 일산이 드리우게 하소서.'

이렇게 말하자 모두 그의 말대로 되었다.

태자가 다시 그 구슬을 쥐고 소원을 빌었다.

'우리 부모님 궁전 안의 모든 창고와 여러 왕과 그 신하들의 모든 창고에서 내가 예전에 보시했던 보물들이 모두 도로 채워지게 하소서.'

즉시 구슬을 잡고 사방을 돌며 비추자, 모든 창고가 다시 가득 차게 되었다. 태자는 다시 신하들에게 명령하여 여러 나라에 영을 내렸다.

'가량나가리 태자가 이레 뒤에 일곱 가지 보배를 천하에 비처럼 뿌리리라.'

곧 영을 내려 세상 모든 이들이 알게 하였다.

이레 뒤, 태자는 향탕香湯에 목욕하고 큰 깃대를 세워 그 꼭대기에 구슬을 달고는 깨끗한 새 옷을 입고 손에 향로를 들고 사방을 향해 예배하면서 축원하였다.

'만약 이것이 진짜 여의주라면 필요한 모든 것들을 온 천하에 비처럼 널리 내리소서.'

이렇게 축원을 마치자, 사방에 구름과 안개가 끼더니 곧 바람이 불어 똥 같은 더러운 것들을 날려버렸고, 그 밖의 다른 더러운 것들도 모두 저절로 사라졌다. 다음에는 보슬비가 내려 날리는 먼지를 촉촉이 적시고, 다음에는 온갖 맛을 가진 갖가지 음식과 다섯 가지 곡식과 의복이 차례로 내려오고, 다음에는 일곱 가지 보배가 비처럼 내려 천하에 가득 쌓였다. 그러자 백성들은 한량없이 칭찬하고 경축하면서 보배 보기를 기왓장이나 돌처럼 여겼다.

그때 태자가 천하에 두루 영을 내렸다.

'너희들은 이제 몸을 기르는 데 필요한 모든 것을 얻어 조금도 모자람이 없다. 만약 이 은혜를 안다면 마땅히 몸과 마음을 잘 단속하여 열 가지 착한 길을 닦아야 할 것이다.'

그때 태자의 끝없는 보시에 감사한 온 염부제 사람들은 그 영을 듣고 모두 마음을 가다듬어 열 가지 착한 일을 받들어 행하고 어떤 악도 범하지 않았다. 그래서 목숨을 마친 뒤에는 모두 하늘나라에 태어났느니라."

부처님께서 이어 아난에게 말씀하셨다.

"너는 알고 싶으냐? 그때 그 가량나가리 태자가 지금의 나이고, 그의 아버지 늑나발미는 지금의 내 아버지 정반왕이며, 태자의 어머니는 현재의 내 어머니 마하마야요, 이사발왕은 지금의 마하가섭이며, 태자의 아내는 지금의 저 구이瞿夷요, 파바가리는 지금의 제바달다이니라. 그때 나의 은혜를 입었던 염부제 사람들은 바로 내가 처음으로 도를 얻었을 때 나로부터 수기를 받은 8만의 여러 하늘나라 신들과 내 제자들이니라.

아난아, 나는 그때도 저 제바달다의 해침을 받아 말못할 고통을 겪었지만 그래도 나는 자비로운 마음으로 그를 사랑하고 가엾이 여겼다. 하물며 지금의 나는 불도를 이루어 번뇌를 모두 없애고 자비를 널리 펴고 있다. 그런 내가 그에게 작은 해를 입었다 하여 어찌 사랑하고 가엾이 여기지 않겠는가?"

부처님께서 이렇게 말씀하시자, 부처님 말씀을 들은 그 자리에 모인 대중들이 부처님께서 중생을 위해 혹독한 고통을 겪으면서도 물러나거나 그만두지 않으신 은혜에 감격하며 찬탄하였다.

"일찍이 없었던 일입니다."

대중들은 슬픔과 기쁨이 엇갈리는 가운데 마음을 다잡고 뜻을 가다듬어 오묘한 법을 사유하였다. 그리하여 수다원과 사다함과 아나함을 얻고, 또 아라한을 얻는 이도 있었으며, 벽지불이 될 선근을 심는 이도 있었고, 위없이 바르고 참된 도의 마음을 일으키는 이도 있었다.

그리하여 모두 기뻐하며 받들어 행하였다.

지혜로운 자와 어리석은 자의 이야기
- 현우경 -

●

제10권

원위元魏 시대에 양주涼州의 사문 혜각慧覺 등이
고창군高昌郡에서 한역하였다.

39

부처님 말씀을 모두 기억한 아난

나는 다음과 같이 들었다.

언젠가 부처님께서 사위국의 기수급고독원에 계실 때였다.

그때 비구들이 모두 궁금해 하였다.

'현자 아난은 전생에 어떤 행을 지었기에 저런 기억력을 얻어 부처님 말씀을 들으면 하나도 잊어버리지 않을까?'

그들이 부처님께 나아가 여쭈었다.

"현자 아난은 전생에 어떤 복을 지었기에 저런 한량없는 기억력을 얻었습니까? 부디 부처님께서 말씀해 주소서."

부처님께서 말씀하셨다.

"자세히 듣고 잘 명심하라. 그의 기억력은 모두 복덕으로 말미암아 얻은 것이니라.

아득히 먼 옛날 아승기겁 전에 한 비구가 사미를 가르치면서 항상 엄하게 명령하여 경전을 외우게 하였다. 날마다 사미에게 경전의 일정 부분을 암송하게 하여 잘 외우면 매우 기뻐하고 잘 외우지 못하면 꾸짖었다.

그래서 그 사미는 경을 잘 외우지 못할까 늘 걱정하였다. 더구나 식량이 없어 걸식해야만 했는데 만약 걸식하러 나가 음식을 빨리 얻으면 경을 충분히 외울 수 있었지만, 걸식이 더디어지면 경을 충분히 외우지 못하였다. 그래서 충분히 외우지 못하면 호된 꾸지람을 받을 것이기에 근심하고 번민하면서 울고 다녔다.

그때 어떤 장자가 울고 있는 사미를 보고 불러서 물었다.

'너는 왜 괴로워하는가?'

사미가 대답하였다.

'장자님, 아십시오. 저의 스승님은 매우 엄하고 까다로운 분이십니다. 제게 날마다 일정 분량의 경을 외우도록 명령하셨는데, 잘 외우면 기뻐하시지만 만약 충분하지 못하면 몹시 꾸중하십니다. 제가 걸식하러 나갔다가 음식을 빨리 얻으면 경을 충분히 외울 수 있습니다. 하지만 만약 음식을 얻는 것이 더뎌지면 경을 충분히 외우지 못하고, 충분히 외우지 못하면 호된 꾸지람을 받습니다. 그래서 제가 근심하는 것입니다.'

그때 장자가 그 사미에게 말하였다.

'지금부터 걸식할 때는 항상 우리 집으로 오거라. 네가 걱정하지 않도록 내가 늘 음식을 공급하겠다. 너는 그 음식을 먹고 온 마음을 다해 더욱 부지런히 경을 외우거라.'

사미는 그 말을 듣고 곧 알뜰한 마음으로 부지런히 공부할 수 있었다. 그래서 스승이 정해준 분량을 빠뜨리지 않고 날마다 외울 수 있었다. 그때부터 스승과 제자가 모두 기뻐하였느니라."

부처님께서 이어 비구들에게 말씀하셨다.

"그때 그 스승이 바로 정광불定光佛이요, 그 사미는 지금의 나이며, 음식을 공양한 그 큰 장자가 지금의 저 아난이니라. 그는 과거에 그런 행을 지었기 때문에 금생에 뛰어난 기억력을 얻어 나의 가르침을 하나도 잊어버리지 않는 것이니라."

그때 비구들은 부처님 말씀을 듣고 기뻐하면서 믿고 받아들였고, 높이 받들어 행하였다.

40

형에게 죽임을 당한 우바사

나는 다음과 같이 들었다.
언젠가 부처님께서 사위국의 기수급고독원에 계실 때였다.
그때 나열기국에 한 곳에 같이 살던 장사꾼 형제가 있었다.
형은 어떤 장자의 딸을 아내로 삼으려 하였다. 그런데 그 처녀가 나이가 어려 아직 시집을 보낼 수 없었다. 어느 날 형은 상인들과 멀리 다른 나라로 장사를 떠났고, 여러 해가 지나도록 돌아오지를 않았다. 처녀는 어느덧 시집을 갈 나이가 되었다.
장자가 그 아우에게 말하였다.
"자네 형이 멀리 떠나 돌아오지 않는구나. 그러니 자네가 내 딸을 데려가게."
아우가 대답하였다.
"어찌 그럴 수 있습니까? 우리 형님이 아직 살아 계시니 감히 그럴 수 없습니다."

장자가 거듭 권했으나 아우의 굳은 뜻은 돌릴 수 없었다. 하지만 장자는 단념하지 않았다. 장자는 거짓으로 그의 형이 죽었다는 편지를 써서 상인들에게 맡기고 그 편지를 아우에게 전하도록 하였다. 아우는 형이 죽었다는 소식을 듣고 소스라치게 놀랐다.

얼마 후 장자가 다시 아우를 찾아가 말하였다.

"자네 형이 죽었으니 내 딸을 어떻게 하면 좋겠는가? 만약 자네가 받아주지 않겠다면 나도 다른 길을 찾아보겠네."

아우는 재촉을 받자 그의 딸을 아내로 삼았다. 그리고 얼마 후 그 여자는 아기를 배었다.

그때 그의 형이 다른 나라에서 돌아왔다. 아우는 형이 본국으로 돌아왔다는 소식을 듣고 몹시 부끄럽고 송구하여 사위국으로 도망쳤다. 그가 도망친 뒤 그녀의 친구들은 그 아내의 배를 압박해 아기를 낙태시켰다.

동생은 여기저기 돌아다니다가 부처님께 찾아가 깊이 참회하고 출가하기를 청하였다. 부처님께서는 그가 제도할 만한 자임을 아시고 즉시 허락하셨다. 그는 부처님의 허락을 받고 사문이 되어 이름을 우바사優婆斯라 하였다. 그는 계율을 받들어 지키고 부지런히 공부하여 곧 아라한의 도를 얻었다. 그리하여 여섯 가지 신통이 트이고 온갖 지혜를 두루 갖추었다.

한편 집으로 돌아온 그의 형은 아우가 이미 그 처녀에게 장가든 것을 알게 되었다. 질투심과 분노에 휩싸인 형은 그를 잡아 죽이려고 사방으로 찾아다녔다. 그러다 아우가 사위국으로 갔다는 말을 들었다.

지독한 분노에 휩싸인 그는 곧 사람을 모집하였다.

"누구건 내 아우의 머리를 가져오는 자에게 상금 500냥을 주리라."

어떤 사람이 와서 그 모집에 응하였다.

"내가 그 머리를 가져오리다."

형은 곧 돈으로 그 사람을 고용하고 그와 함께 사위국으로 갔다. 그리고 그곳에서 좌선하고 있는 아우를 발견하였다. 그때 형에게 고용된 그 사람에게 갑자기 자비심이 생겼다.

'내가 왜 저 비구를 죽여야 할까?'

하지만 다시 생각하였다.

'그래, 만약 내가 죽이지 않으면 나에게 준 돈을 다시 빼앗겠지.'

그래서 그냥 활을 당겨 쏘기로 하였다. 그런데 막상 활을 당길 때는 그 비구를 겨냥하였는데 시위를 놓고 보니 화살이 그의 형을 맞혔다. 형은 분노하며 괴로워하다가 죽었다. 그 결과 독사의 몸을 받아 그 우바사 도인의 방문 지도리 밑에 태어났다. 독사로 태어난 형은 독한 마음이 풀리지 않아 우바사를 해칠 틈만 노렸다. 하지만 문을 자주 여닫는 바람에 그만 몸이 치어 죽고 말았다.

그의 형은 그렇게 죽은 후에도 그 마음을 바꾸지 않았다. 그래서 결국 스스로 원하여 작은 독벌레가 되어 우바사 도인의 집 천장에 숨어 살았다. 독벌레는 우사바 도인이 단정히 앉아 좌선할 때를 노렸다가 천장에서 그의 정수리로 떨어져 사나운 독기로 그 비구를 죽였다.

그때 사리불이 이 사건을 목격하고 부처님께 찾아가 여쭈었다.

"저 죽은 비구는 전생에 어떤 인연을 지었기에 이번 생에 도를 얻었다가 저 벌레의 독으로 죽은 것입니까? 부디 부처님께서 가르쳐 주소서."

부처님께서 말씀하셨다.

"잘 듣고 잘 기억하라. 내가 너를 위해 자세히 설명하리라.

헤아릴 수 없이 먼 옛날에 어떤 벽지불辟支佛이 세상에 나와 산속에 살면서 도를 닦아 그 원을 이루었다.

그때 여러 가지 방법으로 틈을 노렸다가 항상 짐승을 잡던 어떤 사냥꾼이 있었다. 그 벽지불은 미리 그 짐승들을 놀래켜 사냥꾼이 잡지 못하게 하였다. 사냥꾼은 화가 나고 분하여 그만 독화살로 벽지불을 쏘았다.

그때 벽지불은 그를 가엾이 여겨 회개시키려고 신통을 나타내었다. 이른바 허공에서 걷기도 하고 날기도 하고, 몸을 굽혔다 펴고 폈다가 다시 오므리기도 하고, 나타났다 사라지기를 자유로이 하면서 신통을 나타내었다. 이것을 보고 공경하고 우러르는 마음이 생긴 사냥꾼은 곧 두려워 자신을 꾸짖으면서 진심으로 사과하고 간절히 참회를 구하였다.

그러자 벽지불이 그의 참회를 받아주었다. 사냥꾼은 참회한 뒤에 독으로 인해 죽었다. 그는 지옥에 떨어졌고, 지옥에서 나와서도 500생애 동안 늘 독으로 죽임을 당하였다. 그리고 금생에 아라한이 되고도 남은 업이 있어 독벌레에 물려 목숨이 끊어진 것이니라.

하지만 그 사냥꾼은 벽지불에게 나쁜 마음을 일으켰으나 곧 참회하고 이렇게 서원을 세웠다.

'내세에는 제가 거룩한 스승을 만나 저분과 같은 신통을 얻게 하소서.'

그래서 이번 생에 나를 만나 도를 이룬 것이니라."

그때 사리불과 대중들은 부처님 말씀을 듣고 기뻐하며 받들어 행하였다.

41

실수로 아버지를 죽인 아들

나는 다음과 같이 들었다.

언젠가 부처님께서 사위국의 기수급고독원에 계실 때였다.

그때 일찍이 아내를 잃고 혼자서 아들과 함께 곤궁하게 살던 한 노인이 있었다. 그는 세상살이가 덧없음을 깨닫고 출가하려고 부처님께 찾아가 도에 들어가기를 청하였다. 부처님께서는 그를 가엾이 여겨 곧 출가를 허락하셨다.

그때 아버지가 비구가 되자 그의 어린 아들은 곧 그의 사미가 되었다. 사미는 아버지를 스승으로 삼고 항상 함께 마을에 들어가 걸식하고 저녁이 되면 머물던 곳으로 돌아왔다.

어느 날 그들은 아주 먼 곳에 있는 한 마을로 걸식하러 갔다가 날이 저물어 거처로 돌아오게 되었다. 아버지는 늙었기 때문에 걸음이 느렸다. 아들은 온갖 독한 짐승들이 무서워 다급히 아버지를 부축하며 길을 재촉하였다. 그러다 단단히 붙잡지 못해 그만 아버지를 밀어 땅에 넘어트리고 말았다. 그 바람에 아버지가 그 자리에서 죽었다.

아버지가 죽은 뒤 아들은 혼자서 부처님 계신 곳으로 돌아왔다. 그러자 비구들이 그 사미에게 물었다.

"너는 아침에 걸식하러 네 스승과 함께 마을로 가지 않았느냐? 네 스승은 지금 어디 계시느냐?"

사미가 대답했다.

"저는 아침에 스승님과 함께 마을에 나가 걸식하였습니다. 그리고 해가 저물어 돌아올 때 스승님 걸음이 조금 느렸습니다. 그때 저는 두려움이 생겨 스승님을 급히 밀었는데, 너무 세게 밀어 스승님이 땅에 엎어지고 말았습니다. 그 바람에 저의 스승님이 길에서 즉사하셨습니다."

그때 비구들이 그 사미를 꾸짖었다.

"너는 몹시 나쁜 놈이다. 아버지이자 스승인 분을 죽이다니."

그들은 곧 부처님께 나아가 이 사실을 말씀드렸다. 그러자 부처님께서 말씀하셨다.

"그 스승이 죽었지만 사미가 악의로 그런 것은 아니다."

그러고는 곧 사미에게 물으셨다.

"네가 네 스승을 죽였느냐?"

사미는 대답하였다.

"제가 아버지를 민 것은 사실입니다. 그러나 악의를 가지고 아버지를 죽이려고 한 것이 아닙니다."

부처님께서는 그의 말을 옳다 하시고 말씀하셨다.

"그렇다. 사미여, 나는 네 마음을 안다. 네게는 악의가 없었다. 너는 과거 전생에도 그와 같이 악의 없이 너의 아버지를 죽인 일이 있었다."

그때 비구들이 부처님 말씀을 듣고 이내 여쭈었다.

"궁금합니다. 세존이시여, 과거 전생에 저 부자는 어떤 인연으로 서로를 죽였습니까?"

부처님께서 말씀하셨다.

"자세히 들어라. 내 너희들을 위해 설명하리라.

과거 한량없는 아승기겁 전에 아버지와 아들 두 사람이 한곳에 살고 있었다. 그때 아버지가 깊은 병이 들었는데, 누워서 잠들만 하면 파리들이 자꾸 달려들어 괴롭혔다. 아버지는 편히 잠들어 피로를 풀려고 아들을 시켜 파리를 쫓게 하였다. 그래서 아들이 파리를 쫓았지만, 파리들이 쉬지 않고 자꾸 달려들었다. 아들은 화가 나서 달려드는 파리들을 죽이려고 큰 몽둥이를 들고 기다렸다. 그때 파리 떼가 아버지의 이마에 달라붙었다. 아들은 곧 파리를 잡으려고 몽둥이를 휘둘렀고, 그 바람에 그만 아버지가 죽고 말았다. 하지만 그때도 그는 악의가 아니었느니라.

비구들이여, 알라. 그때 그 아버지가 바로 지금의 이 사미요, 그때 몽둥이로 아버지의 이마를 때렸던 아들이 바로 지금 죽은 저 비구이니라.

그때 그 아들은 악의가 없었기 때문에 몽둥이로 아버지를 죽이긴 했으나 악의로 그런 것은 아니다. 지금 서로 그 과보를 갚았지만, 이것 역시 고의로 죽인 것은 아니다."

그래서 그 사미는 게으름 떨지 않고 부지런히 차례로 공부하여 마침내 아라한이 되었다.

그때 비구들은 부처님 말씀을 듣고 모두 마음으로 믿고 이해하였으며, 기뻐하면서 받들어 행하였다.

42

기원정사를 세운 수달 장자

나는 다음과 같이 들었다.

언젠가 부처님께서 왕사성의 죽원竹園에 계실 때였다.

그 무렵 사위국의 파사닉왕에게 수달須達이라는 대신이 있었다. 그의 집은 큰 부자로서 재물이 한량없었다. 그는 보시하기를 좋아하여 가난한 이와 고독한 노인들을 널리 구제하였다. 그래서 당시 사람들이 그의 행실을 보고 그를 '외로운 이들을 돕는 자(給孤獨)'라고 불렀다.

장자에게는 장성한 아들이 일곱 있었는데, 여섯째까지는 모두 장가들였다. 장자는 그 일곱째 아들이 단정하고 뛰어났기 때문에 유독 그를 사랑하였다. 그래서 막내아들을 위하여 얼굴이 아주 아름답고 단정하며 원만한 상을 갖춘 며느릿감을 구하려 하였다.

그는 바라문들에게 말하였다.

"누구에게 얼굴이 원만한 좋은 딸이 있습니까? 제 아들을 위해 다니면서 찾아봐 주십시오."

바라문들은 그런 처녀를 찾아 여기저기 다니면서 걸식하였다. 그러다 한 바라문이 왕사성에 이르렀다. 그 성에 호미護彌라는 대신이 있었는데, 그는 재물이 한량없었고 삼보를 믿고 공경하는 자였다.

그때 그 바라문이 그의 집에 가서 걸식하게 되었다. 그 나라에는 보시할 때 반드시 어린 처녀를 시켜 물건을 가져다 보시하는 풍습이 있었다. 그때 호미 장자에게 몸매가 단정하고 얼굴이 뛰어나게 아름다운 딸이 있었는데, 그 처녀가 음식을 가지고 나와 바라문에게 보시하였다. 바라문은 그 처녀를 보고 '내가 찾던 처녀를 오늘 드디어 만났구나' 하며 매우 기뻐하였다.

바라문이 곧 처녀에게 물었다.

"혹시 너에게 청혼한 사람이 있는가?"

처녀가 대답하였다.

"아직 없습니다."

"네 아버지는 계신가?"

"계십니다."

"밖으로 좀 나오시라고 하여라. 내가 만나서 의논할 일이 있다."

처녀가 안으로 들어가 아버지에게 아뢰었다.

"밖에 걸식하러 온 바라문이 아버님을 뵙고자 합니다."

그녀의 아버지가 곧 밖으로 나왔다.

바라문이 안부를 묻고 평안을 기원하며 말을 꺼냈다.

"사위국왕에게 수달이라는 대신이 있는데, 어르신께서는 아십니까?"

그가 대답하였다.

"보지는 못하고 그 이름은 들었습니다."

"알고 계십니까? 그 사람은 사위국에서 제일 부자이고, 당신은 이 나라에서 제일 부자입니다. 그 수달에게 용모가 단정하고 얼굴이 매우 아름다우며 탁월한 계략에 재주가 많은 아들이 있습니다. 그가 당신의 딸을 며느리로 원하는데, 그렇게 하시겠습니까?"

"좋습니다."

마침 사위성으로 가는 상인이 있자, 바라문은 곧 그 사실을 자세히 편지로 써서 그의 편에 수달에게 보냈다. 편지를 받은 수달은 매우 기뻐하면서 왕에게 찾아가 자식의 혼사를 위해 휴가를 청하였다. 왕은 곧 허락하였다.

그는 많은 보물을 싣고 왕사성으로 향하였고, 가는 도중에 많은 가난한 이들을 구제하였다. 그리고 왕사성에 도착하자 호미 장자의 집으로 찾아가 혼인을 청하였다. 호미 장자는 수달 장자 일행을 기쁘게 맞이하고 잔치를 준비하였다.

수달 장자가 그날 저녁 그 집에서 자는데, 온 집안이 음식을 장만하느라 분주하였다. 수달은 생각하였다.

'지금 이 장자가 뭘 하려고 이렇게 음식을 많이 준비하는 걸까? 국왕·태자·대신·장자·거사들까지 초청하려는 건가? 아니면 혼사를 맞아 친척들을 모두 초청해 큰 잔치를 벌이려는 것일까?'

그 까닭을 궁리해 보았으나 분명히 알 수는 없었다. 그래서 물어보았다.

"장자께서는 오늘 저녁 수고롭게 직접 나서서 음식 준비를 지휘하고 계십니다. 혹시 국왕이나 태자·대신을 초청하려는 것입니까?"

"아닙니다."

"그러면 혼사를 맞아 친척들의 모임을 열려는 것입니까?"

"아닙니다."

"그러면 무엇하려는 것입니까?"

그가 대답하였다.

"부처님과 스님들을 초청하려는 것입니다."

그때 수달 장자는 '부처님과 스님들'이라는 말을 듣고 갑자기 털이 곤두서면서 무언가 좋은 것을 얻은 것처럼 환희심이 일었다. 그래서 거듭 물었다.

"어떤 이를 부처님이라 합니까? 그 뜻을 말해 주십시오."

장자는 대답하였다.

"당신은 듣지 못하였습니까? 정반왕의 아들이 있으니 그 이름이 실달(悉達)이십니다. 그분이 태어나던 날 하늘에서 서른두 가지 상서로운 징조가 내려왔으며, 1만의 신들이 그를 모시고 호위하였습니다. 그분은 태어나자마자 일곱 걸음을 걸으면서 손을 들고 이렇게 말했습니다.

'하늘 위 하늘 아래에서 오직 내가 제일 높다.'

그분의 피부는 황금색이요 서른두 가지 거룩한 모습(三十二相)과 여든 가지 뛰어난 모양(八十種好)을 갖추었으니, 금륜金輪을 가진 전륜성왕이 되어 온 천하를 다스릴 만하였습니다. 그러나 그는 생·노·병·사의 괴로움을 보고는 집에서 지내는 것을 즐기지 않고 집을 떠나 도를 닦되 6년 동안 고행하였습니다. 그래서 일체의 지혜를 얻고 번뇌를 끊어 부처가 되셨고, 18억만의 악마 무리를 항복시키고 호를 능인能仁이라 하였습니다. 그분은 10력力·4무외無畏·18불공不共이 있고 광명이 빛나며, 3달達로 두루 알기 때문에 부처라고 이름하는 것입니다."

수달이 물었다.

"그러면 어떤 이를 스님이라 합니까?"

호미가 대답하였다.

"부처님께서 도를 이루신 뒤에 범천이 부처님께 묘한 법륜을 굴리시도록 권하였습니다. 그래서 부처님께서는 바라나의 녹야원鹿野苑으로 가시어 구린拘隣 등 다섯 사람을 위하여 4진제眞諦를 말씀하셨습니다. 그 법문을 듣고 번뇌가 사라지고 결박이 풀린 그들은 곧 사문이 되었습니다. 그래서 6통通을 완전히 갖추고 4의意·7각覺·8도道를 모두 익혀 허공으로 올라갔고, 8만의 여러 하늘나라 사람들은 수다원을 얻었으며, 한량없는 천인天人이 위없는 도의 마음을 일으켰습니다.

그다음 울비가섭鬱卑迦葉 형제 등 천 명을 제도하시자 그들도 녹야원의 다섯 사람처럼 번뇌가 사라지고 마음이 풀렸습니다. 그다음 사리불과 목련 등 500명을 제도하시니, 그들 역시 모두 아라한이 되었습니다. 이와 같은 이들은 신통이 자유롭고 능히 중생들의 좋은 복밭이 되기 때문에 '스님'이라 하는 것입니다."

수달은 이러한 묘한 일을 설명하는 말을 듣고 기뻐하면서 감격하여 부처님을 믿고 공경하게 되었다. 그는 '새벽이 되면 부처님을 찾아가 뵈리라.' 하고 다짐했다. 그러자 그의 정성에 신神이 감동하여 땅이 환히 밝게 보이게 하였다. 그는 곧 그 밝은 빛을 따라 나열성羅閱城의 성문에 이르렀다.

그런데 그 성문은 밤 세 때에 열게 되어 있었다. 초저녁·밤중·첫새벽인데, 이것을 세 때라 한다. 한밤중에 성문을 나간 그는 어떤 하늘의 신을 모시는 사당을 보게 되었다. 수달은 그 사당의 신에게 예배하다가 그만 부처님 생각을 잊고 마음이 도로 어두워졌다. 그는 생각하였다.

'아직은 밤이 어둡다. 내가 지금 가다가는 혹 악귀나 맹수에게 해침을 당할지도 모른다. 일단 성으로 돌아가 새벽까지 기다렸다가 찾아뵈러 가야겠다.'

그때 그의 친구 중에 죽어서 사왕천에 태어난 이가 있었다. 그는 수달이 머뭇거리는 것을 보고 하늘에서 내려와 말하였다.

"거사여, 머뭇거리지 말라. 네가 지금 찾아가 부처님을 뵈면 한량없는 이익을 얻을 것이다. 지금 네가 보물을 수레 100대만큼 얻는다 해도 한 걸음 발을 옮겨 부처님이 계시는 곳으로 찾아가는 것만 못하니, 부처님에게서 얻는 이익이 그보다 훨씬 많을 것이다.

거사여, 너는 머뭇거리지 말고 길을 떠나라. 비록 지금 코끼리 100마리에 실을 만큼 보물을 얻는다 해도 한 걸음 발을 옮겨 부처님께 찾아가는 것만 못하니, 그 이익이 그보다 많을 것이다.

거사여, 너는 머뭇거리지 말고 길을 떠나라. 비록 지금 염부제 하나를 가득 채울 만큼 보물을 얻는다 해도 한 걸음 발을 옮겨 부처님이 계시는 곳으로 가는 것만 못하니, 그곳에서 얻는 풍성한 이익이 그것을 훨씬 능가하리라.

거사여, 너는 머뭇거리지 말고 길을 떠나라. 비록 지금 사천하 하나를 가득 채울 만큼 보물을 얻는다 해도 한 걸음 발을 옮겨 부처님이 계시는 곳으로 가는 것만 못하니, 그곳에서 얻는 풍성한 이익이 그것보다 백천만 배나 많을 것이다."

수달은 하늘나라 사람의 이 말을 듣고 더욱 기뻐하여 부처님을 공경하고 생각하였다. 그러자 어두움이 사라지고 길이 다시 밝았다. 수달은 길을 찾아 부처님께 나아갔다.

그때 부처님께서는 수달이 올 줄을 아시고 숲 밖까지 나와 거닐고 계셨다. 수달이 멀리서 부처님을 뵈니, 몸이 마치 황금의 산과 같고 상호와 위용이 의젓하고 빛나는 것이 호미가 한 말보다 만 배나 더 훌륭하였다. 그는 마음이 너무 기뻐서 예법도 잊은 채 곧바로 부처님께 여쭈었다.

"구담이시여, 지내시는 건 어떻습니까?"

부처님께서는 곧 그를 자리에 앉게 하셨다.

그때 수타회천首陀會天이, 수달이 부처님을 뵈었으나 예배하고 공양하는 법을 알지 못하는 것을 멀리서 보고는 곧 네 사람으로 변하여 줄지어 내려와 부처님께 나아가 그 발에 예배한 뒤에 꿇어앉아서 "기체 안녕하십니까?" 하며 안부를 여쭌 다음 오른쪽으로 세 번 돌고는 한쪽에 물러나 앉았다.

그때 수달은 그들이 그렇게 하는 것을 보고 깜짝 놀라면서 '공경하는 법은 저렇게 해야 하는구나.'라고 생각하였다. 그는 곧 자리에서 일어나 그들처럼 예배하고 안부를 여쭙고는, 오른쪽으로 세 번 돌고 한쪽에 물러나 서 있었다.

그때 부처님께서는 그를 위해 4성제의 미묘한 법과 괴로움(苦)·공(空)·덧없음(無常)을 설명하셨다. 그는 그 설법을 듣고 기뻐하면서 곧 거룩한 법에 물들어 수다원을 성취하였다. 그것은 마치 깨끗하고 흰 천이 쉽게 색이 물드는 것과 같았다.

그는 꿇어앉아 합장하고 부처님께 여쭈었다.

"저 사위성에 저처럼 법을 듣고 물들기 쉬운 사람이 또 있을까요?"

부처님께서는 말씀하셨다.

"그대 같은 이는 다시 없을 것이다. 사위성 사람들은 삿된 법을 많이 믿기 때문에 거룩한 가르침에 물들기 어려우니라."

"부디 부처님께서는 몸을 굽히고 사위성으로 오셔서 그곳 중생들이 삿된 도를 버리고 바른 도로 나아가게 해 주소서."

부처님께서 말씀하셨다.

"출가자의 법은 세속과 다르므로 거처하는 처소도 달라야 한다. 그곳에 절이 없는데, 어떻게 갈 수 있겠는가?"

"제가 절을 세울 수 있습니다. 허락하여 주소서."

부처님께서는 잠자코 허락하셨다.

수달은 아들 혼사를 치르기 위해 부처님에게서 물러나야만 했다. 그는 부처님과 이별해 집으로 돌아가면서 부처님께 아뢰었다.

"저는 본국으로 돌아가 정사를 세우겠습니다. 그러나 그 제도를 알지 못하니, 부처님께서 제자 한 명을 보내어 함께 가서 지시하도록 하소서."

부처님께서는 생각하셨다.

'사위성에는 삿되고 뒤바뀐 견해를 가진 바라문들이 많다. 그러니 다른 사람이 가서는 일을 완수하지 못할 것이 분명하다. 하지만 사리불은 바라문 출신에다 어려서부터 총명하고 신통까지 갖추었으니 그가 가면 분명 유익할 것이다.'

부처님께서는 사리불을 불러 수달과 함께 가게 하였다.

수달이 사리불에게 물었다.

"부처님께서는 걸어서 하루 몇 리나 가십니까?"

사리불이 말하였다.

"하루에 반 유순由旬씩 가시니, 전륜왕이 걷는 법처럼 세존께서도 그렇게 하십니다."

그러자 수달은 사위성으로 가는 길에 20리마다 객사客舍를 하나씩 지을 계획을 세우고 인부를 사서 공사를 마쳤다. 그리고 사람을 두고 음식과 좌구坐具를 모두 충분히 준비하였다.

그는 왕사성에서 사위국의 자기 집에 돌아와 사리불과 함께 여러 곳을 다니면서 절을 세울 만한 평평하고 넓은 땅을 물색하였다. 하지만 아무리 둘러보아도 마음에 드는 곳이 없었다. 오직 왕태자 기타祇陀가 소유한 동산만은 땅이 평평하고 반듯한 데다 숲이 우거졌으며 성에서 너무 멀지도 않고 너무 가깝지도 않아 정사를 짓기에 꼭 알맞은 자리였다.

그때 사리불이 수달에게 말하였다.

"이 동산이 정사를 세우기에 적당합니다. 성에서 너무 멀리 떨어져 있으면 걸식하기에 곤란하고 너무 가까우면 시끄러워 도를 닦는 데 방해됩니다."

수달은 기뻐하면서 태자에게 찾아가 아뢰었다.

"제가 지금 부처님을 위해 정사를 세우고자 합니다. 태자님의 동산이 마음에 들어 그 땅을 사고 싶습니다."

태자가 웃으면서 말하였다.

"나는 아쉬운 것이 없는 사람이오. 이 동산은 수목이 울창하여 내가 늘 노닐고 산책하면서 시름을 풀기에 적당한 곳이오."

수달은 두 번 세 번 간절히 청하였다. 태자는 욕심이 많고 인색한 사람이었다. 그는 '몇 배나 비싼 값을 부르면 사지 못하리라.' 생각하고 수달에게 말하였다.

"당신이 만약 그 동산에 빈틈없이 황금을 깔면 그 동산을 주겠소."

"좋습니다. 그 가격으로 하겠습니다."

그러자 기타 태자가 말하였다.

"내가 농담한 것이오."

그때 수달이 태자에게 아뢰었다.

"자고로 태자라면 거짓말을 해서는 안 됩니다. 거짓말로 속이는 자가 어떻게 왕위를 이어받아 백성들을 사랑하고 구제하겠습니까?"

수달은 곧 태자와 함께 관청에 가서 소송하려 하였다.

그때 수타회천이 '부처님을 위해 정사를 세운다면 아직은 여러 대신이 태자 편을 들리라.'라고 염려하였다. 그래서 곧 한 사람으로 변하여 하늘에서 내려와 태자를 비판하면서 말하였다.
"태자라면 당연히 거짓말을 해서는 안 됩니다. 이미 가격을 결정하고 허락하였다면 중간에 후회해서는 안 됩니다. 지금 딱 결단하고 파십시오."
수달은 기뻐하며 곧바로 일꾼에게 명령하였다.
"코끼리에 금을 실어 오라."
수달은 가져온 황금으로 80이랑 동산을 잠깐 사이에 거의 덮고 빈 땅이 조금 남았다. 수달은 생각하였다.
'남은 땅을 덮으려면 어느 창고의 황금이 많지도 적지도 않고 알맞을까?'
골똘히 생각에 잠긴 수달의 모습을 보고 기타 태자가 말하였다.
"황금이 아깝거든 그만두시오."
수달이 답하였다.
"아닙니다. 어느 창고의 황금이면 이 모자라는 곳을 알맞게 채울 수 있을까를 생각하고 있었습니다."
기타 태자는 생각하였다.
'이 사람이 보배를 이렇게 우습게 여기는 것을 보면 부처님이라는 분은 큰 덕을 가진 게 분명하다.'
태자는 수달을 멈추게 하고 말하였다.
'황금을 더 꺼내지 마시오. 이제 동산의 땅은 당신 것이오. 그러나 이 숲의 나무들은 황금을 덮지 않았으니 여전히 나의 것이오. 내가 이것을 부처님께 바칠 것이니, 우리 같이 정사를 세우도록 합시다.'

수달은 기뻐하며 곧 허락하고, 집으로 돌아가 공사를 시작하려 하였다.

그때 외도들의 여섯 스승이 이 소문을 듣고 왕에게 찾아가 아뢰었다.

"수달 장자가 기타 태자의 동산을 사서 사문 구담을 위해 정사를 세우려고 합니다. 우리 무리가 그들과 도술을 겨뤄보도록 허락하여 주소서. 저 사문들이 이기면 정사를 세우도록 허락하소서. 만약 저들이 이기지 못한다면 정사를 세울 수 없습니다. 그러면 구담의 무리는 왕사성에서 살고, 저희 무리는 이곳에서 살 것입니다."

왕은 곧 수달을 불러 말하였다.

"지금 이 외도들의 여섯 스승이 말하기를, 그대가 기타 동산을 사서 사문 구담을 위하여 정사를 세우려 한다고 하였다. 이들은 사문 구담의 제자와 도술을 겨루기를 원한다. 만약 이긴다면 정사를 세울 수 있지만 이기지 못한다면 정사를 세울 수 없다."

수달은 집에 돌아가 때 묻은 옷을 입은 채로 근심하고 번민하였다.

이튿날 사리불이 때가 되어 가사를 입고 발우를 가지고 수달의 집으로 찾아갔다. 사리불이 그가 괴로워하는 것을 보고 물었다.

"왜 괴로워하십니까?"

수달이 대답하였다.

"세우려는 정사가 완성되지 못할까 걱정입니다. 그 때문에 근심하고 있습니다."

"무슨 일이 있기에 완성하지 못할까 걱정합니까?"

"지금 저 외도들의 여섯 스승이 왕에게 찾아가 도술 시합을 청하였습니다. 존자께서 이기면 정사를 세우도록 허락하고 만일 이기지 못하면 세우는 것을 허락하지 않겠다고 합니다. 저 외도들의 여섯 스승은 집을 떠나 오랫동안 수행한 보람이 있어 그들이 배운 도술에 맞먹을 자는 아무도 없습니다. 존자님의 도술이 과연 저들을 상대할 수 있을지 저는 지금 모르겠습니다."

사리불이 말하였다.

"가령 저 여섯 스승의 무리가 이 염부제에 가득 차서 그 수가 대나무숲처럼 많다 해도 내 발의 털 하나도 움직이지 못할 것이오. 겨루고 싶다면 무엇이건 그들 마음대로 들어주겠소."

수달은 기뻐하며 새 옷으로 갈아입고 향탕에 목욕한 다음 왕에게 찾아가 아뢰었다.

"제가 여쭤보니, 여섯 스승이 대결을 원하면 그들 마음대로 종목을 정하라고 합니다."

그때 왕이 여섯 스승에게 말하였다.

"나는 지금 너희들이 저 사문과 겨루도록 허락한다."

그때 여섯 스승은 온 나라 사람들에게 두루 알렸다.

"지금부터 이레 뒤에 저 성 밖 넓은 곳에서 사문과 도술을 겨룰 것이니, 사위국의 18억 백성들은 그리 알라."

그 나라 법에는 북을 쳐서 사람을 모았으니, 구리로 만든 북을 치면 8억 명이 모이고, 은으로 만든 북을 치면 14억 명이 모이고, 황금으로 만든 북을 치면 온 나라 사람이 다 모이게 되어 있었다.

이레가 되어 왕은 시합 장소에 이르러 황금으로 만든 북을 쳤다. 그러자 모든 백성이 죄다 모였고, 여섯 스승을 따르는 무리는 3억 명이나 되었다. 그때 백성들은 함께 국왕과 여섯 스승을 위해 높은 자리를 만들고, 수달은 사리불을 위해 높은 자리를 만들었다.

그 무렵 사리불은 어떤 나무 아래에 앉아 고요히 선정에 들어 있었다. 사리불은 모든 감관을 고요히 하고 여러 선정에 노닐면서 일체를 통달하여 걸림이 없었다. 그리고 생각하였다.

'여기 모인 대중들은 사도를 익혀온 지 오래라 스스로 잘난 체하며 뽐내고 있다. 초개 같은 저 중생들을 어떤 덕德으로 항복 받아야 할까?'

이렇게 생각한 뒤에 두 가지 덕을 쓰리라 하고, 곧 서원을 세웠다.

'만약 제가 수없는 겁 동안 부모님께 효도하고 사문과 바라문을 공경하고 숭배하였다면 제가 회장에 들어가자마자 일체 대중이 모두 제게 예배하게 하소서.'

그때 여섯 스승은, 대중들이 이미 다 모였는데 사리불만 오지 않은 것을 보고 왕에게 이렇게 아뢰었다.

"구담의 제자는 스스로 도술이 없다는 것을 알면서 거짓으로 능력을 겨루자고 한 것입니다. 그래서 대중이 모인 것을 보고 겁이 나서 오지 않는 것입니다."

왕이 수달에게 말하였다.

"대결할 시간이 되었으니 네 스승의 제자에게 빨리 와서 변론하라고 하라."

수달은 사리불에게 찾아가 꿇어앉아 아뢰었다.

"큰스님, 대중이 다 모였습니다. 회장으로 나오시기 바랍니다."

그러자 사리불이 선정에서 깨어나 옷을 다시 바르게 하고는, 니사단尼師壇을 왼쪽 어깨에 걸치고, 마치 큰 사자처럼 천천히 걸어 대중이 모인 장소로 갔다. 그때 대중들은 사리불의 모습과 법복이 여섯 스승과 다른 것을 보고, 여섯 스승과 함께 모두 갑자기 자리에서 일어섰다. 그리고 마치 바람에 풀이 눕듯이 저도 모르게 예배하였다. 사리불은 수달이 만들어 놓은 자리에 올랐다.

그 여섯 스승의 무리 중에 노도차勞度差라는 제자가 있었다. 그는 환술幻術을 잘 알았다. 그는 대중 앞에서 주문을 외워 한 나무를 만들었다. 나무가 저절로 자라나 그 그늘이 회장을 두루 덮었는데, 그 가지와 잎은 우거지고 꽃과 열매는 모두 기이하였다. 대중들은 모두 말하였다.

"이 신변은 노도차의 조화다."

그때 사리불이 곧 신력으로 회오리바람을 일으켜 그 나무를 뽑아 땅에 쓰러뜨리고는 산산이 부수어 티끌로 만들었다. 대중들은 모두 말하였다.

"사리불이 이기고 노도차가 졌다."

노도차는 다시 주문을 외워 연못 하나를 만들었다. 그 연못의 사면은 모두 일곱 가지 보배로 만들어졌고, 연못 한가운데는 갖가지 연꽃이 피어있었다. 대중들은 모두 말하였다.

"이것은 노도차의 조화다."

그때 사리불이 여섯 개의 어금니를 가진 크고 흰 코끼리를 신력으로 만들었다. 그 코끼리의 어금니마다 일곱 송이 연꽃이 있고,

낱낱의 연꽃 위에는 일곱 명의 미녀가 있었다. 코끼리는 천천히 걸어서 연못으로 가 그 물을 마셔버렸다. 그러자 연못은 이내 말라버렸다. 대중들은 모두 말하였다.

"사리불이 이기고 노도차가 졌다."

노도차는 또 산 하나를 만들었다. 그 산은 일곱 가지 보배로 장엄하였고, 우물과 연못이 있었으며, 수목이 우거지고 꽃과 열매가 무성하였다. 대중들은 모두 말하였다.

"이것은 노도차의 조화다."

그때 사리불이 곧 신력으로 금강역사金剛力士를 만들어 금강저金剛杵로 멀리서 그 산을 가리켰다. 그러자 산이 완전히 박살이 나 버렸다. 대중들은 모두 말하였다.

"사리불이 이기고 노도차가 졌다."

노도차는 또 머리가 열 개인 용을 만들었다. 용은 온갖 보물을 비처럼 쏟아냈고, 우레와 번개가 대지를 뒤흔들었다. 거기에 놀란 대중들은 모두 말하였다.

"이것도 노도차의 조화다."

그때 사리불은 큰 금시조金翅鳥를 신력으로 만들어 그 용을 찢어 발겨 먹어 버렸다.

대중들은 모두 말하였다.

"사리불이 이기고 노도차가 졌다."

노도차는 다시 소 한 마리를 만들었다. 그 소는 몸이 장대하고 살이 쪘으며 힘이 세었고, 다리는 굵고 뿔은 날카로웠다. 소가 땅을 박차고 소리치면서 사리불 앞으로 달려들었다. 그러자 사리불은 신력으로 큰 사자를 만들어 그 소를 찢어발겨 잡아먹게 하였다. 대중들은 모두 말하였다.

"사리불이 이기고 노도차가 졌다."

노도차는 다시 자신의 몸을 변화시켜 야차 귀신이 되었다. 그 몸은 장대하고, 머리 위에서 불길이 타오르며, 눈이 피처럼 붉고, 네 개의 어금니가 길고 날카로웠다. 야차가 입에서 불을 뿜으며 날 듯이 달려들었다.

그러자 사리불이 자신의 몸을 변화시켜 비사문천왕이 되었다. 야차는 두려워 떨면서 달아나려 하였다. 하지만 사방에서 불길이 치솟아 빠져나갈 곳이 없었다. 오직 사리불 주위만 시원하고 불이 없었다.

노도차는 곧 항복하고 사리불 앞에 엎드려 살려달라 애걸하였다. 그리고 부끄러워하고 후회하는 마음이 생기자 불이 곧 사라졌다. 대중들은 모두 외쳤다.

"사리불이 이기고 노도차가 졌다."

그때 사리불은 허공에 솟아올라 걷고 서고 앉고 눕는 네 가지 위의威儀를 나타내면서 몸 위쪽으로 물을 뿜고 몸 아래쪽으로 불을 뿜기도 하고, 동쪽에서 사라져 서쪽에서 나타나고, 서쪽에서 사라져 동쪽에서 나타나고, 북쪽에서 사라져 남쪽에서 나타나고, 남쪽에서 사라져 북쪽에서 나타나기도 하였다. 혹은 큰 몸을 나타내어 허공을 가득 채웠다가 다시 작은 몸을 나타내기도 하고, 하나의 몸을 나누어 백천만 개의 몸을 만들기도 하고, 도로 합해 하나의 몸이 되기도 하였다. 그러다 허공에서 갑자기 사라져 땅에 나타나서는 땅을 물처럼 밟고 물을 땅처럼 밟기도 하였다.

이런 변화를 나타내고는 신통을 도로 거두어 본래의 자리에 앉았다. 그러자 그 자리에 모인 대중들이 그 신력을 보고 모두 기뻐하였다.

그때 사리불이 그들을 위해 설법하였다. 그들은 모두 그 전생의 행과 전생에 지은 복의 인연을 따라 제각기 도를 얻었다. 그래서 수다원을 얻는 이도 있었고, 사다함·아나함, 혹은 아라한을 얻는 이도 있었다. 그리고 여섯 스승의 3억 제자들은 모두 사리불 있는 곳에서 출가하여 도를 배웠다.

도술 대결이 끝나자 사부대중은 곧바로 흩어져 각자의 처소로 돌아갔다.

장자 수달도 사리불과 함께 돌아와 절을 짓기 시작하였다. 수달은 손으로 먹줄 한쪽 끝을 잡았다. 사리불도 한쪽 끝을 잡아 절 공사를 시작하였다. 그때 사리불이 빙그레 웃었다. 수달이 물었다.

"존자께서는 왜 웃으십니까?"

사리불이 말하였다.

"당신이 처음 여기서 땅을 고르자마자 저 욕계 6천(六欲天)에서는 벌써 궁전이 완성되었소."

그러고는 곧 도의 눈을 빌려주었다. 수달은 그 눈으로 욕계 6천에 있는 장엄하고 깨끗한 궁전을 모두 보았다. 그리고 사리불에게 물었다.

"저 욕계의 6천 중 어디가 가장 즐겁습니까?"

사리불은 말하였다.

"아래로 세 하늘은 색욕色欲이 너무 깊고 두터우며, 위의 두 하늘은 교만하고 방자하다오. 하지만 아래에서 네 번째 하늘은 욕심이 적고 만족할 줄 알므로 일생보처보살一生補處菩薩이 그곳에 태어나 계시면서 법의 교훈이 끊어지지 않는다오."

수달이 말하였다.

"저는 바로 그 네 번째 하늘나라에 태어나겠습니다."

이렇게 말하자, 다른 궁전은 모두 사라지고 네 번째 하늘나라의 궁전만 그대로 남았다.

수달은 다시 먹줄을 잡았다. 그때 사리불이 어딘가 슬픈 빛을 띠었다. 수달이 물었다.

"존자님은 왜 슬퍼하는 빛을 띠십니까?"

사리불이 대답하였다.

"당신은 지금 이 땅 속의 개미들을 보았는가?"

"예, 보았습니다."

사리불이 수달에게 말하였다.

"당신은 과거 비바시毗婆尸 부처님 시절에도 그 부처님을 위하여 이 땅에 정사를 세웠고, 이 개미들도 여기서 살았소. 시기尸棄 부처님 시절에도 당신은 그 부처님을 위하여 이 땅에 정사를 세웠고, 이 개미들도 여기서 살았소. 비사부毘舍浮 부처님 때에도 당신은 그 부처님을 위하여 이 땅에 정사를 세웠고, 이 개미들도 여기서 살았소. 구류진拘留秦 부처님 때에도 당신은 그 부처님을 위하여 이 땅에 정사를 세웠고, 이 개미들도 여기서 살았소. 구나함모니拘那舍牟尼 부처님 때에도 당신은 그 부처님을 위하여 이 땅에 정사를 세웠고, 이 개미들도 여기서 살았소. 그렇게 오늘까지 91겁 동안 이 개미들은 한 가지 몸만 받으면서 벗어나지 못하고 있소. 기나긴 생사윤회에 오직 복이 소중한 것이니, 복을 심어야만 하오."

그러자 수달이 슬퍼하면서 그 개미들을 가엾이 여겼다.

수달은 땅을 모두 고르고 나서 정사를 세웠다. 그리고 부처님을 위하여 굴을 만들고, 전단향 가루를 반죽하여 벽에 발랐다. 비구들이 머물 다른 방은 1,200개이고, 무려 120곳에 따로 건추犍椎를 설치하였다.

공사를 마친 수달은 부처님을 초청하러 가려다가 다시 생각하였다.

'위로 국왕이 계시니 먼저 알려야 한다. 만일 아뢰지 않으면 혹 화를 낼 수도 있다.'

수달은 왕에게 가서 아뢰었다.

"제가 부처님을 위하여 정사를 세웠습니다. 부디 대왕께서는 사람을 보내어 부처님을 초청하소서."

왕은 그 말을 듣고 곧 사자를 왕사성으로 보내 부처님과 스님들을 초청하였다.

"부디 부처님께서는 사위성으로 왕림하소서."

그때 부처님께서 사부대중에게 앞뒤로 둘러싸여 큰 광명을 놓고 대지를 진동시키면서 사위국으로 오셨다. 지니는 길에 수달이 미리 지어놓은 객사에서 쉬면서 사위국으로 오는 길에 한량없는 사람들을 제도하셨다.

사위성에 점점 가까워지자, 모든 대중이 온갖 공양을 가지고 나와 세존을 맞이하였다. 사위국에 도착한 부처님은 평평하고 넓은 곳에 이르시자 큰 광명을 놓아 삼천대천세계를 두루 비추셨다. 그리고 발가락으로 땅을 누르자 대지가 모두 진동하면서 성의 악기들이 치지 않았는데도 저절로 울렸다. 그리고 장님이 눈을 뜨고 귀머거리가 소리를 들었으며, 벙어리가 말을 하고 곱추가 등을 폈으며, 온갖 병자들이 모두 완전히 나았다. 모든 백성과 남녀노소는 그 상서로운 징조를 보고, 모두 기뻐 뛰면서 부처님께 나아갔다. 그래서 16억 명의 백성들이 모두 모였다.

그때 부처님께서는 병을 따라 약을 주듯이 그들을 위해 묘법을 설하셨다. 그들은 전생의 인연을 따라 제각기 도를 얻었다. 그래서 수다원을 얻은 이도 있었고, 사다함이나 아나함이나 혹은 아라한을 얻는 이도 있었으며, 벽지불의 인연을 심는 이도 있었고, 위없이 바르고 참된 도의 마음을 일으키는 이도 있었다. 그들은 각자 기뻐하면서 부처님 말씀을 받들어 행하였다.

부처님께서 아난에게 말씀하셨다.

"지금 이 동산의 땅은 수달이 산 것이요, 이 숲의 나무와 꽃과 열매는 기타의 소유인데, 두 사람이 마음을 합하여 절을 세웠으니 절 이름을 기수급고독원祇樹給孤獨園이라 하리라. 이 이름을 널리 알려 후세에 전하도록 하라."

그때 아난과 사부대중은 부처님 말씀을 듣고 그대로 받들어 행하였다.

43

대광명왕이 위없는 마음을
처음 일으킨 인연

나는 다음과 같이 들었다.

언젠가 부처님께서 나열기의 가란타죽원迦蘭陁竹園에 계실 때였다.

그때 아난이 숲속에서 고요히 생각하다가, 갑자기 이런 생각이 들었다.

'부처님께서는 모든 감관이 원만하시고, 공덕과 지혜가 뛰어나고 묘하시어 헤아리기 어렵다. 부처님께서는 전생에 어떤 인연으로 위없는 대승大乘의 마음을 내셨으며, 어떤 일을 닦고 익히셨기에 저런 훌륭하고 묘한 이익을 얻으셨을까?'

이렇게 생각하고는 선정에서 일어나 부처님께 나아가 땅에 엎드려 예배하고 여쭈었다.

"부처님은 인간과 하늘나라의 온 세계 가운데 가장 높고 가장 묘하시며 공덕과 지혜가 한량없이 높고 높습니다. 알 수 없습니다.

부처님께서는 어떤 인연으로 이 대승의 위없는 마음을 내셨습니까?"

부처님께서 말씀하셨다.

"네가 알고 싶으면 잘 기억하라. 내가 너를 위해 자세히 분별하여 설명하리라."

"예, 잘 듣겠습니다."

부처님께서 말씀하셨다.

"옛날 한량없고 끝없고 헤아릴 수 없는 아승기겁 전에 이 염부제에 큰 나라 왕이 있었는데, 그 이름이 마하파라바수摩訶波羅婆修(중국 말로는 대광명大光明)였다. 그는 500개의 작은 나라를 거느리고 있었다.

어느 날 왕이 여러 신하와 함께 사냥하러 나갔을 때였다. 왕이 탄 코끼리가 어떤 암코끼리를 보고는 음욕이 발동하여 왕을 태운 채 암컷 코끼리를 쫓아 큰 숲으로 다가가더니 갑자기 숲속으로 뛰어들었다.

그러자 코끼리 조련사가 왕에게 아뢰었다.

'나무를 잡고 서십시오. 그러면 살 수 있습니다.'

왕은 조련사의 말대로 나무를 움켜잡았다. 그렇게 코끼리에게서 빠져나온 뒤에 왕은 크게 화를 내며 코끼리조련사를 몹시 꾸짖고 당장이라도 죽이려 들었다.

'그대가 코끼리를 제대로 다루지 못하는 바람에 지금 내가 거의 죽을 뻔하였다.'

조련사는 아뢰었다.

'다루기는 법대로 다루었습니다. 다만 그 코끼리가 음욕에 홀렸기 때문에 그 음욕을 다루기 어려웠을 뿐입니다. 신의 허물은 아니니, 부디 용서해 주소서. 사흘 뒤에는 그 코끼리가 반드시 돌아올 것입니다. 그때 신이 그 코끼리를 시험하는 것을 보아주시면 만 번 죽어도 한이 없겠습니다.'

왕은 일단 그를 용서하였다. 그리고 기약한 대로 사흘 뒤 코끼리가 궁으로 돌아왔다.

그때 조련사는 일곱 개 쇠 구슬을 시뻘겋게 불에 달구어 코끼리에게 먹으라고 재촉하였다. 코끼리는 조련사의 명령을 감히 어기지 못하고, 쇠 구슬을 모두 먹고 이내 죽었다. 왕과 신하들은 오해가 풀리고 처음 보는 일이라며 찬탄하였다. 왕이 다시 물었다.

'그런 음욕은 누가 다룰 수 있는가?'

그때 어떤 천신이 조련사를 깨우쳐 왕에게 대답하였다.

'부처님께서 다루실 수 있습니다.'

왕은 그 말은 듣고 당장 마음을 내어 말하였다.

'그처럼 끈질기고 견고하며 항복 받기 어려운 법을 오직 부처님만이 없애시는구나.'

왕은 곧 스스로 서원을 세웠다.

'나도 기어이 부처가 되리라.'

그리하여 여러 겁 동안 부지런히 정진하여 일찍이 쉴 일이 없었다가 오늘에 이르러 과연 그 과보를 얻었느니라."

부처님께서 이어 아난에게 말씀하셨다.

"알고 싶은가? 그때 그 큰 나라 대광명왕이 지금의 나이니라."

그때 대중들은 부처님 말씀을 듣고, 모두 위없는 바르고 참된 도의 마음을 일으켰다. 그리고 기뻐 뛰면서 어쩔 줄을 모르고, 정성껏 받들어 이행하였다.

44

늑나사야 이야기

나는 다음과 같이 들었다.

언젠가 부처님께서 가비라위국迦毘羅衛國의 니구로타尼拘盧陁 절에 계실 때였다.

그때 여러 석씨釋氏들은 부처님의 광명과 신통과 묘한 교화를 드날리심이 참으로 장하고 놀라우며, 의젓하고 떳떳한 모습이 따를 자가 없음을 보았다. 또 교진여 등을 찬탄하였다.

"저들은 전생에 어떤 복을 지었기에 부처님께서 세상에 나오셔서 법고法鼓를 처음 울리자마자 그것을 가장 먼저 듣고, 감로甘露가 처음 내리자마자 곧 혜택을 입어 더러운 번뇌를 영원히 벗어나고, 마음으로 진리를 체득하게 되었을까? 도시에서건 시골에서건 사람들이 떼 지어 따르면서 이구동성으로 저들을 한량없이 칭찬하는구나."

비구들은 그 말을 듣고, 부처님께 나아가 땅에 엎드려 발아래 예배하고 여쭈었다.

"지금 이 나라 백성들이 모두 한데 모여 이구동성으로 부처님의 여러 가지 덕행을 칭송하고, 또 '저 다섯 사람은 전생에 어떤 복을 지었기에 저들만 먼저 구제를 받았을까?'라고들 합니다."

부처님께서 비구들에게 말씀하셨다.

"나는 금생에만 저 다섯 사람을 먼저 제도한 것이 아니다. 먼 옛날에도 저들을 먼저 구제하였다. 내 몸이 배가 되어 물에 빠진 저들을 건져 그 목숨을 살리고 모두 안전하게 저 언덕에 이르게 하였다. 그리고 지금 내가 부처가 되어서도 저들을 먼저 제도하였느니라."

비구들이 여쭈었다.

"알 수 없습니다. 부처님께서는 전생에 어떻게 저들을 구제하여 안온하게 하셨습니까? 부디 세존이시여, 저희를 위해 말씀해 주소서."

부처님께서 말씀하셨다.

"만약 듣고 싶다면 너희들을 위해 말하리라."

"예, 듣고 싶습니다."

부처님께서 말씀하셨다.

"아득히 먼 옛날 이 염부제의 바라나국에 범마달梵摩達이라는 왕이 있었다. 그때 그 나라에 늑나사야勒那闍耶라는 큰 상단의 주인이 있었는데, 그가 어느 날 성 밖으로 놀러 나갔다가 어떤 숲에 이르렀다. 그러다 어떤 사람이 못내 슬피 울면서 줄을 나무에 묶고 거기에 목을 걸어 자살하려는 것을 보게 되었다. 그는 곧 다가가 그에게 물었다.

'당신 왜 이러시오? 사람의 몸은 얻기 어렵고 목숨이란 위태롭고 연약하기 짝이 없는 것이오. 기나긴 세월에 수없이 늙고 변하면서 죽음이 닥치면 어쩌나 항상 두려워하지 않았소.'

늑나사야는 여러 말로 그를 깨우치고 타이르며 줄을 버리라고 하였다. 그는 대답하였다.

'저는 박복하여 극도로 가난할 뿐 아니라, 또 빚을 잔뜩 져서 계산하기도 어렵습니다. 빚쟁이들이 다투어 찾아와 탈탈 털어가며 밤낮으로 독촉하니, 근심이 풀릴 날이 없습니다. 천지가 넓다지만 이 한 몸 둘 곳이 없기에 이제 스스로 목숨을 끊어 이 괴로움에서 벗어나려는 것입니다. 당신은 그처럼 충고하지만, 제게는 사는 것이 죽는 것만 못합니다.'

상단의 주인이 약속하였다.

'당신은 그저 그 줄을 풀기만 하시오. 당신이 진 빚이 얼마든 내가 대신 갚아 주리라.'

이렇게 말하자, 그가 마음을 돌리고 기뻐하면서 한량없이 감사하였다. 그는 상단의 주인을 따라 마을로 함께 가서 모두에게 빚을 갚으려 한다고 알렸다.

그러자 채권자들이 서로 다투어 구름처럼 몰려와 빌려준 돈을 받아 갔다. 돈을 받으러 오는 사람이 한이 없어 상단 주인의 재물은 바닥이 나고 말았다. 재물이 바닥나고도 빚을 다 갚지 못해 상단 주인의 아내와 자식들은 결국 굶주림과 추위에 떨면서 구걸로 살아가게 되었다. 친척과 이웃들은 모두 상단 주인을 원망하였다.

'이 미치광이가 스스로 집안 살림을 말아먹었구나.'

마침 그때 여러 상인이 그 상단의 주인에게 보물을 캐러 바다에 같이 가자고 권하였다. 그러자 그가 말하였다.

'상단의 주인이라면 마땅히 배와 채비를 장만하여야 하네. 나는 지금 곤궁하여 가진 게 아무것도 없으니, 어떻게 함께 가겠는가?'

그러자 상인들이 말하였다.

'우리 500명이 마음을 열고 돈을 내면 그것으로 배와 채비를 장만할 수 있습니다.'

상단의 주인은 이 말을 듣고 곧 승낙하였다. 여러 상인이 모두 재물을 모은 덕분에 그는 큰 재물을 얻게 되었다. 그때 상단의 주인은 3,000냥의 황금에서 1,000냥으로 배를 마련하고, 1,000냥으로는 양식을 준비하고, 또 1,000냥으로는 배에서 필요한 물품을 준비하였다. 그리고 나머지로는 아내와 자식들에게 생활비로 주었다.

그는 바닷가에서 일곱 겹으로 튼튼하게 큰 배를 만들었다. 엄격한 준비가 끝나자, 그는 배를 물에 띄우고 일곱 개의 큰 밧줄로 바닷가에 매어 두었다. 그리고 큰 황금 방울을 치면서 외쳤다.

'바다에 들어가 크고 묘한 보물을 얻어 진기한 물건을 마음껏 쓰고 싶은 사람이 있다면 누구든 모두 여기로 모이시오. 저 보물 있는 곳으로 함께 갑시다.'

그리고 또 말하였다.

'부모 처자식과 염부제의 즐거움과 또 자신의 목숨마저 아끼지 않을 용기가 있는 자라면 누구라도 가도 좋다. 왜냐하면 저 바다에는 험하고 어려운 일들이 많기 때문이다. 물결의 소용돌이·사나운 바람·큰 물고기·모진 귀신 등 이런 갖가지 위험이 이루 다 말할 수도 없다.'

이렇게 말하고는 밧줄 하나를 끊었다. 날마다 이렇게 하여 이레째 날에는 그 밧줄을 모두 끊었다. 배는 곧 달려갔다. 그러나 도중에서 갑자기 사나운 바람을 만나 그 배는 부서지고 말았다. 사람들이 모두 살려 달라 부르짖었지만, 어디에도 의지할 곳은 없었다. 그래서 혹은 널빤지나 돛대나 부낭浮囊를 얻어 살기도 하고, 혹은 물에 빠져 죽기도 하였다. 그중에서 어떤 다섯 사람이 상단의 주인에게 말하였다.

'당신을 믿고 여기까지 왔다가 지금 물에 빠져 거의 죽게 생겼습니다. 저희를 살려 주십시오.'

상단의 주인이 대답하였다.

'큰 바다는 송장을 간직하지 않는다고 나는 들었소. 당신들은 이제 나를 붙드시오. 내가 당신들을 위해 이 몸을 죽여 당신들을 재난에서 구제하고, 맹세코 부처가 될 것이오. 그리고 부처가 된 뒤에는 위없는 바른 법의 배가 되어 나고 죽는 큰 바다의 괴로움에서 당신들을 제도할 것이오.'

이렇게 말을 마치고 칼로 목을 찔렀다. 그가 죽은 뒤 바다 신(海神)이 바람을 일으켜 그들을 건너편 언덕까지 밀어내었다. 그리하여 그들은 바다를 건너 모두 안온하게 되었느니라."

부처님께서 이어 비구들에게 말씀하셨다.

"알고 싶은가? 그때 그 늑나사야가 지금의 나이고, 그 다섯 사람이 지금의 저 구린拘隣 등 다섯 비구이니라. 나는 전생에도 저들을 살고 죽는 운명에서 건져 주었고, 지금은 부처가 되어 저들이 가장 먼저 번뇌가 없는 바른 법을 얻어 길이 흐르는 결사結使의 큰 바다에서 영원히 벗어나게 하였느니라."

그때 비구들은 부처님의 큰 자비는 깊고 묘하여 헤아리기 어려움을 찬탄하고, 모두 부지런히 공부하였다.

비구들은 부처님 말씀을 듣고 기뻐하며 받들어 행하였다.

45

머리가 100개인 물고기 가비리

나는 다음과 같이 들었다.

언젠가 부처님께서 마갈국의 죽원에 계실 때였다.

그때 부처님께서는 비구들과 함께 비사리毘舍離로 향하시다가 이월강(梨越河)에 이르셨다. 그 강가에 500명의 소치는 사람과 500명의 어부가 있었다. 그 어부들은 세 가지 그물을 만들었는데, 그 크기가 같지 않았다. 작은 그물은 200명이 당겼고, 중간 크기의 그물은 300명이 당겼으며, 큰 그물은 500명이 당겼다.

부처님께서는 강에서 멀지 않은 곳에 앉아 쉬셨고, 비구들도 다 함께 앉았다. 그때 그 어부들의 그물에 고기 한 마리가 걸렸는데, 500명이 당겨도 끌어낼 수 없었다. 그래서 소치는 사람들까지 불러 천 명이 힘을 합해 끌어내어 큰 고기 한 마리를 얻었다.

그 고기 몸에는 여러 형상의 머리 100개가 있었다. 나귀·말·낙타·범·이리·돼지·개·원숭이·여우·살쾡이 등 이런 여러 가지 형상이었다. 그래서 사람들이 괴상히 여기며 모두 다투어 가서 구경하였다.

그때 부처님께서 아난에게 말씀하셨다.

"저기 무슨 일이 있기에 사람들이 저렇게 많이 모였는가? 네가 가서 살펴 보거라."

아난이 분부를 받고 그곳에 가 보니, 머리가 100개나 달린 큰 물고기가 한 마리 있었다. 아난이 돌아와 부처님께 본대로 아뢰었다. 부처님께서는 곧 비구들과 함께 물고기가 있는 곳으로 가시어 그 물고기에게 물으셨다.

"네가 바로 가비리迦毘梨인가?"

물고기는 대답하였다.

"진실로 그렇습니다."

부처님께서 정중하게 세 번을 물으셨다.

"네가 바로 가비리인가?"

"진실로 그렇습니다."

"너를 가르친 이는 지금 어디 있는가?"

"아비지옥에 떨어졌습니다."

그때 아난과 대중들은 그 사정을 알지 못해 부처님께 여쭈었다.

"부처님께서는 지금 무슨 까닭에 저 100개의 머리를 가진 물고기를 가비리라 부르십니까? 부디 저희를 가엾이 여겨 가르쳐 주소서."

부처님께서 아난에게 말씀하셨다.

"자세히 들어라. 너희들을 위해 설명하리라. 옛날 가섭 부처님 시절에 한 바라문이 아들을 낳아 그 이름을 가비리迦毘梨(중국 말로는 황두黃頭)라 하였다. 그 아이는 총명하고 널리 알았기에 그들 바라문종 가운데서 많이 알기로 제일이었다. 그러나 사문들보다는 못하였다. 그의 아버지는 임종 때 그에게 간곡히 당부하였다.

'너는 부디 저 가섭 부처님의 제자 사문들과는 도리를 강론하지 말라. 왜냐하면 사문들은 지혜가 깊어 네가 반드시 질 것이기 때문이다.'

아버지가 돌아간 뒤에 그의 어머니가 물었다.

'너는 본래 총명한데, 지금 너를 이길 자가 있느냐?'

그는 대답하였다.

'저 사문들이 저보다 훌륭합니다.'

'왜 그들이 훌륭하다고 하느냐?'

'제가 의심스러운 것이 있어서 그들에게 찾아가 물으면, 그들은 잘 설명하여 사람을 깨우쳐 줍니다. 그러나 그들이 만약 제게 물으면 저는 대답하지 못합니다. 그래서 제가 그들만 못한 줄을 압니다.'

'그러면 왜 너는 그들에게 찾아가 그들의 법을 배우지 않느냐?'

'그 법을 배우려면 사문이 되어야 합니다. 저는 속인인데 어떻게 배우겠습니까?'

어머니는 말하였다.

'거짓으로 사문이 되어 그 법을 다 배운 뒤에 도로 집으로 돌아오면 되지 않느냐?'

그는 어머니의 분부를 받들어 사문이 되었다. 그는 얼마 지나지 않아 삼장三藏을 모두 읽어 외우고, 그 이치에도 통달하였다. 어머니가 물었다.

'이제는 이길 수 있느냐?'

그는 대답하였다.

'학문으로는 이길 수 있습니다. 하지만 좌선에서는 안 됩니다. 왜냐하면 제가 저들에게 물으면 저들은 모두 분별하지만, 저들이 제게 물으면 저는 알지 못합니다. 그래서 아직은 저들만 못합니다.'

그러자 그의 어머니가 또 말하였다.

'지금부터는 저들과 변론하다가 혹 이기지 못하겠다 싶거든 곧바로 욕을 해라.'

가비리가 말했다.

'출가한 사문에게 아무 죄가 없는데, 어떻게 욕을 합니까?'

어머니가 말하였다.

'그냥 욕하거라. 그러면 네가 반드시 이길 것이다.'

가비리는 차마 그 어머니의 명령을 어기지 못하였다. 그래서 그 뒤로는 변론하다가 이론이 딸려 군색하다 싶으면 곧바로 욕설을 퍼부었다.

'축생보다 미련한 너희가 무슨 법을 알겠냐?'

그러고는 온갖 짐승의 대가리를 다 끌어다 비유하였다. 이렇게 되풀이하기 한두 번이 아니었다. 그 과보로 말미암아 지금 저런 물고기 몸을 받고, 머리를 100개나 가지게 된 것이니라."

아난이 여쭈었다.

"언제쯤 저 물고기 몸을 벗겠습니까?"
부처님께서 말씀하셨다.
"이 현겁 동안 천 명의 부처님이 지나가더라도 벗지 못할 것이다."
아난과 대중들은 부처님 말씀을 듣고 아찔해지면서 즐겁지가 않았다. 비구들이 이구동성으로 이렇게 말하였다.
"몸과 말과 뜻의 행을 삼가지 않을 수 없구나."
그때 어부와 목동들이 다 함께 합장하고 부처님에게 출가하여 범행 닦기를 청하였다. 부처님께서 곧 허락하시고 "잘 왔구나, 비구들이여." 하시자, 그들의 수염과 머리가 저절로 떨어지고 법복이 몸에 입혀져 이내 사문이 되었다.
그때 부처님께서는 그들을 위하여 갖가지 묘한 법을 간곡히 말씀하셨다. 그들은 번뇌가 없어지고 결박이 풀려 아라한이 되었다.
부처님께서는 다시 그곳에 모인 대중을 위하여 모든 법을 자세히 말씀하시고, 또 괴로움(苦)과 그것의 원인(集)과 그것의 사라짐(滅)과 그것이 사라지는 길(道)의 4성제를 분별하셨다. 그리하여 그들 중에는 수행의 첫 번째 과위를 얻는 이도 있고 나아가 네 번째 과위를 얻는 이도 있었으며, 큰 도의 뜻을 일으키는 이도 있고, 그 수가 매우 많았다.
그때 사부대중은 부처님의 말씀을 듣고 기뻐하며 받들어 행하였다.

지혜로운 자와 어리석은 자의 이야기
- 현우경 -

●

제11권

원위元魏 시대에 양주涼州의 사문 혜각慧覺 등이
고창군高昌郡에서 한역하였다.

46

손가락 목걸이를 만든 무뇌

나는 다음과 같이 들었다.

언젠가 부처님께서 사위국의 기수급고독원에 계실 때였다.

그때 그 나라의 왕 파사닉波斯匿에게 한 재상이 있었는데, 그는 큰 부자이고 매우 총명하였다. 그 재상의 아내가 아들을 낳았는데, 얼굴이 단정하고 몸매가 뛰어났다. 재상은 아기를 보고 매우 기뻐하며 곧 관상가를 불러 관상을 보게 하였다. 관상가는 아기의 관상을 보고 매우 기뻐하면서 말하였다.

"이 아기의 복된 상은 사람 중에서 특별합니다. 총명하고 지혜로우며 보통 사람을 뛰어넘는 덕이 있을 것입니다."

아버지는 그 말을 듣고 못내 기뻐하면서 이름을 지으라고 하였다. 관상가는 물었다.

"이 아기를 가진 뒤에 어떤 이상한 일이 있었습니까?"

재상이 대답하였다.

"아기의 어미가 본래 성질이 선량하지 않았는데, 아기를 밴 뒤로는 보통 때와 아주 달라졌다. 그래서 심성이 공손하고 남에게 덕을 베풀기를 좋아하며, 남의 불행을 가엾이 여기고 남의 허물 말하기를 좋아하지 않았다."

관상가가 말하였다.

"그것은 그 아기의 뜻입니다. 그러므로 이름을 아흔적기阿聾賊奇(중국 말로는 무뇌無惱)라 하소서."

그 아이는 차츰 성장하여 용감무쌍하고 혼자서 천 명을 대적할 만큼 힘이 센 장사가 되었다. 그는 날아가는 새를 잡을 만큼 민첩하고, 달리는 말보다 빨랐다. 그래서 그의 아버지인 재상이 그를 매우 사랑하였다.

그때 그 나라에 한 바라문이 있었다. 그는 총명하여 두루 통달하였고, 많이 듣고 널리 알았다. 그에게는 500명의 제자가 있어 그를 따라 공부하고 있었다. 그래서 재상은 아들을 데리고 찾아가 그에게 맡겨 공부하게 하였다. 바라문은 승낙하고 그를 받아들여 가르쳤다.

아흔적기는 밤낮으로 부지런히 공부하여 하루에 배우는 것이 남들이 1년 동안 배우는 것보다 많았다. 그래서 공부한 지 얼마 되지 않아 모든 것을 두루 통달하였다. 그의 스승도 그를 특별히 대우하여 오나가나 항상 함께 다녔고, 그의 동학同學들도 마음을 기울이며 우러러 공경하였다.

그때 그의 스승인 바라문의 아내가 아흔적기의 단정한 얼굴과 빼어난 재질이 남보다 훨씬 뛰어난 것을 보고는 속으로 색정을 품고 사랑하는 마음을 떨쳐버리지 못하였다. 하지만 여러 제자가 항상 그의 주위에 있어 그가 혼자 있을 때가 없었기 때문에 고백하고 싶어도 기회가 없었다. 그래서 자신의 마음을 털어놓을 길이 없어 항상 근심하고 안타까워하였다.

그러다 마침 어떤 시주가 그 스승과 제자들을 초청해 석 달 동안 공양하게 되었다. 바라문은 가만히 자신의 부인과 의논하였다.

"내가 이제 석 달 동안의 초청을 받아 떠나야 하오. 제자 하나를 남겨 두어 내 뒷일을 살피게 하겠소."

아내는 속으로 기뻐하면서 가만히 꾀를 내어 아뢰었다.

"그렇게 하십시오. 그런데 떠나신 뒤 집안일이 중요하니, 재주와 능력이 있는 아흔적기를 남겨 두어 뒷일을 부탁하심이 좋을까 합니다."

그래서 바라문은 곧 아흔적기에게 분부하였다.

"나는 지금 저 시주의 초청을 받아 떠난다. 뒷일이 매우 많아 누군가 보살펴야 하겠는데, 그대는 재주와 능력이 있으니 나를 위해 뒷일을 돌봐다오."

아흔적기는 분부대로 함께 가지 않고 머무르기로 하였다. 스승은 다른 제자들을 데리고 길을 떠났다.

바라문의 아내는 속이 시원하고 한량없이 기뻤다. 바라문의 아내는 매우 아름답게 단장하고 아양을 떨면서 아흔적기에게 말을 걸어 그의 마음을 흔들어 보았다. 그러나 뜻이 굳건했던 아흔적기는 그녀의 유혹에 조금도 흔들림이 없었다. 여자는 정욕이 더욱 치솟아 진심을 토로하였다.

"내가 당신을 사모한 지 오래입니다. 다만 사람들 눈치가 보여 속마음을 털어놓지 못했을 뿐입니다. 그래서 당신 스승이 떠날 때 내가 일부러 당신을 붙들어 둔 것입니다. 이제는 아무도 없으니 내 부탁을 들어주십시오."

아흔적기는 거절하면서 타일렀다.

"우리 바라문 법에는 스승의 아내와 음행하지 않습니다. 만약 그 잘못을 범하면 그는 바라문이 아닙니다. 차라리 죽을지언정 그런 짓은 하지 않겠습니다."

그 여자는 오랜 희망이 무너지자 창피스럽고 또 분하였다. 그래서 흉계를 꾸몄다. 그의 스승이 돌아올 때가 되자, 그녀는 자기의 위아래 옷을 모두 찢고 손톱으로 얼굴을 할퀴어 상처를 내고는, 먼지를 뒤집어쓰고 초췌한 꼴로 땅바닥에 드러누워 아무 말도 하지 않았다.

그때 바라문이 제자들과 함께 돌아왔다. 집 안으로 들어서자마자 아내의 모습을 보고는 그 까닭을 물었다.

"왜 이렇게 되었소?"

아내가 눈물을 흘리면서 말했다.

"묻지 마십시오."

바라문은 더욱 궁금하였다.

"당신에게 무슨 일이 있었는지 말해 보오. 왜 말하지 않소?"

아내가 울면서 말하였다.

"당신이 늘 칭찬하던 아흔적기가 당신이 떠난 뒤 늘 저를 범하려 하였습니다. 그러나 제가 끝내 듣지 않자, 제 옷을 마구 찢고 제 몸에 상처를 내었습니다. 당신이 기른 제자가 어떻게 그럴 수 있습니까?"

바라문은 그 말을 듣고 매우 분개하여 아내에게 말하였다.

"저 아흔적기는 천 명을 상대할 만큼 힘이 세고, 또 재상의 아들이며 그 종족이 강성하오. 당장이라도 죄를 벌하고 싶지만, 천천히 하는 것이 좋겠소."

이렇게 모략을 꾸민 뒤 아흔적기를 찾아가 만났다. 바라문은 자신이 세운 계획에 따라 아흔적기를 위로하고 타일렀다.

"내가 떠난 뒤 네가 집안일을 돌보느라 수고가 많았다. 또 너는 지금까지 충성을 다해 나를 받들어 섬겼다. 그런 너의 마음에 항상 감사하며 어떻게 보답하면 좋을까 생각해 보았다. 그랬더니 아직 너에게 말하지 않은 비법秘法이 하나 있더구나. 만약 그것만 성취하면 너는 곧바로 범천에 태어날 것이다."

아흔적기가 꿇어앉아 물었다.

"그것은 어떤 법입니까?"

바라문이 대답하였다.

"만약 이레 동안에 사람 1,000명의 머리를 베고, 그들의 손가락 하나씩을 잘라 1,000개 손가락으로 목걸이를 만들면 그때 범천이 스스로 하늘에서 내려올 것이다. 그리고 네가 목숨을 마친 뒤에는 반드시 범천에 태어날 것이다."

이 말을 들은 아흔적기는 망설였다. 그래서 스승에게 말하였다.

"그것은 그렇지 않을 것 같습니다. 중생을 죽이고 어떻게 범천에 태어날 수 있겠습니까?"

스승이 말하였다.

"너는 나의 제자이다. 어찌 내가 진심으로 일러주는 중요한 말을 믿지 않는가? 만약 네가 믿지 않겠다면 그것은 곧 의리를 끊는 것이니, 너는 너 갈 길로 가고 여기 머물지 말라."

그러고는 칼을 땅에 꽂고 주문을 외웠다. 바라문이 주문을 외우고 나자 아흔적기에게서 나쁜 마음이 점점 생겨났다. 스승은 그런 그의 마음을 알고 곧 칼을 주었다. 아흔적기는 그 칼을 받아들고 밖으로 뛰쳐나가 사람을 만나는 대로 죽였다. 그리고 손가락을 잘라 목걸이를 만들었다. 사람들은 그것을 보고 그를 앙구마라鴦仇魔羅(중국 말로는 지만指鬘)라고 불렀다.

여기저기 돌아다니면서 사람을 죽인 그는 이레째 되는 날 딱 손가락 하나가 모자란 999개의 손가락을 얻게 되었다. 나머지 한 사람만 죽이면 스승이 말한 손가락 수를 채울 수 있었다. 그러나 사람들이 모두 숨어 버리고 감히 나다니는 사람이 없었다. 그래서 아무리 돌아다녀도 구할 수가 없었다.

그때 그의 어머니가 이레 동안 아무것도 먹지 않은 그가 가여워 사람을 보내 불러오려 하였다. 그러나 모두 두려워하여 아무도 가려 하지 않았다. 그래서 그의 어머니는 음식을 가지고 직접 아들을 찾아갔다. 아들은 멀리서 어머니를 보고 달려와 죽이려 하였다.

그때 어머니가 그에게 말하였다.

"이 불효한 자식아, 어찌 그런 흉악한 마음을 먹고 나를 해치려 하느냐?"

아들은 말하였다.

"저는 스승님 명령을 받았습니다. 이레 동안에 사람 손가락 1,000개를 얻으면 장차 범천에 태어난다고 합니다. 날수는 이미 찼는데 손가락 수는 아직 채우지 못했습니다. 할 수 없이 어머니라도 죽여야겠습니다."

어머니는 다시 말하였다.

"일이 진실로 그렇다면 내 손가락만 자르고 나를 죽이지는 말라."

그때 부처님께서 멀리서 그 광경을 보고는 그를 제도할 수 있음을 아시고 한 비구로 변하여 그의 곁으로 다가가셨다. 그는 비구를 보자 어머니를 놓아주고 달려와 죽이려 하였다. 부처님께서는 그가 다가오는 것을 보고는 천천히 걸어 그를 피하셨다. 그는 죽을 힘을 다해 달렸지만 따라잡을 수가 없었다.

그래서 멀리서 불렀다.

"비구야, 잠깐 멈추거라."

부처님께서 멀리서 대답하셨다.

"나는 언제나 멈춰있는데 네가 멈추지 않는구나."

"어째서 너는 멈추었고 나는 멈추지 않는다고 하는가?"

부처님께서 말씀하셨다.

"나는 모든 감관이 고요하여 자유를 얻었다. 하지만 너는 삿된 법을 가르치는 나쁜 스승을 따르는 바람에 네 마음이 변하였다. 그래서 가만히 머무르지 못하고 밤낮으로 사람을 죽이면서 끝없이 죄를 짓는 것이다."

아흔적기는 이 말을 듣고 갑자기 마음이 열렸다. 그는 칼을 멀리 던져 버리고 멀리서 부처님께 예배하며 스스로 귀의하였다.

그때 부처님께서 기다렸다는 듯이 부처님의 본래 모습을 도로 나타내시자 마치 맑은 날의 광명처럼 서른두 가지 모습이 빛나고 오묘하였다. 그는 부처님의 빛나는 상호와 의젓한 거동을 보고 몸을 땅에 던져 허물을 뉘우치면서 스스로 꾸짖었다.

부처님께서는 그를 위해 간단히 설법하셨다. 그는 법안이 깨끗하게 되고 믿는 마음이 순수해져서 출가하기를 청하였다. 부처님께서는 곧 허락하고 "잘 왔구나, 비구여."라고 하시자, 그의 머리카락과 수염이 저절로 떨어지고 그의 몸에는 법복이 입혀졌다. 부처님께서는 그의 근기에 맞춰 거듭 설법하셨다. 그는 마음의 때가 완전히 없어져 아라한의 도를 얻었다. 부처님께서는 곧 그를 데리고 기타 동산으로 돌아오셨다.

그때 그 나라 백성들은 이 앙구마라에 관한 소문을 듣고 모두 놀라고 두려워하였다. 그래서 아기를 밴 사람이나 짐승들은 두려움에서 아기를 낳지 못하였다.

그때 어떤 코끼리가 새끼를 낳지 못하였다. 그러자 부처님께서 앙구마라에게 명령하셨다.

"너는 코끼리에게 가서 자비로운 말씨로 '나는 세상에 나온 뒤로 아직 한 사람도 죽이지 않았다.'라고 말하라."

앙구마라가 여쭈었다.

"저는 지금까지 많은 살생을 하였습니다. 어떻게 죽이지 않았다고 말하겠습니까?"

부처님께서 말씀하셨다.

"너는 나의 거룩한 법에서 새롭게 태어났기 때문이다."

그때 앙구마라는 옷을 단정하게 입고 분부를 받들어 그곳으로 찾아가 부처님 말씀대로 말하였다. 그러자 코끼리는 이내 새끼를 낳고 모두 안온하였다. 그는 절로 돌아와 어떤 방에 앉아 있었다.

그때 파사닉왕이 많은 군사를 이끌고 직접 앙구마라를 잡으러 나섰다. 왕이 그를 잡으러 가던 길에 기타 동산을 지나게 되었다.

그때 기타 동산에 한 비구가 있었는데, 그의 몸은 병들고 추하였으나 음성이 매우 아름다웠다. 마침 그가 소리를 높여 노래를 불렀다. 그 음성이 매우 화창하여 군사들이 모두 귀를 기울여 들으면서 싫증을 내지 않았고, 코끼리와 말들도 귀를 쫑긋 세우고 멈춰 서서 움직이려 하지 않았다. 왕은 괴상히 여겨 마부에게 물었다.

"왜 이러느냐?"

마부가 아뢰었다.

"저 노랫소리 때문에 이 코끼리와 말들이 걸음을 멈추고 서서 듣고 있습니다."

왕이 말하였다.

"이 짐승들도 법 듣기를 좋아하는데 하물며 우리 사람이 어찌 가서 듣지 않겠느냐?"

왕은 군중들을 데리고 잠깐 기타 동산에 들렀다. 동산에 도착하자, 왕은 먼저 코끼리에서 내려 찼던 칼을 풀고 일산을 치웠다. 그리고 곧바로 부처님께 나아가 예배하고 문안드렸다. 그 비구의 노랫소리는 이미 그쳤다. 왕이 먼저 부처님께 말씀드렸다.

"조금 전 들었던 그 노랫소리는 맑고 오묘하고 화창하여 마음으로 기뻐하며 흠모하였습니다. 그를 만나 돈 10만 냥을 보시했으면 합니다."

부처님께서 말씀하셨다.

"먼저 그 돈을 보시한 다음에 만나십시오. 만약 먼저 만나 보면 한 푼도 줄 마음이 생기지 않을 것입니다."

그러고는 곧 그를 데려다 보이셨다. 그의 형상은 병들고 추하여 차마 볼 수 없었다. 그래서 한 푼도 주고 싶은 마음이 들지 않았다. 왕은 자리에서 일어나 부처님 앞에 꿇어앉아 여쭈었다.

"지금 저 비구는 모습이 아주 작고 추한데 그 음성은 그처럼 깊고 맑습니다. 저 비구는 전생에 어떤 업을 지었기에 지금 이런 과보를 받았습니까?"

부처님께서 말씀하셨다.

"잘 듣고 명심하십시오. 과거에 가섭이라는 부처님이 계셨습니다. 그분은 중생을 두루 제도한 뒤에 곧 열반에 들었습니다. 그러자 기리비機里毘라는 그 나라 왕이 가섭 부처님의 사리를 거두어 탑을 세우려 하였습니다. 그때 네 용왕이 사람 형상으로 변하여 그 왕에게 가서 물었습니다.

'세우려는 탑의 재료는 보물로 하겠습니까, 흙으로 하겠습니까?'

왕은 대답하였습니다.

'탑을 크게 만들고 싶지만 가진 보물이 많지 않으니 어떻게 보물로 만들 수 있겠는가? 이제 흙으로 사방 5리에 높이 25리인 탑을 만들고 싶구나. 그러면 아주 우뚝 솟아 볼 만할 것이다.'

용왕이 아뢰었다.

'우리는 사람이 아니요, 모두 용왕입니다. 왕께서 탑을 세운다는 말을 듣고 일부러 찾아와 여쭌 것입니다. 진실로 보물을 쓰고자 하신다면 우리가 도와 드리겠습니다.'

왕은 기뻐하면서 말하였다.

'그렇게만 할 수 있다면 얼마나 좋겠는가?'

용들이 다시 말하였다.

'네 성문 밖에 네 개의 큰 샘이 있습니다. 성 동쪽의 샘물을 길어다 벽돌을 만들면 짙푸른 유리가 될 것이요, 성 남쪽의 샘물을 길어다 벽돌을 만들면 벽돌이 완성된 뒤 모두 황금이 될 것이요, 성 서쪽의 샘물을 길어다 벽돌을 만들면 벽돌이 완성된 뒤 모두 은으로 변할 것이요, 성 북쪽의 샘물을 길어다 벽돌을 만들면 벽돌이 완성된 뒤 백옥으로 변할 것입니다.'

왕은 이 말을 듣고 더욱 기뻐하며 곧 네 명의 감독관을 임명하고 각자 탑의 한 면을 맡게 하였다.

시간이 흐르고 세 감독관의 공사는 거의 마무리되어 가는데, 한 감독관은 게을러 공사가 추진되지 않았다. 왕은 나가서 시찰하다가 그것을 보고 이치로 따져 나무랐다.

'그대는 마음을 쓰지 않았으니 벌을 받아야겠다.'

그는 도리어 원망하면서 왕에게 아뢰었다.

'이 탑이 너무 커서 언제 될지 모르겠습니다.'

왕이 떠난 뒤 그는 인부들을 독려하여 밤낮으로 부지런히 추진하였다. 그러자 공사가 다른 세 감독관과 동시에 끝났다. 탑은 매우 높았고 온갖 보배는 빛났으며, 새기고 장식한 장엄은 아주 장관이었다. 그는 이것을 보고 기뻐하며 먼저의 허물을 뉘우쳤다. 그는 탑 꼭대기에 황금 방울 하나를 달면서 스스로 원을 세웠다.

'제가 태어나는 세상마다 음성이 매우 아름다워 일체중생이 모두 듣기를 좋아하게 하소서. 또 장래에 석가모니부처님을 만나 생사를 벗어나게 하소서.'

대왕이여, 알고 싶습니까? 그때 공사를 더디게 하고 탑이 크다고 원망했던 한 감독관이 바로 지금의 이 비구입니다. 그는 탑이 너무 크다고 투덜댄 인연으로 500세상 동안 늘 몸에 병이 많고 추한 과보를 받았습니다. 그러나 그 후에 기뻐하면서 탑 꼭대기에 황금 방울을 달면서 좋은 음성을 가지게 되길 소원하고, 또 나를 만나기를 소원하였기 때문에 500세상 동안 그 음성이 매우 아름다웠으며, 지금 나를 만나 해탈을 얻게 된 것입니다."

왕은 이 말을 듣고 곧 하직하고 물러가려 하였다.

그때 부처님께서 왕에게 물으셨다.

"어디로 가려 하십니까?"

왕이 아뢰었다.

"우리나라에 앙구마라라는 나쁜 도적이 백성들을 죽이면서 횡포를 부리고 돌아다닙니다. 지금 군사를 거느리고 그를 잡으러 갑니다."

부처님께서 말씀하셨다.

"지금의 앙구마라라면 개미도 죽이지 못할 것입니다. 하물며 다른 생물이겠습니까?"

왕은 마음속으로 생각하였다.

'부처님께서 이미 항복시키셨구나.'

부처님께서 말씀하셨다.

"앙구마라는 이제 이미 세속을 떠나 도에 들어와 아라한이 되어 온갖 번뇌가 다 없어졌습니다. 지금 어떤 방에 있는데 만나고 싶습니까?"

"보고 싶습니다."

왕은 곧 자리에서 일어나 그의 방문 밖에 이르렀다가 앙구마라 비구의 기침 소리를 듣게 되었다. 왕은 그의 포악에 많은 사람이 죽은 것이 생각나 두려움에 땅에 쓰러져 기절하였다가 한참 만에 깨어났다. 왕은 부처님께 돌아와 이 사실을 아뢰었다. 부처님께서 말씀하셨다.

"대왕은 오늘만 그의 음성을 듣고 땅에 쓰러져 기절한 것이 아닙니다. 과거 전생에도 그의 음성을 듣고 그렇게 기절한 적이 있습니다. 대왕이여, 잘 들으십시오. 아득히 먼 옛날 이 염부제에 바라나라는 큰 나라가 있었습니다.

그때 그 나라에는 온갖 독벌레를 잡아먹고 사는 어떤 독한 새(毒鳥)가 있었습니다. 그 새의 몸은 아주 독해 가까이할 수가 없었습니다. 그래서 그 새의 그림자만 지나가도 중생들이 모두 죽고, 나무들도 모두 말라버렸습니다.

어느 날 그 새가 어떤 숲을 지나다가 한 나무 위에 앉아 울려고 기침하였습니다. 마침 그때 그 숲에 살던 하얀 코끼리가 그 근처 나무 아래에 있다가 독한 새의 기침 소리를 듣게 되었습니다. 그 순간 코끼리는 땅에 쓰러져 기절하고 꼼짝도 하지 못하였습니다.

"이처럼 대왕이여, 그때 그 독한 새가 바로 지금 저 앙구마라요, 하얀 코끼리는 바로 지금의 대왕입니다."

왕은 다시 아뢰었다.

"저 앙구마라는 몹시 포악하여 그처럼 사람을 죽였는데 어떻게 부처님의 교화를 입고 선善을 닦게 된 것입니까?"

부처님께서 말씀하셨다.

"앙구마라는 오늘만 저들을 죽이고 나에게 교화된 것이 아닙니다. 과거 전생에도 그는 저들을 죽였고, 나는 그때도 그를 교화하여 착한 행을 생각하도록 하였습니다."

"궁금합니다. 저들은 전생에 왜 그에게 죽임을 당하였고, 부처님께서는 그를 어떻게 교화하셨습니까? 부디 설명해 주십시오."

부처님께서 말씀하셨다.

"잘 듣고 명심하십시오. 아득히 먼 옛날 아승기겁 전에 이 염부제에 바라나라는 큰 나라가 있었고, 그 나라 왕의 이름은 바라마달波羅摩達이었습니다. 어느 날 왕은 네 종류 군사를 데리고 숲속에 들어가 사냥을 하였습니다. 왕은 어느 늪에 이르러 짐승을 쫓다가 홀몸으로 깊은 숲속으로 들어가게 되었습니다. 그때 왕은 몹시 피로해 말에서 내려 잠깐 쉬었습니다. 그 숲속에는 음욕이 발동하여 짝을 찾아다니다가 끝내 찾지 못하던 한 암사자가 있었습니다. 암사자는 마침 숲에 홀로 앉아 있는 왕을 보고는 음탕한 마음이 더욱 왕성해졌습니다. 암사자는 왕과 교미할 생각에 곁으로 가까이 다가가 꼬리를 위로 들면서 등을 보였습니다. 왕은 암사자의 의도를 알아차리고 생각하였습니다.

'이 맹수는 나를 죽일 힘을 가지고 있다. 그의 뜻을 따르지 않다가는 해를 입을지도 모른다.'

왕은 두려움 때문에 암사자의 뜻대로 따라주었습니다. 교미를 마치자 사자는 돌아갔습니다. 그리고 왕을 따르던 병사들이 뒤이어 도착했습니다. 왕은 그들과 함께 궁성으로 돌아왔습니다. 사자는 그 뒤 새끼를 배고 달이 차서 한 아들을 낳았습니다. 그 아이는 형상이 완전 사람 같고 오직 발에만 얼룩무늬가 있었습니다. 사자는 예전 일을 기억하고 그 아이가 왕의 아들이란 것을 알았습니다. 그래서 물어다 왕 앞에 두었습니다.

왕도 생각하다가 예전 일을 기억해 자기 아이란 것을 알았습니다. 왕은 곧 그 아이를 거두어 길렀고, 발에 얼룩무늬가 있다 하여 이름을 가마사파타迦摩沙波陁(중국 말로는 박족駁足)라 하였습니다. 아이는 차츰 자라나자 재주와 뜻이 웅장하고 용맹하였습니다. 그리고 부왕이 죽은 뒤 박족이 왕위를 이어받아 나라를 다스렸습니다.

그때 박족왕에게 두 부인이 있었는데, 첫째 부인은 왕족이고, 둘째 부인은 바라문족이었습니다. 박족왕은 어느 날 성을 나가 동산으로 놀러 가면서 두 부인에게 말하였습니다.

'내 뒤를 따라오시오. 먼저 도착하는 부인에게 하루 동안 같이 즐길 시간을 주고, 뒤처진 부인은 내 보지도 않으리라.'

왕이 떠난 뒤 두 부인은 몸을 꾸미고 장식한 수레를 타고서 동시에 출발하였습니다. 가던 길에는 하늘나라 신을 모신 사당이 있었습니다. 바라문족 부인은 이를 보고 수레에서 내려 예배하였고, 예배를 마치고는 급히 달려갔습니다. 하지만 그 바람에 왕족 부인보다 뒤에 도착하고 말았습니다. 왕은 약속대로 그녀를 만나주지 않았습니다. 그러자 그 부인이 분하고 원통하여 하늘나라 신을 원망하고 탓했습니다.

'나는 당신께 예배하는 바람에 왕에게 박대를 받았습니다. 만약 하늘나라 신의 힘이 있다면 왜 나를 보호하지 않습니까?'

바라문족 부인은 원한과 울분을 품고 남몰래 계책을 세웠습니다. 왕이 궁으로 돌아온 뒤, 바라문족 부인은 더욱 정성스럽게 왕을 받들고 섬겼습니다. 그러자 왕이 다시 그녀를 대우해 주었습니다. 그러자 그녀가 왕에게 부탁하였습니다.

'제가 이 나라 안에서 하루 동안만 자유롭게 다닐 수 있도록 허락해 주소서.'

마침 왕이 그녀를 편애하던 때라 곧바로 허락하였습니다. 그녀는 성 밖으로 나가 사람을 시켜 하늘나라 신을 모신 사당을 때려 부숴 평지처럼 만들고 궁으로 돌아왔습니다. 그러자 사당을 지키던 신神이 슬퍼하고 괴로워하면서 궁으로 들어가 사람들을 해치려 하였습니다. 그러나 왕궁을 수호하던 천신이 그를 막고 들어오지 못하게 하였습니다.

그때 어떤 선인仙人이 선산仙山에 살고 있었습니다. 박족왕은 늘 그에게 공양을 올렸습니다. 그 선인은 날마다 식사 시간이 되면 하늘을 날아서 궁으로 들어왔습니다. 그러나 맛있는 음식은 먹지 않고 거친 음식을 조금만 받았습니다.

그러던 어느 날 마침 그 선인이 오지 않게 되었습니다. 사당을 지키던 신이 그것을 알고는 그 선인의 형상으로 변해 궁으로 들어

가려 하였습니다. 그러나 왕궁을 수호하던 신은 그것을 알고 들어오는 것을 허락하지 않았습니다. 그는 멀리 문밖에서 왕에게 아뢰어 통과시켜 달라고 청하였습니다. 왕은 선인이 밖에서 뵙기를 청한다는 소식을 듣고 그 까닭을 이상히 여기면서도 급히 명령하여 들어오게 하였습니다. 왕궁을 수호하던 신은 왕의 분부가 내려오자 더는 그를 막지 않고 통과시켰습니다.

그러자 그가 얼른 들어가 선인이 항상 앉던 곳에 앉았습니다. 왕은 보통 때와 같이 음식을 장만하여 그에게 공양을 올렸습니다.

그러자 선인으로 변장한 사당의 수호신이 먹으려 하지 않으면서 왕에게 말하였습니다.

'이 음식은 추악하군요. 또 고기나 생선도 없는데 어떻게 먹겠소?'

왕이 곧 아뢰었습니다.

'대선大仙께서는 늘 오셔서 맑고 담박한 음식만 잡수셨습니다. 그래서 일부러 고기나 생선 음식은 만들지 않았습니다.'

그러자 그가 또 말하였습니다.

'지금부터는 거친 공양을 차리지 마시오. 고기만 먹겠소.'

그의 말대로 차려 오자, 그는 음식을 먹고 돌아갔습니다.

이튿날 옛 선인이 날아왔습니다. 왕은 그를 위해 갖가지 고기 음식을 차렸습니다. 그러자 선인이 화를 내면서 왕을 원망하였습니다.

왕은 말했습니다.

'대선께서 어제 이렇게 차리라고 분부하시지 않았습니까?'

선인이 말하였소.

'어제는 병이 있어 하루 동안 단식하고 여기는 오지 않았소. 누가 당신들에게 그런 말을 했다는 것이오? 다만 당신이 나를 우습게 보고 시험하려고 이러는 것이겠지. 왕은 지금부터 12년 동안 항상 사람 고기만 잡수시오.'

이렇게 말하고는 날아서 산중으로 돌아갔습니다.

그 뒤 왕의 음식 감독관이 고기를 준비하는 것을 깜박 잊게 되었습니다. 음식 감독관은 식사 시간은 임박하고 방법이 없자 밖에 나가 고기를 구하였습니다. 그러다 살이 통통하고 하얀 어린아이 시체가 땅에 버려져 있는 것을 보게 되었습니다. 그는 '우선 급한 것부터 해결하자.'라는 생각에 머리와 발을 잘라 버리고 왕의 주방으로 짊어지고 왔습니다. 그리고 온갖 맛있는 양념을 넣고 음식을 만들어 왕에게 바쳤습니다. 왕은 그 음식을 먹고 전의 음식보다 몇 곱이나 맛있는 것을 깨닫고는 곧 주방의 감독관에게 물었습니다.

'지금까지 먹어 본 고기 중에 이렇게 맛있는 것은 없었다. 이것은 무슨 고기냐?'

주방 감독관은 두려움에 떨면서 왕 앞에 납작 엎드렸습니다.

'만약 왕께서 저의 죄를 용서하신다면 감히 사실대로 아뢰겠습니다.'

왕이 말하였습니다.

'사실대로 말만 하라. 너의 죄는 묻지 않으리라.'

주방 감독관이 아뢰었습니다.

'어제 어떤 일이 있어서 미처 고기를 준비하지 못했습니다. 그래서 급하게 고기를 찾다가 어린아이 시체를 얻게 되어 그것으로 급하게 식사 시간을 맞춰 요리하였습니다. 대왕께서 이렇게 알아차리라고는 생각지 못했습니다.'

그러자 왕이 말하였습니다.

'이 고기는 보통 음식과 달리 매우 맛있구나. 지금부터는 이런 음식 재료를 찾아보라.'

주방 감독관이 아뢰었습니다.

'전자에는 저절로 죽은 어린아이 시체를 우연히 얻었지만, 그런 것을 다시 구하기는 어렵습니다. 또 그것으로 음식을 만들다 나라 법에 걸릴까 두렵습니다.'

왕이 또 말하였습니다.

'너는 그저 몰래 가져오기만 하라. 발각되어도 그 판결을 내가 하지 않느냐?'

주방 감독관은 왕의 명령을 받고, 몰래 아이들을 죽여 날마다 왕에게 바쳤습니다.

그때 성안의 백성들이 너도나도 '어린아이를 잃어버렸다.'라고 하면서 울며 돌아다녔습니다. 그리고 서로에게 '어쩌다 그렇게 되었냐?'고 물었습니다.

이 일로 신하들은 모여 의논하고는 은밀히 조사하기로 하였습니다. 신하들은 곧 거리 곳곳에 사람들을 배치하였습니다. 그리고 마침내 왕의 주방 감독관이 남의 어린아이를 끌고 오는 것을 발견하였습니다. 그들은 기다렸다가 그를 잡아 결박하고 왕에게 데려가 지금까지 어린아이를 잃어버린 사건들을 자세히 아뢰었습니다.

하지만 왕은 그 말을 듣고도 잠자코 대답하지 않았습니다. 신하들은 두 번 세 번 왕에게 아뢰었습니다.

'이제 도적을 잡아 그 죄가 드러났습니다. 일을 판결하셔야 하는데 왜 잠자코 계십니까?'

왕은 그제야 대답하였습니다.

'그것은 내가 시킨 것이다.'

신하들은 분개하여 각자 자리를 박차고 물러났다. 그리고 밖에서 다시 모여 의논하였습니다.

'왕이 바로 우리의 자식들을 잡아먹은 도적입니다. 사람을 잡아먹는 왕과 어떻게 나라를 같이 다스리겠습니까? 함께 저 왕을 제거하여 이 재앙을 없앱시다.'

모든 신하가 한마음으로 계획에 동참하였습니다.

'성 밖 동산에 좋은 연못이 있어 왕이 날마다 그곳에 가서 목욕합니다. 우리 모두 군사를 모아 그 동산에 매복합시다.'

왕이 목욕하려고 성을 나와 그 연못에 이르렀을 때 복병이 한꺼번에 사방을 둘러쌉니다. 신하들은 곧 왕을 포위하고 죽이려 하였습니다. 그러자 왕이 집결한 군사를 보고 놀라고 두려워 물었습니다.

'너희들은 왜 나를 포위하고 공격하는가?'

신하들이 대답하였습니다.

'왕이 된 자는 백성을 돌보고 기르는 일을 해야 하오. 그런데 주방에서 사람을 죽여 음식을 만드니, 백성들은 부르짖고 슬퍼하면서 그 마음을 하소연할 곳조차 없소. 이 모진 고통을 참을 길 없어

왕을 죽이려는 것이오.'
왕이 신하들에게 말하였습니다.
'내가 정말 면목이 없다. 지금부터 다시는 그런 짓을 하지 않을 것이다. 용서하고 놓아주기만 한다면 반드시 스스로 힘써 고치겠다.'
신하들이 말하였습니다.
'절대 놓아 줄 수 없소. 지금 당장 하늘에서 검은 눈이 내리고, 당신 머리에서 검은 독사가 나온다 해도 용서하지 않을 것이니, 여러 말 하지 마시오.'
그때 박족왕은 신하들의 말을 듣고, 더는 벗어날 길이 없어 반드시 죽을 것임을 알았습니다.
왕이 신하들에게 말하였습니다.
'나를 죽이더라도 잠깐만 늦추어 조금만 더 살게 해달라.'
신하들은 왕의 부탁을 수락하고 잠시 집행을 미루었습니다. 그러자 왕이 곧 스스로 서원을 세웠습니다.
'나는 지금까지 닦은 선행으로 왕이 되어 바르게 다스렸으며, 선인仙人에게 공양하였습니다. 이 공덕을 모두 합해 오늘 제가 날아다니는 나찰로 변하게 하소서.'
그 말을 마치자마자 그의 말대로 되었습니다. 그는 허공을 날면서 신하들에게 말하였습니다.
'너희들은 힘을 합해 억지로 나를 죽이려 하였다. 하지만 나는 나의 큰 행운에 힘입어 스스로 빠져나왔다. 지금부터 너희들은 잘 참아야 한다. 너희들의 사랑하는 처자식을 내가 차례로 잡아먹을

것이다.'

이렇게 말하고 날아가 버렸습니다. 나찰이 된 박족왕은 숲속에서 살면서 날아다니며 사람들을 잡아 먹이로 삼았습니다. 그래서 모든 백성이 공포에 떨면서 숨고 피했습니다. 이렇게 많은 사람을 잡아먹자, 다른 여러 나찰이 그에게 빌붙어 부하가 되었습니다. 그 무리의 수가 차츰 많아짐에 따라 죽는 사람의 범위도 더욱 넓어졌습니다.

그 뒤 여러 나찰이 박족왕에게 말하였습니다.

'우리는 왕을 받들어 섬기면서 부하가 되었습니다. 부디 우리를 위해 큰 연회를 베풀어 주십시오.'

나찰 왕 박족이 승낙하고 말하였습니다.

'여러 왕을 잡아 천 명을 채우면 너희들과 연회를 즐기리라.'

이렇게 허락하자, 나찰들은 각자 왕들을 잡아 산속에 가두었습니다. 그렇게 999명의 왕을 잡고 나머지 한 명만 모자라 그 수가 채워지지 않았을 때입니다.

나찰에게 사로잡힌 왕들은 생각하였습니다.

'우리는 지금 매우 위급하다. 어디로 가야 할까? 만약 박족왕이 저 수타소미須陁素彌왕을 잡는다면, 수타소미왕은 큰 방편이 있어 우리를 구해 줄 수 있을 것이다.'

그들은 이렇게 계획하고 나찰 왕 박족에게 말하였습니다.

'왕께서 연회를 베푸시려면 남달리 아주 특별해야 합니다. 저희 같은 왕들은 시시해 잡아 와도 별로 쓸데도 없습니다. 저 수타소미는 매우 덕이 높은 분입니다. 만약 그를 잡아 온다면 왕의 연회는

비로소 빛날 것입니다.'

나찰 왕은 '어떤 높은 덕이 있느냐?'라고 하면서 곧 날아올라 그를 잡으러 갔습니다. 그때 마침 수타소미는 궁녀들을 데리고 새벽에 성을 나와 동산의 연못으로 목욕하러 가던 길이었습니다. 수타소미왕은 길에서 자기에게 구걸하는 바라문을 만났습니다.

수타소미왕이 그 바라문에게 말하였습니다.

'내가 목욕하고 돌아올 때까지 기다리시오. 그때 보시하리다.'

왕은 동산에 이르러 연못에 들어가 목욕하였습니다. 그때 나찰 왕이 허공으로 날아와 그를 붙잡아 자신이 머무는 산으로 갔습니다. 수타소미는 근심하고 걱정하면서 슬피 울었습니다. 그러자 나찰 왕이 물었습니다.

'나는 너의 이름과 덕이 뛰어나 제일이라는 말을 들었다. 대장부라면 빈궁하건 영달하건 그 뜻이 의연해야 한다. 어찌 별스럽게 근심하면서 어린애처럼 우는가?'

수타소미가 말하였습니다.

'나는 이 몸을 사랑하거나 목숨을 아까워하지 않습니다. 제 기억에 저는 태어나면서부터 거짓말한 적이 없습니다. 저는 오늘 아침 궁에서 나와 길을 가다가 제 수레의 앞을 막아서며 구걸하는 한 도사를 만났습니다. 저는 그에게 목욕하고 돌아올 때 보시하겠다고 약속하였습니다. 그런데 마침 대왕이 나를 잡아 여기까지 데려왔습니다. 이제 거짓말로 그의 정성스러운 믿음을 저버린 세 뇌어버렸으니, 그것을 생각하면 너무 슬픕니다. 이 몸이 아까워 슬퍼하는 것이 아닙니다. 부디 저를 가엾이 여겨 이레 동안만 여유를 주십시

오. 그 도사에게 보시하고 반드시 죽으러 돌아오겠습니다.'
나찰 왕 박족이 이 말을 듣고 물었습니다.
'네가 지금 떠나면 과연 제 발로 죽으러 돌아올까?'
그러다 곧 다시 말하였습니다.
'하긴 돌아오지 않아도 내가 잡아 올 수 있지.'
그러고는 이내 그를 풀어주었습니다.
수타소미왕이 본국으로 돌아와 보니, 도사는 아직도 그곳에 있었습니다. 왕은 기뻐하며 그 바라문에게 보시하고 공양을 올렸습니다. 그때 바라문이, 오래지 않아 죽으러 돌아가려는 왕을 보고는 그가 나라를 그리워하며 근심하고 걱정할까 염려하여, 곧 왕을 위해 다음 게송을 읊었습니다.

시간이 정해진 겁劫이 끝나면
하늘과 땅에서 불길이 치솟아
높은 수미산도 드넓은 바다도
모조리 재가 되어 사라진다네.

하늘도 용도 사람도 귀신도
그 안에서 시들어 죽어버리니
해와 달도 오히려 떨어지거늘
나라에 무슨 영원함이 있으랴.

태어나 늙고 병들어 죽음이

수레바퀴처럼 끝없이 구르고
세상사 내 뜻대로 되지를 않아
근심과 슬픔으로 상처만 늘어가네.

탐욕이 깊으면 재앙도 무겁고
그 상처와 허물이 한없이 크나니
삼계가 온통 괴로움뿐인데
나라에 무슨 의지할 것 있겠는가.

존재란 본래 자체가 없으니
인연이 모여 이루어진 것뿐
왕성했던 것은 반드시 쇠락하고
가득 찼던 것은 반드시 비네.

꼬물거리는 저 중생들
모조리 허깨비 살림 같고
삼계가 모두 텅 비었나니
나라도 또한 그와 같다네.

형상이 없는 우리의 정신
네 마리 뱀을 빌려 다고
무명을 보배처럼 기르면서
그것으로 즐거움의 수레로 삼네.

이 몸에 영원한 주인은 없고
이 정신에 영원한 집은 없나니
몸과 정신도 오히려 이별하는데
어찌 나라라고 영원할 수 있으랴.

그때 수타소미는 이 게송을 듣고 그 의미를 생각하자 한량없는 기쁨이 솟았습니다. 수타소미는 곧 태자를 세워 자기 대신 왕으로 삼았습니다. 그리고 신하들과 이별하고 약속을 지키러 나찰에게 돌아가려 하였습니다. 신하들은 한목소리로 그에게 아뢰었습니다.
'부디 왕께서는 그냥 여기 머무소서. 저 박족은 걱정하지 마소서. 신들이 꾀를 내어 걱정 없도록 준비하겠습니다. 쇠를 두드려 집을 만들 것이니 왕께서는 우선 그 안에 계십시오. 그러면 박족이 아무리 사나워도 어떻게 할 수 없을 것입니다.'
그러자 왕이 신하와 백성들에게 말하였습니다.
'대개 사람이 세상에 살면 진실을 근본으로 삼아야 한다. 거짓으로 구차하게 사는 것은 내 마음이 허락하지 않는다. 차라리 약속을 지키다 죽을지언정 거짓말로 살지는 않으리라.'
왕은 다시 갖가지로 진실의 이익을 설명하고 또 거짓의 죄를 자세히 분별하였습니다. 신하들은 목메어 슬피 울면서 더는 아무 말이 없었습니다. 왕은 일어나 성을 나섰습니다. 대중들은 모두 배웅하러 나와 길에서 부르짖으면서 까무러쳤다가 다시 깨어났습니다. 왕은 그들을 일깨워 타이르고는 길을 떠났습니다.

그때 박족왕은 가만히 생각하였습니다.

'수타소미가 오늘 분명히 올 것이다.'

박족왕은 산꼭대기에 앉아 멀리 바라보다가, 수타소미가 길을 따라 빠른 걸음으로 오는 것을 보았습니다. 그가 도착하고 살펴보니, 화색이 만연한 얼굴빛에 기쁨이 가득하고 편안한 것이 예전보다 더하였습니다. 그래서 곧 나찰 왕이 물었습니다.

'유쾌하게도 오는구나. 사람이 세상에 태어나면 누구나 그 목숨을 아끼는데, 너는 지금 죽음에 다다랐는데도 기쁨이 보통 때보다 배나 더하구나. 본국에 돌아가 어떤 좋은 이익을 얻었는가?'

수타소미가 대답하였습니다.

'대왕께서 너그러운 은혜로 제게 이레 동안의 여유를 주신 덕분에 저는 바라문에게 보시함으로써 그와의 약속을 이행할 수 있었습니다. 또 저는 그 바라문에게서 묘한 법을 듣고 마음이 열렸습니다. 이제 소원을 이루었으니, 비록 죽더라도 마음만은 여전히 살아 있는 것처럼 기쁩니다.'

박족왕이 말하였습니다.

'너는 어떤 법을 들었는가? 나를 위해 말해 보라.'

수타소미는 박족왕을 위해 바라문에게서 들은 게송을 말해 주었습니다. 그리고 다시 방편으로 자세히 법을 설하였습니다. 즉 살생하는 죄와 그 나쁜 과보를 자세히 분별하여 설명하고, 또 사랑하는 마음으로 살생하지 않는 복을 설명하였습니다.

그 이야기를 들은 박족은 기뻐하면서 수타소미에게 공경히 예배하고 그의 가르침을 받들었습니다. 더는 해칠 마음이 없어진 박족은 곧 잡았던 왕들을 모두 풀어주고 각자 본국으로 돌아가게 하였습니다.

수타소미는 곧 군사를 거두어 박족을 데리고 돌아가 그 본국에서 편히 살게 하였습니다. 박족은 전날 선인의 예언대로 12년을 채운 뒤로는 다시는 사람을 먹지 않았고, 마지막에는 대왕으로 돌아가 옛날처럼 백성을 다스렸습니다.

대왕께서는 궁금하십니까? 그 옛날의 수타소미왕이 바로 지금의 나이고, 박족왕은 저 앙구마라며, 12년 동안 박족왕에게 잡아먹힌 사람들은 바로 지금 앙구마라 손에 죽은 사람들입니다. 그들은 태어나는 세상마다 항상 앙구마라에게 죽었고, 나도 태어나는 세상마다 선善으로 그를 항복시켰습니다.

나는 과거에 내가 범부였을 때에도 그를 교화하여 살생하지 못하게 했던 것을 기억합니다. 하물며 지금 부처가 되어 온갖 덕을 두루 갖추고 온갖 악을 완전히 없앴는데, 어찌 그를 교화하지 못하겠습니까?"

파사닉왕이 다시 여쭈었다.

"지금 저 사람들은 전생에 어떤 인연이 있었기에 태어나는 세상마다 앙구마라에게 죽임을 당한 것입니까?"

부처님께서 말씀하셨다.

"자세히 잘 들으십시오. 과거 오랜 겁 전에 이 염부제에 바라나라는 큰 나라가 있고, 그 나라에 바라마달波羅摩達이라는 왕이 있었습니다. 그 왕에게 아들 둘이 있었는데, 모두 재주가 뛰어나고, 얼굴이 단정하고 아름다웠습니다. 왕은 그 두 아들을 매우 사랑하였습니다.

그때 작은아들이 이런 생각을 하였습니다.

'아버지가 돌아가시면 형님이 그 자리를 이어받을 것이다. 나는 아직 나이가 어려 왕위를 이을 가망이 없다. 사람이 세상에 태어나 왕이 되지 못할 바에야 구태여 속세에 살아서 무엇하겠는가? 차라리 고요히 신선의 도를 구하는 것만 못하리라.'

이렇게 생각하고, 아버지에게 찾아가 말씀드렸습니다.

'깊은 산에 들어가 선도仙道를 구하고자 합니다. 부디 허락하시어 뜻한 바를 이루게 하소서.'

아버지는 그의 간절한 뜻을 굽힐 수가 없어 곧 허락하고 산에 들어가게 하였습니다. 몇 해가 지나 부왕이 돌아가시고, 그의 형이 왕위를 이어 백성을 다스렸습니다. 나라를 다스린 지 오래지 않아 그의 형은 병이 들어 죽었습니다. 그러나 그의 형에게는 왕위를 이어받을 아들이 없었습니다. 그래서 신하들이 서로 모여 의논하였으나 결정을 내리지 못하였습니다. 그때 어떤 신하가 말하였습니다.

'예전 대왕에게 작은아들이 있습니다. 그는 대왕의 허락을 받고 산에 들어가 선도를 공부하고 있습니다. 그를 맞아들여 왕위를 잇도록 하는 것이 좋겠습니다.'

신하들이 기뻐하며 말했습니다.

'그렇게 합시다.'

신하들은 그를 왕으로 모시려고 여럿이 함께 산으로 찾아갔습니다. 신하들은 산에 들어가 그동안의 사정을 자세히 아뢰고 자신들의 뜻을 밝혔습니다.

'부디 가엾이 여겨 우리나라를 다스려 주소서.'

선인은 대답하였습니다.

'그것은 두려운 일입니다. 나의 이 고요한 즐거움은 어떤 근심도 걱정도 없습니다. 하지만 세상 사람들은 흉악하여 서로 죽이기를 좋아합니다. 만약 내가 왕이 되었다가 혹 어떤 모함을 당할지도 모릅니다. 지금 이곳에서 매우 즐거우니 왕 노릇은 할 수 없습니다.'

그러자 신하들이 거듭 아뢰었습니다.

'선왕께서 돌아가시고 대가 끊어져 더는 왕위를 이을 사람이 없습니다. 오직 대선大仙만이 우리의 왕족이십니다. 또 이 나라 백성들에게 주인이 없어서는 안 됩니다. 부디 가엾이 여겨 저희를 돌보아 주소서.'

이렇게 정성스럽고 간절히 청하였습니다. 그래서 선인은 차마 거절하지 못해 드디어 승낙하고 본국으로 돌아왔습니다. 선인은 어려서부터 여자를 몰랐습니다. 하지만 속세로 돌아와 나라를 다스리다 보니 차츰 여색을 가까이하게 되었습니다. 왕이 된 선인은 애욕에 물들어 밤낮으로 걷잡을 수 없는 방탕에 빠져 스스로 절제하지 못하였습니다. 그리하여 마침내 온 나라에 이런 영을 내렸습니다.

'이 나라의 모든 처녀는 시집갈 때 반드시 먼저 나를 모셔라. 그런 뒤에 자기 남편에게 가는 것을 허락한다.'

그리하여 왕은 그 나라의 아름다운 여자 중 마음에 드는 이가 있으면 모조리 능욕하였습니다. 그러던 어느 날 한 여자가 여러 사람이 보는 거리에서 나체로 서서 소변을 보았습니다. 사람들이 그것을 보고 놀라며 웃다가 모두 와서 꾸짖었습니다.

'너는 어찌 부끄러움도 없이 이런 짓을 하는가?'

그 여자가 곧바로 대답하였습니다.

'여자가 여자 앞에서 소변을 보는데 뭐가 부끄럽겠습니까? 당신들도 서서 소변을 보면서 부끄러워하지 않습니다. 나도 당신들과 다를 것이 없는데 뭐가 부끄럽겠습니까?'

그러자 사람들이 물었습니다.

'그 말은 무슨 뜻이냐?'

그 여자가 말하였습니다.

'이 나라에 남자는 오직 왕 한 사람뿐입니다. 온 나라 여자가 모두 그에게 능욕을 당하고 있습니다. 만약 당신들이 사내라면 그냥 내버려 두겠습니까?'

그러자 사람들이 모두 부끄러워하며 서로 의논하였습니다.

'저 여자의 말이 옳다. 사실인즉 그렇다.'

사람들은 그 여자가 한 말을 몰래 서로 전하며 마음을 모으고 꾀를 합하여 왕을 없애기로 도모하였습니다. 한편 그 성 밖 동산에는 맑고 시원한 연못이 있었습니다. 그래서 왕은 항상 그 연못에 와서 목욕하였습니다. 어느 날 신하와 백성들은 그 동산에 몰래 매복하였습니다. 그리고 왕이 성을 나와 목욕할 때에 모두 달려 나와 포위하고, 왕에게 달려들어 죽이려 하였습니다. 왕이 놀라 말하였습니다.

'왜 이러느냐?'

신하들이 말하였습니다.

'왕은 바른 법으로 나라를 다스려야 합니다. 그런데 당신은 도가 지나치게 음탕하여 풍속을 어지럽혀 무너뜨리고 모든 가정을 더럽히고 욕보였습니다. 우리는 그것을 보고 도저히 참을 수 없었습니다. 그래서 왕을 없애고 다시 어진 분을 찾아보려 합니다.'

왕은 그 말을 듣고 두려워하며 신하들에게 말하였습니다.

'나는 참으로 잘못하여 여러분에게 폐를 끼쳤소. 이제 스스로 깨우쳐 다시는 감히 그러지 않겠소. 부디 너그럽게 용서해 주오. 그러면 백성들과 함께 다시 출발하겠소.'

그러나 신하들은 말하였습니다.

'가령 지금 하늘에서 검은 눈이 내리고 왕의 정수리에서 독사가 나온다고 해도 결코 놓아줄 수 없습니다. 여러 말 마십시오.'

왕은 이 말을 듣고 죽을 수밖에 없다는 것을 알았습니다. 왕은 화를 내고 분통을 터트리면서 신하들에게 말하였습니다.

'나는 본래 산에서 살며 세상일에는 간섭하지 않았다. 그런 나를 당신들이 억지로 데려와 왕으로 만들더니, 이제는 큰 잘못도 없는데 없애려 드는구나. 나는 지금 홀몸이라 빠져나갈 힘이 없다. 하지만 맹세코 미래 세상에서는 항상 너희들을 죽이리라. 내가 도를 얻을 때까지는 절대 용서하지 않으리라.'

왕이 이렇게 저주를 퍼부었지만, 그들은 왕을 죽이고 말았습니다.

대왕이여, 알고 싶습니까? 그때 그 선인이었다가 왕이 된 자가 바로 지금의 저 앙구마라이고, 왕을 죽인 신하와 백성들이 바로 저 앙구마라 손에 죽은 사람들입니다. 그래서 저들은 그다음 생에 늘 앙구마라 손에 죽었고, 오늘에 이르러서도 또한 앙구마라 손에 죽은 것입니다."

그때 파사닉왕이 꿇어앉아 부처님께 아뢰었다.

"저 앙구마라 비구는 이렇게 많은 사람을 죽였지만, 지금 이미 도를 얻었습니다. 그래도 장차 그 과보를 받아야 합니까?"

부처님께서 말씀하셨다.

"행에는 반드시 과보가 있습니다. 지금 방에 있는 저 앙구마라 비구는 털구멍마다 지옥의 불길이 치솟아 이루 말할 수 없는 극심한 고통을 받고 있습니다."

그때 부처님께서 악한 행을 지으면 반드시 죄의 과보를 받는다는 것을 대중이 알게 하려고 한 비구에게 분부하셨다.

"너는 열쇠를 가지고 저 앙구마라의 방에 가서 그 문을 열어 보라."

비구는 분부를 받고 곧 가서 방문을 열고 들어갔다. 그러자 앙구마라가 얼마 후 불길에 녹아 버렸다. 깜짝 놀란 비구가 부처님께 돌아와 사실대로 아뢰자, 부처님께서 말씀하셨다.

"행의 과보는 이와 같으니라."

파사닉왕과 그 자리에 모인 대중들은 모두 부처님 말씀을 믿고 이해하게 되었다. 그때 아난이 꿇어앉아 부처님께 아뢰었다.

"앙구마라는 전생에 어떤 복을 지었기에 힘이 장사에다 나는 새를 따라잡을 만큼 건장하고 민첩하게 태어난 것입니까? 또 어떤 복을 지었기에 부처님을 만나 생사를 뛰어넘게 된 것입니까? 부디 이 자리에 모인 대중들을 가엾이 여겨 말씀하여 주소서."

부처님께서 아난에게 말씀하셨다.

"너희는 잘 들어라. 아득히 먼 옛날 가섭 부처님 시절에 승단의 업무를 담당하던 한 비구가 있었다. 그는 스님들과 인부와 짐승들을 데리고 양식을 싣고 오다가 도중에서 비를 만났다. 그러나 비를 피할 곳이 없어 곡식 부대들이 모두 흠뻑 젖고 말았다. 그때 그 비구는 빨리 가고 싶었지만, 힘이 적어 걸음이 더디고 뜻대로 할 방법이 없어 마음이 답답하기만 하였다. 그때 그가 곧 이런 서원을 세웠다.

'부디 다음 생에는 제가 천 명을 대적을 힘을 가지고, 날아가는 새도 따라잡을 만큼 몸이 가볍고 걸음이 빠르게 하소서. 미래에 석가모니부처님이 계실 것이니, 제가 그분을 만나 영원히 생사를 벗어나게 하소서.'

아난아, 그때 승단의 업무를 담당했던 그 비구가 바로 지금의 저 앙구마라니라. 그는 그 세상에서 출가하여 계율을 지켰고, 또 승단의 업무를 담당하다가 원을 세웠다. 그래서 그 뒤로는 세세생생 얼굴이 단정하고 힘이 세고 빠른 것이 모두 그의 소원대로 되었다. 그리고 다시 나를 만나 생사를 건너게 되었느니라."

그때 아난과 비구들과 왕과 신하와 백성을 비롯한 그 자리에 모인 일체 대중은 부처님께서 말씀하신 인연과 업보를 듣고 모두 감격하여 4성제를 생각하였다. 그리하여 어떤 이는 수다원을 얻고, 어떤 이는 사다함·아나함·아라한을 얻었으며, 벽지불의 선근善根을 심는 이도 있고, 위없이 바르고 참된 도의 마음을 일으킨 이도 있었으며, 혹은 물러나지 않는 자리에 머무르게 된 이도 있었다. 이렇게 모두들 몸과 입을 단속하고 마음을 잘 다스려 선善을 닦았다.

그들은 부처님의 말씀을 듣고 기뻐하며 받들어 행하였다.

47

단니기 이야기

나는 다음과 같이 들었다.

언젠가 부처님께서 사위국의 기수급고독원에 계실 때였다.

그때 그 나라에 빈두로타사賓頭盧墫闍라는 바라문이 있었다. 그의 아내는 얼굴이 추악하고 두 눈이 새파랬다. 그에게는 시집간 딸만 일곱이고 아들은 없었다. 그의 집은 빈곤하였고 그의 딸들도 궁색하였다. 게다가 그의 아내는 성질이 포악하여 늘 남편에게 욕을 퍼부었다. 그리고 딸들은 번갈아 찾아와 뭐라도 달라고 요구하였고, 그 요구를 들어주지 않으면 눈을 흘기면서 훌쩍거렸다. 또 사위 일곱 놈이 그 집에 몰려들 때면 받들어 대접하면서 그들의 마음을 상하게 할까 싶어 늘 걱정하였다.

그러던 어느 날이었다. 바라문은 밭의 곡식이 있었는데도 거두어들이지 못하다가 남의 소를 빌려 곡식을 거두러 가게 되었다. 그러나 소를 잘 감시하지 못해 그만 늪에서 잃어버리고 말았다.

바라문은 주저앉아 생각하였다.

'내가 전생에 무슨 죄를 지었기에 이런 혹독한 고통이 한꺼번에 닥친단 말인가? 안에서는 포악한 아내가 욕설을 퍼붓고, 딸 일곱까지 찾아와 들볶으며, 사위들이 몰려와도 대접할 것이 없다. 거기다 남의 소까지 잃어버리고 어디로 갔는지도 모르겠구나.'

소를 찾아 여기저기 돌아다니다 보니 몸도 마음도 피곤하고 근심과 걱정으로 머리가 아프고 가슴이 두근거렸다. 그러다 우연히 어느 숲에 이르러 나무 아래에 앉아 계신 부처님을 뵙게 되었는데, 모든 감관이 고요히 안정되어 조용하고 편안하고 행복해 보였다.

그때 그 바라문이 지팡이로 턱을 고이고 한참을 서서 바라보다가 갑자기 이런 생각이 들었다.

'저 사문 구담이 지금 가장 편안하고 행복하다. 못된 아내에게 욕먹으며 싸울 일도 없고, 딸들에게 들볶일 일도 없고, 가난한 사위들 뒤치다꺼리하느라 번거로울 일도 걱정할 일도 괴로울 일도 없다. 또 익은 곡식이 있는 밭 한 퇴기도 없으니 남의 소를 빌릴 일이 없고, 그 소를 잃어버려 걱정할 일도 없다.'

부처님께서 그의 마음을 아시고 말씀하셨다.

"당신 생각이 맞습니다. 나는 지금 고요하며 아무 걱정도 없습니다. 진실로 저주를 퍼붓고 욕하는 못된 아내도 없고, 당신을 들볶는 일곱 명의 딸도 없고, 툭하면 당신 집으로 몰려오는 일곱 명의 사위도 없고, 밭에 익은 곡식을 걱정할 일도 없고, 남의 소를 빌릴 일도 없고, 잃어버려 걱정할 일도 없습니다."

부처님께서 이어 바라문에게 말씀하셨다.

"당신도 출가하고 싶습니까?"

그가 아뢰었다.

"지금 저에게 집은 무덤과 같고, 아내나 딸과의 온갖 인연을 보면 마치 원수들과 사는 것 같습니다. 부처님께서 가엾이 여겨 저에게 출가를 허락하신다면 저의 소원을 이루는 것입니다."

부처님께서 곧 "잘 왔구나, 비구여." 하시자, 그의 수염과 머리카락이 저절로 떨어지고, 몸에 걸친 옷이 가사로 변하였다. 부처님께서 그를 위해 법을 설하셨다. 그러자 그는 그 자리에서 온갖 번뇌가 완전히 사라져 곧 아라한이 되었다.

아난이 이것을 보고 부처님을 찬탄하였다.

"훌륭하십니다. 부처님의 방편 교화는 참으로 헤아리기 어렵습니다. 저 바라문은 전생에 어떤 복을 지었기에 온갖 근심을 벗어나 이런 좋은 이익을 얻었습니까? 그것은 마치 깨끗한 천에 빛깔이 쉬이 물드는 것과 같습니다."

부처님께서 말씀하셨다.

"저 바라문은 오늘만 내 은혜를 입어 괴로움을 떠나고 안락을 얻은 것이 아니다. 그는 지난 세상에서도 내 혜택을 입어 온갖 재난을 면하고 또 안락을 얻었느니라."

"알 수 없습니다. 부처님께서는 과거 전생에 어떻게 그를 구제하여 고통에서 벗어나게 하셨습니까?"

"자세히 듣고 잘 명심하라. 내 너를 위하여 자세히 분별하여 말하리라."

"예, 잘 듣겠습니다."

부처님께서 말씀하셨다.

"아득히 먼 옛날 아승기겁 전에 아파라제목가阿波羅提目佉(중국 말로는 단정端正)라는 큰 나라 왕이 있었다. 그는 도로써 나라를 다스려 백성을 억울하게 하지 않았다.

그때 그 나라에 단니기檀膩䩭라는 바라문이 있었다. 그는 집이 매우 가난하여 먹는 것은 배를 채우지 못하였다. 마침 익은 곡식이 조금 있었으나 자기 힘만으로는 거두어들일 수가 없었다. 그래서 남에게 소를 빌려 곡식을 거두러 갔다. 곡식을 거둔 그는 소를 돌려주려고 주인에게 갔다. 그런데 주인집 문 앞까지 몰고 가서는 주인에게 알리는 것을 깜빡 잊고 그냥 돌아왔다. 소 주인도 그 광경을 보긴 하였지만, 저 사람이 아직 일이 끝나지 않았겠지 싶어 소를 외양간에 넣지를 않았다. 그래서 두 집 모두 소를 챙기지 않는 바람에 그만 소를 잃어버리고 말았다.

얼마 후 소 주인이 찾아와 소를 돌려달라고 하였다.

그러자 단니기가 말하였다.

'벌써 당신에게 돌려주었다.'

둘 사이에 승강이가 벌어졌다. 소 주인은 솟값을 받으려고 단니기를 데리고 왕에게 찾아갔다. 두 사람은 마을 밖으로 벗어났을 때 왕의 말을 먹이던 사람을 만나게 되었다. 그때 마침 왕의 말이 도망쳐 달아나기 시작했다. 왕의 말을 관리하던 사람이 단니기를 부르면서 말하였다.

'그 말을 막으시오.'

단니기는 곧 돌을 집어 말을 향해 던졌다. 그런데 그 돌이 말의 다리에 맞자 그만 다리가 부러지고 말았다. 왕의 말을 관리하던 사람도 단니기의 멱살을 붙잡고 함께 왕궁으로 향하였다.

얼마쯤 가다가 그들은 강을 만나게 되었다. 건널 곳을 찾지 못하다가 마침 한 목수가 입에 도끼를 물고서 두 손으로 옷을 걷어 올린 채 건너오는 것을 보게 되었다.

단니기가 그에게 물었다.

'어디로 건너야 합니까?'

목수는 대답하려다가 입이 열리는 바람에 그만 도끼가 물에 떨어지고 말았다. 그 도끼는 아무리 찾아보아도 찾을 수 없었다. 그러자 그 목수도 또 달려들어 단니기의 멱살을 잡고 함께 왕에게 찾아갔다.

그때 단니기는 빚쟁이들의 괴롭힘에다 배까지 고프고 목도 말랐다. 그래서 곧 길가 주막에서 술을 조금 얻었다. 단니기는 평상에 앉아 그 술을 마시려다가 이불 밑에 어린애가 누워 있는 것을 모르고 깔고 앉는 바람에 어린애가 그만 배가 터져 죽어버렸다. 그러자 그 아기의 어미가 또 그의 멱살을 붙잡고 놓지 않으면서 말하였다.

'이 무도한 놈이 억울하게도 내 아이를 죽였구나.'

그녀도 그들과 함께 단니기를 붙잡고 왕궁으로 향하였다.

그는 어느 담벼락 밑을 지나다가 가만히 생각하였다.

'나의 불행이여, 온갖 재앙이 한꺼번에 닥쳤구나. 왕궁에 도착하면 나를 죽일지도 모른다. 차라리 지금 도망치면 혹 벗어날 수도 있으리라.'

단니기는 이렇게 생각하고 담장을 뛰어넘었다. 그 담장 너머에는 천을 짜던 사람이 있었는데, 단니기가 위에서 떨어지는 바람에 그 자리에서 그만 죽고 말았다. 천을 짜던 사람의 아들이 또 단니기의 멱살을 붙잡고 여러 사람과 함께 왕궁으로 향하였다.

얼마쯤 가다가 단니기는 나무 위에 앉아 있는 꿩 한 마리를 보게 되었다.

꿩이 멀리서 그에게 물었다.

'단니기님, 어디 가십니까?'

단니기는 있었던 일들을 꿩에게 모두 말하였다.

그러자 꿩이 말하였다.

'당신이 왕궁에 가시거든 저를 위해 대왕께 이렇게 여쭈어주십시오.

〈제가 다른 나무에 있을 때는 울음소리가 불쾌한데, 이 나무에 있으면 제 울음소리가 아름답습니다. 왜 그럴까요?〉

당신이 대왕을 뵙거든 저를 위해 이렇게 물어주십시오.'

또 길을 가다가 독사를 만났다. 독사가 또 그에게 물었다.

'단니기님, 지금 어디 가십니까?'

단니기는 곧 있었던 일들을 독사에게 모두 이야기하였다.

그러자 독사가 말하였다.

'당신이 왕궁에 가시거든 저를 위해 대왕께 이렇게 여쭈어주십시오.

〈제가 아침 일찍 구멍에서 나올 때는 몸이 부드러워 아무 고통도 없는데, 저녁에 다시 들어갈 때는 몸이 거칠고 뻣뻣하여 아프니

다. 구멍에 걸려 들어가기가 어려우니, 왜 그럴까요?〉'

단니기는 뱀의 부탁도 들어주기로 하였다.

또 길을 가다가 또 아이를 둔 한 여인을 만났다.

그 여인이 물었다.

'당신은 어디로 가십니까?'

단니기는 있었던 일들을 모두 그 여자에게 말하였다.

그러자 그 여자가 말하였다.

'당신이 왕에게 가시거든 저를 위해 이렇게 여쭈어주십시오. 〈저는 시댁에 가면 친정이 생각나고, 친정에 있으면 시댁이 생각납니다. 왜 이러는지 까닭을 모르겠습니다.〉'

단니기는 그 부탁도 들어주기로 하였다.

어느덧 빚쟁이들은 그를 둘러싸고 왕 앞에 이르렀다.

먼저 소 주인이 왕에게 아뢰었다.

'이 사람이 내 소를 빌려 갔는데, 돌려 달라고 해도 돌려주지 않습니다.'

왕이 단니기에게 물었다.

'너는 왜 소를 돌려주지 않는가?'

단니기가 말하였다.

'저는 정말 가난합니다. 마침 밭에 곡식이 익자 저 사람이 은혜를 베풀어 저에게 소를 빌려주었습니다. 저는 추수를 마치고 소를 몰고 가서 주인에게 돌려주었고, 주인도 그 광경을 보았습니다. 비록 말로 돌려준다고 하지는 않았지만, 소를 분명 그 집 문 앞에 두고 저는 빈손으로 돌아왔습니다. 그 소가 결국 어떻게 없어졌는지

는 저도 모릅니다.'

왕이 그들에게 말하였다.

'너희 둘 다 잘못이다. 단니기는 입으로 말하지 않았으니 그 혀를 잘라야겠고, 너는 소를 보고도 챙기지 않았으니 네 눈을 뽑아야겠다.'

그러자 소 주인이 왕에게 아뢰었다.

'차라리 제 소를 버리겠습니다. 제 눈을 뽑고 저 사람 혀를 자르는 것은 원치 않습니다.'

왕은 곧 두 사람의 화해를 허락하였다.

말을 관리하던 사람이 또 나와 말하였다.

'저 무도한 사람이 제 말의 다리를 분질렀습니다.'

왕이 단니기에게 물었다.

'그건 왕가의 말이다. 너는 어쩌자고 함부로 때려 그 다리를 분질렀는가?'

단니기가 무릎을 꿇고 왕에게 아뢰었다.

'소 주인이 저를 데리고 길을 가는데, 저 사람이 저를 부르면서 왕의 말을 막아달라고 하였습니다. 그러나 쏜살같이 달아나는 말을 어떻게 제어할 수가 없었습니다. 그래서 돌을 집어 던졌는데, 그만 실수로 말의 다리에 맞아 부러지고 말았습니다. 그것은 고의가 아니었습니다.'

왕은 말 관리자에게 말하였다.

'네가 저 사람을 불러서 벌어진 일이니 네 혀를 잘라야겠고, 저 사람은 말을 때렸으니 그 손을 잘라야겠다.'

그러자 말 관리자가 왕에게 아뢰었다.

'말은 제가 대신 변상하겠습니다. 형벌만은 내리지 마소서.'

그렇게 둘은 서로 화해하였다.

다음에는 목수가 앞으로 나와 말하였다.

'단니기 때문에 제 도끼를 잃어버렸습니다.'

왕이 단니기에게 물었다.

'너는 또 왜 남의 도끼를 잃어버리게 하였는가?'

단니기가 꿇어앉아 아뢰었다.

'저는 강을 건널 곳을 물었을 뿐입니다. 저 사람이 얼른 대답하려다가 입에 문 도끼를 물에 떨어뜨렸고, 아무리 찾아도 찾지 못한 것입니다. 실로 고의가 아니었습니다.'

왕이 목수에게 말하였다.

'저 사람이 너를 부르는 바람에 벌어진 일이니 저 사람의 혀를 잘라야겠다. 그리고 물건을 소지할 때는 마땅히 손을 사용해야 하는 법이다. 그런데 그대가 입에 물었기 때문에 물에 빠뜨린 것이니, 이제 너의 앞니 두 개를 부러뜨려야겠다.'

목수는 이 말을 듣고 왕에게 아뢰었다.

'차라리 도끼를 포기하겠습니다. 형벌은 내리지 마소서.'

그래서 둘은 서로 화해하였다.

다음에는 주모酒母가 다시 단니기를 끌고 나와 왕에게 호소하였다.

왕이 단니기에게 물었다.

'너는 왜 남의 아이를 죽였는가?'

단니기가 꿇어앉아 아뢰었다.

'빚쟁이들의 괴롭힘에다 또 배가 고프고 목도 말랐습니다. 그래서 그 주막에서 술을 조금 얻어 평상에 앉아 마신 것입니다. 이불 밑에 어린애를 눕혀두었으리라고는 생각지도 못했습니다. 그렇게 술을 마시고 났더니 어린애는 이미 죽어있었습니다. 고의가 아닙니다. 부디 대왕께서 너그럽게 살펴주소서.'

왕은 주모에게 말하였다.

'네 집에서는 술을 파니 손님이 많을 것이다. 그런데 왜 손님들 앉는 자리에 어린아이를 눕히고 보이지 않게 이불을 덮었는가? 지금 너희 두 사람 모두 잘못이 있다. 네 아이가 이미 죽었으니, 저 단니기를 네 남편으로 삼아 아이를 낳게 한 뒤에 풀어 주거라.'

그러자 주모가 머리를 조아리며 아뢰었다.

'제 아이는 이미 죽었으니, 서로 화해하도록 허락하소서. 저는 저 굶주린 바라문을 남편으로 삼고 싶지 않습니다.'

그리하여 두 사람은 서로 화해하였다.

다음에는 천을 짜던 장인의 아들이 다시 앞으로 나와 아뢰었다.

'이 사람은 미친 듯이 날뛰다가 우리 아버지를 밟아 죽였습니다.'

왕이 단니기에게 물었다.

'너는 왜 억울하게 남의 아버지를 죽였는가?'

단니기가 대답하였다.

'빚쟁이들이 괴롭히는 바람에 저는 너무도 겁이 났습니다. 그래서 담장을 뛰어넘어 도망치다가 우연히 그 사람에 위에 떨어진 것

입니다. 실로 고의가 아니었습니다.'

왕이 말하였다.

'둘 다 잘못이다. 그대 아버지는 이미 돌아가셨으니, 저 단니기를 그대 아버지로 삼아라.'

천을 짜던 장인의 아들이 아뢰었다.

'아버지는 이미 돌아가셨습니다. 그러나 저는 절대로 이 바라문을 아버지로 삼을 수 없습니다. 서로 화해하도록 허락하소서.'

왕은 곧 그들의 화해를 허락하였다.

그때 단니기는 자기와 관련된 사건이 모두 해결되어 한량없이 기뻤다. 그래서 그대로 왕 앞에 남아 있었다. 그때 어떤 두 여인이 아이 하나를 두고 서로 자기 아이라며 다투는 것을 보게 되었다.

현명했던 왕은 방편으로 꾀를 내어 그 두 여인에게 말하였다.

'지금 아기는 하나인데 두 어머니가 서로 자기 아기라고 주장하는구나. 너희 둘이 각자 저 아기의 팔을 하나씩 잡고 당겨라. 누구든 빼앗는 사람이 저 아기의 어머니다.'

그러자 아기의 진짜 어머니가 아닌 여자는 아들을 사랑하는 마음이 없으므로 아기가 다치면 어쩌나 걱정하지도 않고 온 힘을 다해 마구 잡아당겼다. 그러나 그 아기를 낳은 진짜 어머니는 아이를 매우 사랑하기 때문에 끌려가면서도 아이를 아껴 차마 잡아당기지 못하였다. 왕은 그것을 보고 진짜 어머니와 가짜 어머니를 가려내었다.

왕이 온 힘을 다해 잡아당긴 여자에게 말하였다.

'이 아기는 네 아들이 아니다. 억지로 남의 아기를 욕심낸 것이

다. 이제 내 앞에서 사실대로 고백하라.'

그는 곧 머리를 조아리고 왕에게 아뢰었다.

'사실 거짓말이었습니다. 남의 아기를 억지로 제 아기라 하였습니다. 총명하고 거룩하신 대왕님이시여, 부디 저의 죄를 용서하여 주소서.'

왕은 아기를 어머니에게 돌려주고, 두 사람 모두 풀어주었다.

또 어떤 두 사람이 흰 천을 가지고 와서 서로 자기 것이라 시끄럽게 다투었다. 왕은 또 지혜로 앞서와 같이 판결하였다.

그때 단니기가 왕에게 아뢰었다.

'빚쟁이들이 저를 왕궁으로 데리고 올 때 길가에서 어떤 독사가 저에게 이렇게 간곡히 부탁하였습니다.

〈제 뜻을 대왕님께 여쭈어 주십시오. 무슨 까닭인지 모르겠습니다. 아침에 구멍에서 나올 때는 몸이 부드러워 나오기가 쉬운데, 저녁에 구멍으로 들어갈 때는 구멍에 걸려 고통스럽습니다. 왜 그런지 저는 모르겠습니다.〉'

왕이 대답하였다.

'그것은 까닭이 있다. 아침에 구멍에서 나올 때는 아무 번뇌가 없어 마음이 편하고 부드러우므로 몸도 또한 그런 것이다. 뱀이 밖에 나오면 새와 짐승과 다른 일들이 그 몸을 침노하여 잔뜩 성이 나기 때문에 몸이 곧 거칠고 커진다. 그래서 저녁에 들어갈 때는 구멍에 걸려 들어가기 어려운 것이다. 너는 가거든 그 뱀에게 〈만약 네가 굴 밖에 있을 때 아침에 구멍에서 나올 때처럼 마음을 잘 단속하여 성내지 않으면 그런 걱정은 없을 것이다.〉라고 하라.'

단니기가 또 왕에게 아뢰었다.
'또 길에서 어떤 여자를 만났는데, 그녀가 제게 대왕께 이렇게 여쭈어 달라고 부탁하였습니다.
〈저는 시댁에 있으면 친정이 생각나고, 친정에 있으면 시댁이 생각납니다. 왜 그런지 그 까닭을 모르겠습니다.〉'
왕이 대답하였다.
'그대는 가서 그녀에게 이렇게 말하라.
〈너는 삿된 마음으로 친정 근처에 샛서방을 둔 것이다. 시댁에 있으면 그 샛서방이 생각나고, 그 사람에게 싫증이 나면 도로 본서방이 생각나는 것이다. 그래서 그런 것이다.〉
그리고 또 이렇게 전하거라.
〈네가 만약 마음을 잘 단속하여 삿된 길을 버리고 바른길로 나아가면 그런 걱정은 없을 것이다.〉'
단니기가 또 왕에게 아뢰었다.
'오다가 길가 나무 위에 앉은 꿩 한 마리를 보았습니다. 그 꿩이 제게 대왕께 이렇게 여쭈어 달라고 부탁하였습니다.
〈제가 다른 나무에 있으면 우는 소리가 아름답지 못하고, 이 나무에 있으면 우는 소리가 화창합니다. 왜 그런지 그 까닭을 모르겠습니다.〉'
왕이 말하였다.
'그럴 만한 까닭이 있다. 그 나무 아래에 황금이 담긴 큰 항아리가 있기 때문이다. 그래서 그 위에서 울면 소리가 화창한 것이다. 다른 곳에는 황금이 없어서 아무리 울어도 소리가 아름답지 못한

것이다.'

왕이 이어 단니기에게 말하였다.

'그대는 잘못이 크지만 나는 이미 다 용서하였다. 너는 집이 가난해 고생이 이만저만이 아니다. 까치가 울던 나무 아래 묻힌 항아리의 황금은 내가 가져야 마땅하지만 이제 그것을 너에게 주겠다. 그대는 가서 파 가져라.'

단니기는 왕의 분부를 받고 까치와 뱀과 여인을 찾아가 왕의 대답을 일일이 알려주었다. 그리고 나무 아래 묻힌 황금을 파내 그 돈으로 장사를 하고 농사를 지어 필요한 모든 것들이 어느 하나도 부족하지 않게 되었다. 그렇게 갑자기 큰 부자가 되어 한평생 안락하게 지냈느니라."

부처님께서는 아난에게 말씀하셨다.

"그때의 대왕 아파라제목가는 다른 사람이 아니라 바로 지금의 나이고, 바라문 단니기는 바로 지금 저 바라문 빈두로타사賓頭盧埵闍니라. 나는 옛날에도 그의 온갖 재앙을 구제하고 보물을 주어 안락하게 하였으며, 지금 부처가 되어서도 그의 고통을 덜어 주고 다함이 없는 법 창고의 보물들을 그에게 주었느니라."

아난과 대중들은 부처님 말씀을 듣고 기뻐하여 받들어 행하였다.

지혜로운 자와 어리석은 자의 이야기
- 현우경 -

●

제12권

원위元魏 시대에 양주涼州의 사문 혜각慧覺 등이
고창군高昌郡에서 한역하였다.

48

사질의 아들 마두라슬질

나는 다음과 같이 들었다.

언젠가 부처님께서 사위국의 기수급고독원에 계실 때였다.

그때 그 나라에 한 바라문이 있었는데, 이름이 사질師質이었다. 그는 집이 큰 부자였으나 아들이 없었다. 그래서 외도들의 여섯 스승을 찾아가 그 까닭을 물었다.

외도들의 여섯 스승은 이렇게 대답하였다.

"너의 관상을 보니 아들이 없다."

집으로 돌아온 사질은 때 묻은 옷을 입고 근심에 잠겨 가만히 생각하였다.

'나는 자식이 없다. 만약 내가 하루아침에 죽기라도 한다면 우리 집 재산은 모두 국왕의 재산으로 몰수된다.'

이렇게 생각하자 번민이 더욱 깊어졌다.

그 바라문의 아내에게는 친하게 지내던 한 비구니가 있었다. 마침 그 비구니가 그의 집에 왔다가 그 집 주인이 근심하고 번민하는 것을 보고는 그의 아내에게 물었다.

"바깥주인은 왜 저렇게 근심하고 번민하고 계십니까?"

부인이 대답하였다.

"집에 자식이 없어서 외도들의 여섯 스승을 찾아가 물었더니 여섯 스승이 자식이 없을 것이라고 점쳤답니다. 그래서 근심하는 것입니다."

그러자 비구니가 말하였다.

"저 외도들의 여섯 스승은 일체를 아는 지혜가 없습니다. 어떻게 사람의 업행業行의 인연을 알 수 있겠습니까? 지금 모든 법을 밝게 아시고 과거와 미래에 막힘이 없는 부처님이 세상에 계십니다. 그분께 찾아가 여쭤보시면 반드시 다 아실 것입니다."

비구니가 떠난 뒤 아내는 조금 전 자기가 들은 이야기를 바라문에게 모두 이야기하였다. 남편은 그 말을 듣고 곧 마음이 열렸다. 바라문은 새 옷으로 갈아입고 부처님께 나아가 머리 조아려 발아래 예배하고 아뢰었다.

"제 관상에 자식이 있습니까?"

부처님께서 말씀하셨다.

"당신에게는 복덕을 두루 갖춘 자식이 있을 것입니다. 그 아이가 자라면 출가하길 원할 것입니다."

바라문은 이 말씀을 듣고 한량없이 기뻐하였다.

"자식이 있기만 하다면 출가하여 도를 배우는 것이야 무엇이 해롭겠습니까?"

바라문은 곧 다음날 자기 집에서 공양을 올리겠다며 부처님과 스님들을 초청하였다. 부처님께서는 잠자코 승낙하셨다.

이튿날 때가 되자, 부처님께서는 스님들과 함께 그 집으로 가셨다. 모두 좌정하자, 바라문 부부는 정성을 다하여 음식을 올렸다. 대중이 공양을 마치자, 부처님과 스님들은 머물던 곳으로 돌아가셨다.

돌아오던 길에 어느 늪을 지날 때였다. 그 가운데 아주 맑고 시원한 샘물이 있자, 부처님께서는 비구들과 함께 그곳에서 쉬셨다. 비구들은 그 샘물에 각자 발우를 씻었다. 그때 어떤 원숭이 한 마리가 아난에게 다가와 발우를 달라고 청하였다. 아난은 깨뜨릴까 걱정돼 주려 하지 않았다. 그러자 부처님께서 그걸 보고 말씀하셨다.

"염려 말고 어서 주거라."

아난은 분부를 받고 원숭이에게 발우를 주었다. 원숭이는 그 발우를 가지고 벌꿀이 달린 나무로 가서 벌꿀을 가득 담아 부처님께 올렸다.

그러자 부처님께서 말씀하셨다.

"그 가운데 있는 더러운 것은 버리거라."

원숭이는 곧 거기에 섞인 죽은 벌들을 집어내어 버리고 아주 깨끗하게 만들었다.

그러자 부처님께서 또 말씀하셨다.

"거기에 물을 타거라."

원숭이는 말씀대로 물을 타고 잘 저어서 부처님께 올렸다. 부처님께서는 그것을 받아 대중들에게 나누어 주며 모두가 골고루 마시게 하였다. 원숭이는 기뻐 날뛰면서 일어나 춤을 추었다. 그러다가 그만 큰 구덩이에 떨어져 죽고 말았다. 그 원숭이의 혼은 사질 바라문 집에 태어났다.

그때 사질의 아내에게 태기가 있더니 열 달을 채우고 아들을 낳았다. 아기는 얼굴이 단정하기가 세상에 드물었다. 아기가 태어나던 날에는 온 집안의 그릇마다 저절로 꿀이 가득 담겨 있었다. 사질 부부는 기쁨을 이기지 못하였다. 부부는 관상가들을 불러 아이의 길흉을 점치게 하였다. 관상가들이 점을 치고는 말하였다.

"이 아기는 덕이 있고 비할 바 없이 매우 좋습니다."

그리고 이름을 마두라슬질摩頭羅瑟質(중국 말로는 밀승蜜勝)이라 하였다. 아이가 처음 태어나던 날 그릇마다 꿀이 가득 담기는 상서가 있었기 때문에 그렇게 이름을 붙인 것이다.

아이는 성장하자 출가하기를 원하였다. 하지만 부모는 그를 사랑하고 아껴 놓아주지를 않았다. 아이는 다시 간절하게 부모에게 아뢰었다.

"기어코 저의 소원을 들어주지 않으시겠다면 저는 세상에 있지 않고 죽고 말겠습니다."

부모는 의논하였다.

"옛날에 부처님께서도 아이가 자라면 출가할 것이라고 이미 예언하셨소. 지금 굳이 만류하면 혹 죽을지도 모르오. 들어줍시다."

이렇게 결정하고 아이에게 말하였다.

"네 뜻대로 하라."

아이는 매우 기뻐하며, 부처님께 찾아가 머리 조아려 예배하고 출가를 원하였다. 부처님께서 "잘 왔구나, 비구여."라고 하시자, 그의 수염과 머리카락이 저절로 떨어지고 법복이 몸에 입혀져 이내 사문이 되었다. 부처님께서는 그를 위해 4성제의 미묘한 법과 갖가지 이치를 자세히 설명하셨다. 그는 마음이 열리고 번뇌가 사라져 아라한이 되었다.

그는 비구들과 함께 세간에 나가 노닐었다. 그리고 목이 마르거나 배가 고플 때마다 매번 발우를 공중으로 던졌다. 그러면 발우에 저절로 꿀이 가득 담겼다. 그것을 여러 사람이 같이 마시고 모두 배를 채웠다.

그때 아난이 부처님께 여쭈었다.

"세존이시여, 마두라슬질은 어떤 공덕을 쌓았기에 출가한 지 오래지 않아 아라한이 되었으며, 또 필요한 것이 있으면 모두 마음대로 얻어집니까?"

부처님께서 말씀하셨다.

"너는 예전에 사질의 공양을 받았던 일을 기억하느냐?"

"기억합니다."

"아난아, 그의 집에서 공양하고 돌아오다가 늦에 이르렀을 때, 어떤 원숭이가 너에게 발우를 달라고 하더니 꿀을 담아 여래에게 올렸지. 여래가 그것을 받자, 원숭이는 기뻐서 일어나 춤을 추다가 구덩이에 떨어져 그만 죽고 말았지. 너는 그것도 기억하느냐?"

"기억합니다."

부처님께서 말씀하셨다.

"아난아, 그 원숭이가 바로 지금의 저 마두라슬질이다. 그는 여래를 보고 기뻐하며 꿀을 공양하였기 때문에 저 바라문 집에 얼굴이 단정한 아이로 태어난 것이고, 출가하여 도를 배워서는 빨리 아라한이 된 것이다."

아난이 꿇어앉아 거듭 부처님께 아뢰었다.

"그는 어떤 인연으로 원숭이로 태어났습니까?"

부처님께서 말씀하셨다.

"아득히 먼 옛날 가섭 부처님 시절에 한 젊은 비구가 있었다. 그는 다른 사문이 개울을 뛰어넘는 것을 보고 말하였다.

'저 사람은 매우 날쌘 것이 꼭 원숭이 같구나.'

그러자 그 사문이 이 말을 듣고 곧 물었다.

'너는 나를 아는가?'

'알지요. 당신은 가섭 부처님 제자인데, 왜 내가 모르겠소?'

그러자 그 사문이 다시 말하였다.

'너는 나를 이름만 사문인 가짜 사문이라 부르지 말라. 나는 사문의 모든 과위를 빠짐없이 다 갖추었다.'

젊은 비구는 이 말을 듣고 온몸의 털이 곤두섰다. 젊은 비구는 곧 땅에 엎드려 애걸하면서 참회하였다. 그렇게 참회함으로 말미암아 지옥에 떨어지지는 않았다. 하지만 아라한을 원숭이 같다고 비방하였기 때문에 500생애 동안 늘 원숭이가 되었다. 그러나 일찍 출가하여 계율을 지켰기 때문에 지금 나를 만나 맑은 교화에 목욕하고 온갖 고통에서 벗어난 것이니라."

부처님께서 이어 말씀하셨다.

"그때의 그 젊은 비구가 바로 지금의 저 마두라슬질이니라."

그때 아난과 대중들은 부처님 말씀을 듣고, 슬픔과 기쁨이 한데 뒤섞여 모두 이렇게 말하였다.

"몸과 말과 뜻의 업은 단속하지 않으면 안 되겠구나. 그 젊은 비구도 단속하지 못했기 때문에 그런 과보를 받은 것이다."

부처님께서는 아난에게 "네 말과 같다." 하시고, 이어 사부대중을 위하여 온갖 법을 자세히 설하시어 그들의 몸과 말과 뜻을 깨끗하게 해주셨다.

대중들은 부처님의 말씀을 듣고는 마음의 때가 없어지고 각기 도의 자취를 얻어 수다원을 얻는 이도 있고, 사다함·아나함이나 아라한까지 얻는 이도 있었으며, 위없는 바르고 참된 도의 뜻을 일으키는 이도 있고, 혹은 물러나지 않는 자리에 머무르게 된 이도 있었다.

대중들은 부처님 법을 듣고 모두 기뻐하면서 정성껏 받들어 행하였다.

49

단미리 비구의 전생

나는 다음과 같이 들었다.

언젠가 부처님께서 왕사성의 대나무 동산에 계실 때였다.

그때 구살라국拘薩羅國에 담마관질曇摩貫質이라는 한 장자가 있었다. 그는 귀한 신분에 큰 부자였지만 자식이 없었다. 그래서 나라 안의 천지신명에게 빌어 아들을 구하였다. 그 정성에 신이 감동하여 드디어 그의 아내가 아이를 가지게 되었다. 아내가 달이 차서 한 사내아이를 낳았는데, 그 아기는 몸이 단정하기가 세상에 드물었다. 장자는 관상가를 불러 길흉을 점치게 하였다. 관상가는 점을 치고 그 아기에게 덕이 있음을 알고서 이름을 단미리檀彌離라 하였다.

단미리가 장성하고 그의 아버지가 돌아가셨다. 그러자 파사닉왕은 아버지의 벼슬을 그에게 봉封하였다. 그때 그의 아버지 집이 모두 일곱 가지 보배로 변하고 여러 창고에 온갖 물건들이 가득 차게 되었다.

한편 왕자 유리琉璃가 열병에 걸려 매우 위중하게 되었다. 의사들은 처방을 내리기를, 붉은 우두전단牛頭栴檀을 구해 몸에 바르면 병이 나을 수 있다고 하였다. 왕은 곧 온 나라에 영을 내렸다.

"누가 붉은 우두전단을 가지고 있는가? 왕가로 그것을 가져오면 그 값으로 1,000냥의 황금을 주리라."

이렇게 널리 알렸지만 가져오는 이가 없었다. 그때 어떤 사람이 왕에게 아뢰었다.

"구살라국의 단미리 장자 집에 그것이 많이 있습니다."

왕은 그 말을 듣고, 말이 모는 수레를 타고서 직접 우두전단을 구하러 나섰다. 왕이 단미리 장자의 집 문 앞에 이르자, 문지기는 들어가 아뢰었다.

"파사닉왕이 문밖에 계십니다."

장자는 기뻐하며 곧 나와 맞이하고, 왕에게 집으로 들어오시라 청하였다. 그의 집은 궁궐 같았다. 먼저 바깥문을 보니 전체가 하얀 은으로 만들어져 있었고, 그 문 안에 한 여자가 있는데 얼굴이 단정하기가 세상에 둘도 없었다. 여자는 은 평상에 걸터앉아 은실을 뽑고 있었는데, 소녀 열 명이 좌우에서 그녀를 모시고 있었.

왕이 물었다.

"저 여인이 그대 부인인가?"

장자는 대답하였다.

"아닙니다. 문지기 종입니다."

왕이 이어서 물었다.

"저 소녀들은 무슨 일을 하는가?"

"말 심부름하는 종입니다."

그 다음 가운데 문으로 들어섰다. 그 문은 전체가 짙푸른 유리로 만들어져 있었다. 그 문 안에 또 한 여자가 있는데 앞에서 본 여자보다 얼굴이 더 아름다웠다. 또 좌우에서 그녀를 모시는 시녀의 숫자도 앞에서 본 여인보다 배나 더 많았다.

왕은 다시 안쪽 문으로 들어섰다. 그 문은 황금으로 만들어져 있었다. 그 문 안에 또 한 여자가 있는데, 그녀는 앞에서 본 여자들보다도 얼굴이 더 아름다웠다. 그녀는 황금 평상에 앉아 금실을 뽑고 있었으며, 좌우에서 모시는 시녀의 숫자도 앞에서보다 배나 더 많았다.

왕이 또 물었다.

"저 여인이 그대 부인인가?"

"아닙니다."

드디어 집 안으로 들어섰다. 그 집은 바닥이 물처럼 맑고 투명한 유리로 되어 있고, 건물 사이에 갖가지 동물 모양과 물에서 사는 벌레들 모양이 새겨져 있었다. 그래서 바람이 불면 동물 조각들이 흔들리면서 그 영상이 바닥에 비쳐 이리저리 움직였다. 왕은 그것을 보자 무섭기도 하고 또 의심도 생겨 '이것이 진짜 물인가?' 싶었다. 그래서 그에게 물었다.

"다른 데 땅이 없어 이 대궐 같은 집 앞에다 못을 팠는가?"

단미리가 대답하였다.

"이것은 물이 아니라 유리입니다."

그러고는 곧 손가락에서 일곱 가지 보배로 만든 반지를 빼 바닥에 던졌다. 반지는 굴러가다가 벽에 부딪혀 멈추었다.

왕은 그것을 보고 기뻐하면서 함께 안으로 들어가 일곱 가지 보배로 만든 대궐 같은 집으로 올라갔다. 단미리의 부인이 그 전각에 앉아 있는데 그녀가 앉은 평상도 짙푸른 유리로 만든 것이었다. 부인은 왕에게 따로 마련된 아름다운 평상에 앉기를 청하였다. 그리고 곧 눈물을 흘렸다.

그러자 왕이 물었다.

"왜 눈물을 흘리는가. 무엇이 불쾌한가?"

부인이 대답하였다.

"왕께서 찾아주시니 너무나 기쁩니다. 다만 대왕님의 옷에 연기 기운이 있어 제 눈물에서 자꾸 눈물이 흐르는군요. 불쾌해서가 아닙니다."

"그럼 너희 집에서는 불도 때지 않는가?"

"불을 피우지 않습니다."

"그러면 무엇으로 음식을 만드는가?"

"음식을 먹고 싶을 때면 온갖 맛있는 음식이 저절로 앞에 놓입니다."

"날이 어두워지면 무엇으로 밝히는가?"

"마니주摩尼珠를 씁니다."

부인은 곧 문과 창문을 닫고 마니주를 꺼냈다. 그러자 방 안이 대낮보다 더 환했다.

그때 단미리가 꿇어앉아 왕에게 아뢰었다.

"대왕께서는 무슨 일로 이곳까지 왕림하셨습니까?"

왕이 말하였다.

"내 아들 유리가 병에 걸려 위중하다. 우두전단을 써야 낫는다기에 그것을 구하러 일부러 찾아왔다."

단미리는 기뻐하며 왕을 모시고 창고로 들어가 그 물건을 가리켰다. 창고에 있는 진기한 일곱 가지 보물들은 맑고 깨끗하며 햇살처럼 빛났고, 쌓여 있는 우두전단은 이루 다 헤아릴 수도 없었다.

단미리가 왕에게 말하였다.

"필요한 만큼 가지십시오."

"나는 두 냥이 필요하네."

단미리는 우두전단을 충분한 양만큼 잘라 주면서, 곧 시종에게 그것을 가지고 먼저 왕궁으로 돌아가게 하였다.

그러자 왕이 그에게 공경하는 마음이 생겼다. 그래서 이렇게 말하였다.

"그대는 부처님을 뵈어야 한다."

단미리가 물었다.

"어떤 분을 부처님이라 합니까?"

왕이 말하였다.

"그대는 듣지 못하였는가? 가유라위迦維羅衛 정반왕의 아들이 늙음·병·죽음을 싫어하여 출가해 도를 배우고 도를 성취하였으니, 그분을 부처님이라 한다. 그분은 서른두 가지 거룩한 모습과 여든 가지 특별한 모양을 갖추었고, 신통과 지혜가 뛰어나 견줄 데가 없으며, 하늘나라와 인간세계에서 가장 존귀하신 분이다. 그래서 '부처님'이라고 부른다."

단미리는 이 말을 듣고 매우 공경하는 마음이 생겨 왕에게 물었다.

"부처님께서는 지금 어디 계십니까?"

"왕사성의 대나무 동산에 계신다."

왕이 떠난 뒤 그는 곧 부처님을 찾아가 뵈었다. 직접 뵈니, 부처님의 위엄스러운 모습은 왕이 찬탄했던 것보다 만 배나 되었다. 단미리는 부처님을 뵙고 마음으로 기뻐하며 땅에 엎드려 예배하고 문안드렸다. 그러자 부처님께서 그를 위해 법을 설하셨다.

부처님의 설법을 들은 단미리는 그 자리에서 수다원의 도를 얻었다. 단미리는 곧 꿇어앉아 합장하고 승려가 되기를 원하였다. 부처님께서는 바로 허락하셨다. 부처님께서 "잘 왔구나, 비구여." 하시자, 그의 수염과 머리카락이 저절로 떨어지고 몸에 법복이 입혀졌다. 부처님께서는 그를 위해 4성제인 괴로움과 괴로움의 원인과 괴로움의 사라짐과 괴로움이 사라지는 길을 설명하셨다. 그는 마음의 때가 완전히 사라져 아라한이 되었다.

그때 아난과 비구들이 합장하고 부처님께 여쭈었다.

"단미리 비구는 전생에 어떤 공덕을 지었기에 인간으로 태어나 하늘나라의 복을 누렸으며, 또 세속의 쾌락을 좋아하지 않고 출가하여 얼마 지나지도 않아 도를 얻은 것입니까?"

부처님께서 아난에게 말씀하셨다.

"잘 들어라. 설명하리라. 아득히 먼 옛날 91겁 전에 비바시毘婆尸라는 부처님이 세상에 계시다가 돌아가셨다. 그리고 그분의 상법像法 시대에 세상에 다섯 비구가 있었다. 그들은 서로 맹세하고 고요한 곳을 찾아 함께 도를 닦기로 하였다. 그러다 어떤 숲을 발견하였는데 그곳에는 맑고 달콤한 샘이 있고 또 매우 깨끗하여 좋아할 만하였다.

그때 그들 중 네 비구가 한목소리로 다른 한 비구에게 권하였다.

'여기서 성까지 길이 멀어 걸식하기가 매우 힘듭니다. 그대가 복을 짓기 위해 우리를 공양하시오.'

그러자 그 한 비구는 곧 승낙하고 세간에 나가 여러 시주에게 권하여 날마다 음식을 보내었다. 네 비구는 몸이 편안했던 덕분에 부지런히 도를 닦아 90일 만에 도를 얻었다. 그들은 한마음으로 그 한 비구에게 말하였다.

'그대 덕분에 우리가 편안히 지내면서 본래 소원을 이제 이루었소. 무엇을 원하시오? 당신 마음대로 말씀하시오.'

그때 그 비구가 마음으로 기뻐하며 말하였다.

'내가 다음 생에 하늘나라나 인간에서 저절로 부자에다 귀한 사람이 되게 하고, 무엇이건 원하는 것이 있으면 힘들지 않아도 모두 생기게 하소서. 그리고 여러분보다 백천만 배 뛰어난 거룩한 스승을 만나 법을 듣고 마음이 깨끗해져 빨리 도를 얻게 하소서.'"

부처님께서 이어 아난에게 말씀하셨다.

"그때 그 한 비구가 바로 지금의 저 단미니라. 그는 네 비구를 이바지한 덕분에 91겁 동안 하늘나라와 인간세계에서 부귀하고 존엄한 집에 태어나고 빈궁하거나 비천한 집에는 살지 않았으며, 또 지금 나를 만나 도를 얻고 세상을 제도하게 된 것이니라."
 그때 아난과 비구들은 부처님의 말씀을 듣고는 제각기 권하고 독려하면서 부지런히 도를 닦았다. 그리하여 수행의 첫 번째 과위를 얻는 이도 있고, 나아가서 수행의 네 번째 과위를 얻는 이도 있었으며, 널리 구제할 마음을 일으켜 물러나지 않게 된 이도 있었다.
 대중들은 모두 기뻐하며 부처님의 가르침을 높이 받들어 행하였다.

상호 비구의 전생

나는 다음과 같이 들었다.

언젠가 부처님께서 사위국의 기수급고독원에 계실 때였다.

그때 마갈국의 한 장자가 아들을 낳았는데, 얼굴이 원만하고 매우 사랑스러웠다. 그리고 아기가 태어나던 날, 창고 안에서 한 마리의 황금 코끼리가 저절로 나왔다. 부모는 매우 기뻐하며 곧 관상가를 불러 아들의 이름을 짓게 하였다. 관상가는 아기의 복스러운 얼굴을 보고 부모에게 물었다.

"이 아기가 태어날 때 어떤 상서로운 징조가 있었습니까?"

부모가 대답하였다.

"황금 코끼리 한 마리가 저 아기와 같이 태어났다."

그래서 이름을 상호象護라 하였다.

아이가 차츰 자라나자 코끼리도 따라 자랐다. 아이가 걸음을 걸으면 코끼리도 걸음을 걸었다. 나거나 들거나 가거나 멈추거나 코끼리는 항상 그 아이 곁을 떠나지 않았다. 그러다 아이가 귀찮아하면 곧 가만히 안에 들어앉았다. 그 코끼리는 대소변도 질 좋은 황금을 배설하였다.

상호는 항상 여러 장자의 아들 500명과 어울려 함께 놀러 다녔다. 그때마다 그들은 제각기 자기 집안의 특별한 점을 자랑하였다.

어떤 이는 이렇게 말하였다.

"우리 집은 방이건 평상이건 앉는 자리건 모두 일곱 가지 보배로 만들어졌다."

어떤 이는 말하였다.

"우리 집은 방에다 동산의 숲까지도 온갖 보배로 되어 있다."

또 어떤 이는 말하였다.

"우리 집 창고에는 오묘한 보배가 항상 그득하다."

이렇게 다들 자랑을 늘어놓았다.

그때 상호도 말하였다.

"내가 태어나던 날, 우리 집에서 황금 코끼리 한 마리가 저절로 태어났다. 내가 자라서 걸음을 걷게 되자 그 코끼리 또한 그랬고, 언제고 내 뜻을 거스르는 법이 없다. 나는 늘 그 코끼리를 타고 사방으로 놀러 다니는데, 느리고 빠른 속도를 내 뜻대로 조정할 수 있어 마음에 쏙 든다. 그리고 그 코끼리는 대소변까지도 완전히 질 좋은 황금이다."

그때 왕자 아시세阿闍貰도 그들 속에 있었다. 아사세는 상호의 말을 듣고 가만히 생각하였다.

'만약 내가 왕이 된다면 그 코끼리를 빼앗으리라.'

아사세는 왕이 되자 곧 상호를 불러 코끼리를 데리고 궁중으로 같이 들어오라 하였다.

그때 상호의 아버지가 아들에게 말하였다.

"아사세왕은 포악하고 무도하며 욕심이 많고 인색하다. 자기 아버지까지 해쳤는데 하물며 다른 사람이겠냐? 지금 너를 부른 것은 네 코끼리가 탐나서 그런 것이니, 혹 빼앗길 수도 있다.

그러자 아들이 말하였다.

"제 코끼리는 누구도 빼앗을 수 없습니다."

부자는 그 코끼리를 같이 타고 왕에게 찾아갔다. 그러자 문지기가 곧 들어가 왕에게 아뢰었다.

"상호 부자가 코끼리를 타고 문안에 와 있습니다."

왕은 말하였다.

"코끼리를 탄 채로 들어오라 하라."

문지기는 다시 나가 그대로 전하였다.

상호 부자는 코끼리를 탄 채로 들어가 궁궐 안에 이르러서야 코끼리에서 내렸다. 그리고 왕에게 꿇어앉아 절을 올리고 안부를 여쭈었다. 왕은 매우 기뻐하며 자리에 앉으라 하고 음식을 대접하였다. 이런저런 이야기를 몇 마디 나눈 뒤, 상호 부자는 이내 왕을 하직하고 떠나려 하였다. 그러자 왕이 상호에게 말하였다.

"코끼리는 여기 두라. 데려가지 말라."

상호는 기꺼이 왕의 명을 받들어 코끼리를 남겨 두고 걸어서 궁을 나왔다. 그러자 오래지 않아 코끼리가 땅속으로 사라지더니 궁궐 문밖에서 솟았다. 그래서 상호는 다시 그 코끼리를 타고 집으로 돌아갔다.

조금 있다가 상호는 생각하였다.

'국왕은 무도하여 함부로 벌을 준다. 내가 이 코끼리 때문에 혹해를 당할지도 모른다. 지금 부처님께서 세상에 계시면서 중생들에게 은혜를 베푸신다. 나는 차라리 출가해 청정한 범행梵行을 닦는 것이 낫겠다.'

상호는 곧 부모님에게 아뢰고 도에 들어가기를 청하였다. 부모님은 허락하였다. 상호는 부모님을 하직하고 황금 코끼리를 타고서 기원정사로 찾아갔다. 상호는 부처님을 뵙고 머리를 조아려 예배하면서 자기 뜻을 아뢰었다. 부처님께서는 곧바로 허락하시며 "잘 왔구나, 비구여."라고 하셨다. 그러자 그의 수염과 머리카락이 저절로 떨어지고 가사가 몸에 입혀져, 이내 사문이 되었다. 부처님께서는 그를 위해 4성제의 요긴한 법을 말씀하셨다. 상호는 신령한 마음으로 훌쩍 깨달아 곧 아라한이 되었다.

상호가 비구들과 함께 숲속 나무 아래에서 깊이 사유하며 도를 닦을 때마다 황금 코끼리는 항상 상호의 눈앞에 있었다.

사위국 사람들이 황금 코끼리에 관한 소문을 듣고는 그것을 구경하려고 앞다퉈 몰려들었다. 그래서 숲이 갑자기 요란스럽고 조용하지 못해 도를 닦는 데 방해가 되었다.

그래서 비구들이 자신들의 뜻을 부처님께 아뢰었다. 그러자 부처님께서 상호에게 말씀하셨다.

"이 코끼리 때문에 번잡스럽게 되었다. 너는 얼른 그 코끼리를 보내도록 하라."

상호가 부처님께 아뢰었다.

"오래전부터 보내려고 했지만, 저 코끼리가 가려고 하지를 않습니다."

부처님께서 다시 말씀하셨다.

"너는 코끼리에게 이렇게 말하거라.

'이제 우리는 인연이 다하였다. 내게 더는 네가 필요 없다.'

이렇게 세 번 말하면 코끼리가 사라질 것이다."

상호는 부처님 분부대로 코끼리에게 세 번 말하였다.

"내게 더는 네가 필요 없다."

그러자 황금 코끼리는 곧 땅속으로 사라졌다.

그때 비구들이 모두 괴이하게 여기며 부처님께 여쭈었다.

"상호 비구는 전생에 어떤 덕을 닦고 어떤 복된 밭에 선근善根을 심었기에 저처럼 뛰어난 과보를 얻었습니까?"

그러자 부처님께서 아난과 비구들에게 말씀하셨다.

"삼보의 복된 밭에 작은 선근이라도 심는 중생이 있다면, 그는 끝없는 과보를 얻느니라. 옛날 가섭 부처님 시절에는 세상 사람의 수명이 2만 세였다. 그 부처님께서 널리 교화를 마치고 세상을 떠나 열반에 드시자, 그 영골靈骨을 나누어 많은 곳에 세웠느니라.

그때 한 탑에, 보살이 도솔천에 계시다가 코끼리를 타고 내려와 어머니 태에 들어가는 장면을 새긴 형상이 있었는데, 그 코끼리의 몸이 약간 벗겨지고 파손되어 있었다. 마침 어떤 사람이 그곳에서 탑돌이를 하다가 코끼리의 몸이 파손된 것을 보게 되었다. 그는 생각하였다.

'이것은 보살께서 타신 코끼리이다. 이제 파손되었으니 내가 수리해야겠다.'

그는 진흙에 자황雌黃을 섞어 코끼리 상을 보수하고, 서원을 세웠다.

'제가 미래에 항상 부귀한 집에 태어나 재물이 부족하지 않게 하소서.'

그는 목숨을 마치고 하늘나라에 태어났다가 하늘나라의 수명을 마치고는 다시 인간세계에 태어났다. 그는 늘 부귀한 집에 태어났고, 얼굴이 세상에 드물 만큼 단정하였으며, 항상 황금 코끼리가 따라다니면서 그를 호위하였다."

부처님께서 이어 아난에게 말씀하셨다.

"알고 싶으냐? 그때 탑의 코끼리 상을 수리했던 사람이 바로 저 상호이니라. 그는 가섭 부처님 세상에서 코끼리 상을 수리하였기 때문에 그 뒤로는 하늘나라와 인간세계에서 저절로 복을 받았고, 공경하는 마음으로 삼보를 받들었기 때문에 지금 나를 만나 묘한 교화를 받고 마음의 때가 완전히 사라져 아라한이 된 것이니라."

혜명慧命 아난과 대중들은 부처님 말씀을 듣고 모두 마음이 열리고 이해하여 제각기 제자리를 얻었다. 그리하여 수다원을 얻는 이도 있었고, 사다함·아나함이나 아라한까지 얻는 이도 있었으며, 위없는 바르고 참된 도의 마음을 일으키는 이도 있었고, 물러나지 않는 자리를 증득한 이도 있었다.

그리하여 모두 기뻐하고 공경하며 받들어 행하였다.

51

미륵의 외삼촌 파바리

나는 다음과 같이 들었다.

언젠가 부처님께서 왕사성 취두산鷲頭山에서 큰 제자 1,250명과 함께 계실 때였다.

그때 바라나국의 왕 이름은 바라마달波羅摩達이었다. 그 왕의 재상이 아들을 낳았는데, 서른두 가지 거룩한 모습과 온갖 좋은 모양을 모두 갖추었으며, 피부가 붉은 황금색이요, 생김새도 매우 빼어났다.

재상은 아들을 보고 매우 기뻐하며 곧 관상가를 불러 그 상을 점치게 하였다. 관상가는 자세히 살펴보고 찬탄하면서 말하였다.

"기이합니다. 온갖 좋은 상이 모두 원만합니다. 공덕을 두루 갖추었으며 지혜와 변재를 통달하여 사람 가운데서 뛰어날 것입니다."

재상은 더욱 기뻐하며 이름을 지으라 하였다.

관상가가 물었다.

"이 아기가 생기고 어떤 이상한 일이 있었습니까?"

재상이 대답하였다.

"참으로 이상하였다. 그의 어미는 본래 성질이 선량하지 않았다. 그런데 아기를 가진 뒤로는 불행한 사람을 가엾이 여기고 중생을 사랑하여 평등한 마음으로 보호하고 도우려 하였다."

관상가가 기뻐하며 말하였다.

"그것은 아기의 뜻입니다."

이내 이름을 미륵彌勒으로 지었다. 부모는 한량없이 기뻐하였다.

그 아이의 뛰어난 이름은 온 나라에 퍼졌다. 왕은 소문을 듣고 두려움을 품었다. 그래서 이런 생각을 하였다.

'그 어린아이는 이름도 형상도 너무나 아름답다. 혹 높은 공덕이라도 있게 되면 반드시 내 자리를 빼앗을 것이다. 자라기 전에 미리 제거해 버려야겠다. 오래 두면 반드시 화가 될 것이다.'

이렇게 계획하고 곧 재상에게 분부하였다.

"그대에게 아들이 있는데 그 모습이 매우 특이하다고 들었소. 그대는 그 아이를 한번 데리고 오도록 하시오. 나도 보고 싶소."

그때 궁궐 안 사람들은 왕이 아이를 보고자 한다는 소문을 듣고는 아이를 제거하려는 왕의 계획을 알아차리고 속이 시커멓게 타들어 갔다.

그 아이에게 파바리波婆梨라는 외삼촌이 있었다. 그는 파리불다라국波梨弗多羅國의 국사國師로서 총명하고 지식이 많으며 지혜와 재주가 뛰어나 500명의 제자가 항상 그를 따라다니며 배웠다.

그때 재상은 사랑하는 자기 아들이 왕에게 해를 입을까 두려웠다. 그래서 몰래 꾀를 내어, 사람을 시켜 아이를 코끼리에 태워서 외삼촌에게 보내었다. 외삼촌은 미륵의 훌륭한 모습을 보고 더욱 사랑하고 중히 여겨 마음에 두고 길렀다. 미륵이 자라자 공부를 시켰는데, 미륵은 하루 배우는 것이 다른 아이들 1년 배운 것보다 많았다. 그래서 미륵은 공부를 시작한 지 채 1년도 되지 않아 모든 경서를 두루 통달하였다.

그때 파바리는 외조카가 공부를 시작한 지 얼마 되지도 않아 모든 경서를 통달한 것을 보고, 큰 연회를 베풀어 그 이름을 널리 알리고자 하였다. 그리하여 아이의 아버지인 재상에게 아이의 학습 정도를 말하고 약간의 보물을 청하여 연회를 베풀려고 한 제자를 바라나에 보냈다.

그 제자는 바라나로 가던 도중 어떤 사람에게서 부처님의 한량없는 덕행을 듣고는 사모하는 마음이 생겨 부처님을 뵈려고 부처님 계신 곳으로 찾아가게 되었다. 그러나 부처님 계신 곳에 도착하지 못하고 중간에 그만 호랑이에게 잡아먹히고 말았다. 그는 그런 착한 마음을 일으킨 덕분에 첫째 사왕천에 태어났다.

파바리는 할 수 없이 자기 재산을 몽땅 털어서 큰 연회를 마련하고, 모든 바라문을 다 초대하여 갖가지 맛있는 음식을 공양하였다. 또 연회를 마치고는 다시 한 사람에게 각각 500냥씩 크게 보시하였다. 이렇게 보시하고 나자 그의 재산이 완전히 바닥이 나버렸다.

그때 노도차勞度差라는 바라문이 마지막에 찾아와서 파바리를 보고 말하였다.

"내가 늦게 왔습니다. 비록 음식은 얻어먹지 못했지만, 저들처럼 나에게도 돈을 500냥 주십시오."

파바리가 말하였다.

"이제 내 재산이 완전히 바닥나 당신의 요구를 들어줄 수 없습니다."

"당신이 보시한다는 말을 듣고 기대하고 찾아왔는데, 왜 보시하지 않고 헛걸음을 시키시오. 만약 끝내 거절하고 주지 않으면 당신은 이레 뒤에 머리가 일곱 조각으로 부서질 것이오."

파바리는 이 말을 듣고 가만히 생각하였다.

'세상에는 모진 주문呪文이나 다른 고도蠱道가 있어 무시할 수 없으니, 혹 그렇게 될지도 모른다. 하지만 재물이 이제 다 떨어졌으니 갑자기 어떻게 할 방법이 없구나.'

이렇게 생각하고는 매우 근심하고 두려워하였다.

그때 스승의 심부름으로 바라나로 가다가 죽어서 하늘나라에 태어난 제자가 자기 스승이 의지할 곳이 없어 근심에 잠긴 것을 보고는, 곧 하늘에서 내려와 스승 앞에 이르렀다. 그가 스승에게 물었다.

"왜 걱정하십니까?"

스승은 사정을 자세히 이야기하였다. 하늘은 그 말을 듣고 곧 스승에게 아뢰었다.

"그 노도차란 자는 최상의 법을 알지 못합니다. 그는 어리석고 미혹하며 사악한 사람입니다. 그가 뭘 할 수 있다고 그처럼 걱정하십니까? 지금 부처님께서 계시니, 그분만이 최상의 법을 아는 위없는 법왕法王이요 특별히 귀의할 만한 어른이십니다."

그때 파바리는 하늘나라 신에게서 부처님이란 말을 듣고 다시 물었다.

"부처님이란 어떤 분인가?"

하늘나라 신이 곧 대답하였다.

"부처님께서는 가비라위 정반왕의 아들로 태어나셨습니다. 그분은 오른쪽 옆구리에서 태어나셨고, 태어나자마자 이내 일곱 걸음을 걸으면서 '하늘나라와 인간세계에서 제일 높다.'라고 말씀하셨습니다. 그분은 서른두 가지 거룩한 모습과 여든 가지 특별한 모양을 갖추어 그 광명이 천지를 비추었고, 범천과 제석천이 곁에서 모셨으며, 서른두 가지 상서가 천지를 흔들면서 나타났습니다.

관상가들은 그 상을 보고 두 가지로 예언하였으니, '집에 있으면 전륜성왕이 될 것이요, 집을 떠나면 부처가 될 것이다.'라고 하였습니다. 그분은 늙음과 질병과 죽음을 보고는 나라의 왕위를 좋아하지 않았습니다. 그래서 궁궐의 성벽을 뛰어넘고 나라를 벗어나 6년 동안 고행한 끝에 보리수 아래에서 16억이나 되는 마귀의 군대를 쳐부수었습니다. 그리고 이른 새벽에 불법을 두루 성취하여 3명明 · 6통通 · 10력力 · 무외無畏 · 18불공不共을 모두 원만히 갖추었습니다.

바라나로 가서 처음으로 법륜을 굴리시자 아야 교진여 등 다섯 사람은 번뇌가 사라졌고, 하늘나라의 신 8만 명은 법안이 깨끗해졌으며, 무수한 천인天人들이 큰 도의 뜻을 일으켰습니다.

그 다음 마갈로 가서 울비라와 사리불·목건련 등을 제도하시고, 1,250명의 비구를 만들어 교도로 삼으시니, 그것을 중승衆僧이라 합니다.

공덕과 지혜가 헤아릴 수 없어 그것을 통틀어 언급하고자 부처님이라 부르는 것입니다. 그분이 지금 왕사성의 취두산에 계십니다.”

그때 파바리는 부처님의 덕을 찬탄하는 그 말을 듣고 가만히 생각하였다.

'반드시 부처님이 계신다. 우리 책에도 〈부처별(佛星)이 떨어지면서 천지가 크게 진동하면 성인이 출현한다.〉라고 기록되어 있다. 지금 그런 징조가 모두 나타났으니, 아마 그분이 맞는 것 같다.'

그는 곧 미륵 등 제자 16명에게 분부하였다.

"구담을 찾아가 그의 상호를 살펴보거라. 그리고 성인의 모든 상호를 갖추었거든 속으로 이렇게 물어보라.

'우리 스승 파바리에게는 몇 가지 상이 있는가?'

'지금 내 몸에는 두 가지 상이 있다. 첫째는 검푸른 머리카락이요, 둘째는 넓고 긴 혀이니라.'

만약 그가 그것을 알아내거든 다시 속으로 물어보라.

'우리 스승 파바리는 지금 나이가 몇인가?'

'지금 내 나이는 120세이니라.'

만약 그가 그것을 알아내거든 다시 속으로 물어보라.

'우리 스승 파바리는 어떤 종성種姓인가?'

'내 종성을 알고 싶은가? 나는 바라문 종성이니라.'

만약 그가 그것을 알고 대답하거든 다시 속으로 물어보라.

'우리 스승 파바리는 제자가 몇 명인가?'

'지금 나의 제자는 500명이니라.'

만약 그가 이 숫자를 알고 대답한다면 그는 틀림없이 부처님이니, 너희들은 그의 제자가 되어라. 그리고 한 사람을 보내 내게 그 소식을 알리도록 하라."

그때 미륵 등의 제자들은 왕사성으로 떠났다. 그들은 취두산에 이르러 부처님 발자국을 발견하였는데, 천 폭 바퀴 무늬가 그림을 그려놓은 것처럼 분명하였다. 그들이 어떤 사람에게 물었다.

"이것은 누구의 발자국입니까?"

그는 대답하였다.

"그것은 부처님 발자국입니다."

그때 미륵 등 제자들은 드디어 우러러 사모하는 마음이 생겨 그 발자국 주위를 돌면서 간절히 흠모하였다.

그때 찰라刹羅라는 비구니가 죽은 벌레 한 마리를 가져다 부처님 발자국에 두고 미륵 등에게 보이면서 말했다.

"다들 와서 이것을 보십시오. 당신들이 이 발자국을 보고 흠모하고 찬탄하였지만, 이처럼 중생을 밟아 죽였습니다. 무엇을 기이하다 하겠습니까?"

미륵 등은 앞으로 다가가 그 죽은 벌레의 모양을 자세히 살펴보았다. 그랬더니 그것은 저절로 죽은 벌레였다. 그들이 비구니에게 물었다.

"당신은 누구 제자입니까?"

비구니가 대답하였다.

"나는 부처님 제자입니다."

그러자 미륵 등이 그들끼리 말하였다.

"부처님 제자 중에도 이런 사람이 있구나."

그들은 차츰 부처님께로 나아가 멀리서 부처님을 뵙게 되었다. 광명이 밝게 빛나고, 여러 가지 상호가 또렷하였다. 그래서 그 상호를 세어보았는데 두 가지 상이 보이지 않았다. 그러자 부처님께서 곧 그들을 위하여 혀를 내밀어 얼굴을 덮고, 다시 신통으로 음장陰藏을 보게 하셨다. 미륵과 함께 온 이들은 상호의 숫자가 완전한 것을 보고 더욱 기뻐하였다. 그리고 그 스승의 분부대로 멀리서 마음속으로 질문하였다.

'우리 스승 파바리에게는 몇 가지 상이 있습니까?'

부처님께서 곧 멀리서 대답하셨다.

"너희 스승 파바리는 두 가지 상밖에 없다. 첫째는 검푸른 머리카락이요, 둘째는 넓고 긴 혀이니라."

그들은 이 말을 듣고 다시 속으로 질문하였다.

'우리 스승 파바리는 지금 나이가 몇입니까?'

부처님께서 곧 대답하셨다.

"너희 스승 파바리는 지금 나이가 120세이니라."

그들은 이 말을 듣고 다시 속으로 질문하였다.

'우리 스승 파바리는 무슨 종성입니까?'

부처님께서 곧 멀리서 대답하셨다.

"너희 스승 파바리는 바라문 종성이니라."

그들은 이 말을 듣고 다시 속으로 질문하였다.

'우리 스승 파바리는 제자가 몇 명입니까?'

부처님께서 곧 멀리서 대답하셨다.

"너희 스승 파바리는 제자가 500명이니라."

그때 부처님 곁에 있던 제자들이 부처님의 말씀을 듣고는 '부처님께서 왜 저렇게 혼잣말을 하실까?' 하며 이상히 여겼다. 그래서 모두 꿇어앉아 부처님께 여쭈었다.

"부처님께서는 왜 혼자서 그런 말씀을 하십니까?"

그러자 부처님께서 비구들에게 말씀하셨다.

"파바리불다라국에 있는 파바리라는 사람이 16명의 제자를 내게 보내 나의 상호를 관찰하게 하고, 또 마음속으로 내게 질문하게 하였다. 그래서 내가 그 질문 하나하나에 답해 준 것이다."

그때 미륵 등은 자신들의 질문에 대한 부처님의 답변을 들어보니, 낱낱이 사실과 같아서 조금도 틀림이 없었다. 그들은 매우 공경하고 우러르는 마음이 생겨 부처님께 다가가 땅에 엎드려 예배하고 한쪽에 물러나 앉았다. 그러자 부처님께서 그들을 위하여 법을 설하셨다. 부처님의 법문을 듣고 법안이 깨끗해진 그들 16명은 곧 자리에서 일어나 출가하기를 청하였다.

부처님께서 "잘 왔구나" 하시자, 그들의 수염과 머리카락이 저절로 떨어지고 법복이 몸에 입혀져 이내 사문이 되었다. 부처님께서는 거듭 방편으로 그들을 위하여 설법하셨다. 그리하여 그들 중

15명이 아라한이 되었다.

미륵 등은 서로 의논하였다.

"지금 파바리 스승님이 멀리서 못내 궁금하실 것이다. 적당할 때 사람을 보내 이 소식을 전해드리자."

그 16명 중에 빈기기賓祈奇라는 사람이 있었다. 그는 파바리의 친조카였다. 사람들은 그를 보내 이 소식을 전하기로 하였다. 그는 본국으로 돌아가 지금까지 보고 들은 것을 모두 파바리에게 자세히 설명하였다.

파바리는 이 말을 듣고 기쁜 마음이 솟아났다. 그래서 곧 자리에서 일어나 무릎을 꿇으면서 합장하고, 왕사성을 향해 진심으로 아뢰었다.

"이 세상에 태어나 성인을 만나기는 참으로 어렵습니다. 거룩한 얼굴을 뵙고 맑으신 교화를 받고 싶지만 늙고 다리에 힘이 없군요. 비록 정성은 간절하나 그곳까지 갈 방법이 없습니다. 부처님의 크신 자비는 사람 마음을 미리 아시니, 부디 왕림하시어 저를 제도하여 주소서."

그때 부처님께서는 멀리서 그의 마음을 아시고, 팔을 굽혔다 펼 사이에 그의 앞에 나타나셨다. 그는 곧 예배하였고, 머리를 들어 부처님을 뵙고는 놀라고 기뻐하면서 다시 예배하고 문안드렸다. 그리고 자리에 앉으시라 청하고는 공경하며 엄숙하게 부처님을 모셨다.

부처님께서 그를 위해 설법하시자 그는 곧 아나함이 되었다. 그리고 부처님께서는 취두산으로 돌아가셨다.

그때 정반왕이, 부처님께서 도를 이루고 돌아다니면서 교화하여 많은 사람을 제도하셨다는 소식을 듣게 되었다. 정반왕은 아들을 보고 싶은 생각이 간절하여 우타야優陁耶에게 말씀하셨다.

"네가 부처님께 가서 내 뜻을 전하거라.

'네가 예전에 도를 얻으면 돌아오겠노라고 약속하였다. 부디 예전의 약속대로 돌아와 만나자.'

이렇게 전하거라."

우타야는 부처님께 나아가 왕의 뜻을 자세히 전하였다.

부처님께서는 허락하시고 말씀하셨다.

"이레 뒤에 가리라."

우타야는 기뻐하며 돌아와 그 소식을 아뢰었다. 정반왕은 이 소식을 듣고 신하들에게 분부하였다.

"우타야가 돌아와 말하기를, '부처님이 돌아오신다.'고 하였다. 성안을 아름답게 단장하고 아주 깨끗이 청소하라. 거리의 더러운 오물들을 치우고, 곳곳에 깃발을 세우고, 꽃과 향을 넉넉히 쌓고서 기다렸다가 공양을 올리거라."

이렇게 준비를 마치고, 왕은 신하들과 40리 밖까지 나가 부처님을 맞이하였다.

그때 부처님께서 대중과 함께 오셨는데, 여덟 금강역사金剛力士가 8면에 서고, 사천왕은 앞에서 인도하고, 제석천은 욕계欲界의 여러 하늘나라 신들을 데리고 왼쪽에서 호위하고, 범천왕은 색계色界의 여러 하늘나라 신들을 데리고 오른쪽에서 호위하고, 비구들은 그 뒤를 따르고, 부처님께서 그 한복판에서 큰 광명을 놓아 천지를 비추셨으니, 그 위엄이 해와 달보다 더하였다.

부처님께서는 대중과 함께 허공을 타고 오시다가, 차츰 정반왕에게 가까워지자 사람 키만큼 내려오셨다. 왕과 신하와 백성들과 부인과 궁녀들이 그 광경을 보니, 대중이 찬란히 빛을 함께 드러내고 부처님께서 그 한복판에 계시는 것이 마치 수많은 별 가운데서 달이 빛나는 것과 같았다. 정반왕은 매우 기뻐하며 자기도 모르게 수레에서 내려 부처님께 예배하고, 안부를 물은 뒤에 본국으로 함께 돌아갔다. 그리고 부처님께서는 니구로다尼拘盧陁 숲의 승가람僧伽藍에 머무셨다.

그때 그 나라 법에는 남녀의 차별이 있었다. 그래서 남자인 왕과 신하와 백성들만 날마다 부처님 법을 들었고, 깨달아 구제되는 이가 많았다. 그래서 여자들이 모두 원망하였다.

"부처님께서 대중과 함께 본국에 돌아오셨지만, 남자들만 운이 좋아 부처님을 뵙고 또 법을 들을 수 있고, 우리 여자들은 그 혜택을 입지 못한다."

부처님께서 여인들의 마음을 아시고 왕에게 말하였다.

"지금부터 온 나라의 남자와 여자들이 하루씩 번갈아 가면서 법을 듣게 하십시오."

그 뒤로는 여자들도 구제받는 이가 매우 많았다.

한편 부처님의 이모인 마하파사파제摩訶波闍波提 부인은 부처님께서 출가하시자 손수 길쌈하여 미리 황금색 천 한 필을 싸고는 오매불망 부처님이 돌아오기만을 기다렸다. 그러다 이제 다시 부처님을 만나게 되자 마음속에서 기쁨이 샘솟았다. 부인은 곧 그 천을 가지고 찾아가 부처님께 바쳤다. 그러자 부처님께서 교담미憍曇彌에게 말씀하셨다.

"이모님은 이 천을 가져다 저 스님들에게 주십시오."

파사파제가 아뢰었다.

"부처님께서 집을 떠나신 뒤에 늘 마음으로 그리워한 나머지, 내 손수 이것을 짜 진심으로 부처님을 기다리고 있었습니다. 이 마음을 가엾이 여겨 받아 주소서."

부처님께서 다시 말씀하셨다.

"이모님이 정성을 다해 제게 주려고 만드셨다는 것을 저도 잘 압니다. 그러나 개인적인 은혜와 사랑에 마음이 치우치면 그 복이 넓고 크지 못합니다. 그러니 저 스님들에게 보시하면 얻는 과보가 더욱 많을 것입니다. 제가 이런 이치를 알기 때문에 그렇게 권하는 것입니다."

부처님께서 이어 말씀하셨다.

"만일 어떤 시주가 열여섯 종류의 수행자를 빠짐없이 따로따로 초청한다면, 그는 복된 과보를 얻긴 하지만 많지는 않을 것입니다. 열여섯 종류의 수행자란 누구인가? 그 수행의 정도에 따라 비구와 비구니에 각각 여덟 종류가 있습니다. 그런 보시는 대중 스님 중에서 가리지 않고 네 분을 한꺼번에 초청하는 것만 못합니다. 이렇게 보시한 공덕과 복이 위에서 거론한 보시보다 많으니, 위에서 거론한 보시의 복은 이것의 16분의 1에도 미치지 못합니다.

앞으로 말세에 법이 사라지려 할 때 비록 비구가 아내를 두고 자식을 두어 이름만 스님이라 하더라도, 그들이 네 사람 이상이면 사리불이나 목건련처럼 여기며 공경히 받들어야 합니다."
그때 마하파사파제가 드디어 마음이 열려 그 옷을 대중 스님들에게 바쳤다. 그래서 대중 스님들에게 차례로 돌렸지만 아무도 그 옷을 받으려 하지 않았다. 그러다 미륵 차례에 이르자, 그는 곧 그 옷을 받았다.
그 뒤 부처님께서는 비구들과 함께 바라나를 돌아다니면서 교화하셨다. 그때 미륵이 그 황금색 옷을 입었다. 미륵은 단정한 몸에 피부색이 붉은 황금색이라서 겉과 속이 서로 어울리고 위의가 차분하였다.
미륵이 걸식하려고 바라나성에 들어갔을 때였다. 큰 길가에서 발우를 들고 서 있자, 사람들이 그의 모습을 보고는 둘러서서 구경하면서 싫증을 내지 않았다. 그렇게 다들 우러르며 공경하였지만, 음식을 대접하는 사람은 없었다.
그때 구슬을 꿰는 장인 한 사람이 우연히 그 길목에 갔다가 미륵을 보게 되었다. 그는 깊은 공경심을 품고 곧바로 물었다.
"대덕이여, 음식을 얻었습니까?"
미륵이 대답하였다.
"얻지 못했습니다."
그는 곧 미륵을 초청하여 함께 자기 집으로 돌아가 음식을 장만하여 공양을 올렸다. 미륵은 공양을 마친 뒤 손을 씻고 양치질한 다음 그를 위해 오묘한 법을 연설하였다. 미륵의 말씀은 고상하고 아름다워 아무리 들어도 싫증이 나지 않았다.
한편 앞서 어떤 장자가 자신의 딸을 시집보내려고 구슬을 꿰던 그 장인에게 공임으로 돈 10만 냥을 주기로 하고 구슬 하나를 맡긴 적이 있었다. 마침 그때 그 장자가 구슬을 찾으러 사람을 보냈다. 그러나 구슬을 꿰던 그 장인은 설법 듣는 재미에 흠뻑 빠져 이렇게 말하였다.

"우선 가십시오. 조금 있다 꿰어 드리겠습니다."

그 사람이 재촉하였다.

"지금 급히 써야 합니다. 생각났을 때 시작하십시오."

이렇게 부탁하고, 그 사람은 돌아가 장자에게 자세히 전하였다. 장자는 조금 있다가 다시 사람을 보내 구슬을 요구하였다. 하지만 그는 그때도 법을 듣느라 구슬을 꿰지 않았다. 그 사람은 돌아가 이 사실을 장자에게 전하였다. 그러자 장자가 화를 내며 말하였다.

"이미 비싼 삯을 주기로 정하였다. 그냥 해달라고 부탁한 것이 아니다. 그런데도 여태 미루고 내 부탁을 들어주지 않는구나."

장자는 다시 사람을 보내면서 공임을 가져가게 하고 말하였다.

"만약 아직도 꿰지 않았거든 구슬을 도로 찾아오너라."

심부름꾼이 찾아가 보니 그는 아직도 법을 듣고 있었다. 심부름꾼은 아직 구슬을 꿰지 않았다는 것을 알고 빨리 돌려 달라고 하였다. 장인도 할 수 없어 곧 구슬을 돌려주었다. 그리고 구슬을 꿰던 그 장인은 다시 미륵에게 다가가 차례로 법을 들으면서 조금도 싫증을 내지 않았다.

그러자 그의 아내가 화를 내면서 남편을 나무랐다.

"잠깐만 수고하면 10만 냥 돈을 얻어 집에 부족한 옷과 음식을 마련할 수 있는데, 사문의 저 번지레한 말만 듣느라고 저렇게 큰돈과 이익을 잃고 마는구나."

남편은 이 말을 듣고 후회하고 한탄하였다. 그러자 미륵이 그의 마음을 알고 그에게 말하였다.

"당신은 지금 나와 함께 정사에 가 보겠습니까?"

"그러겠습니다."

미륵은 그와 함께 정사에 가서 그를 데리고 스님들 앞에 나아갔다. 그리고 스님들에게 물었다.

"만약 어떤 시주가 계율을 지키는 청정한 한 사문을 자기 집으로 초청해 공양을 올렸다면, 그가 얻는 복덕과 이익은 10만 냥의 돈을 얻은 사람과 비교할 때 누가 더 낫습니까?"

그때 교진여가 대답하였다.

"설령 어떤 사람이 100대의 수레에 가득한 보배를 얻는다 해도, 그 복덕과 이익을 계산해 보면 청정하게 계율을 지키는 한 사문을 자기 집으로 초청해 공양을 올리고 얻는 이익만 못하니, 그 이익이 더 크고 많습니다."

사리불이 말하였다.

"가령 어떤 사람이 이 염부제를 가득 채울 만큼 보배를 얻는다 해도, 그것은 청정하게 계율을 지키는 한 사문을 자기 집으로 초청해 공양을 올리고 얻는 이익만은 못하니, 그 이익이 훨씬 많습니다."

또 목건련이 말하였다.

"가령 어떤 사람이 두 천하를 가득 채울 만큼의 일곱 가지 보배를 얻는다 해도 청정하게 계율을 지키는 한 사문을 자기 집으로 초청해 공양을 올리고 얻는 이익만은 못하니, 그 이익은 끝없이 많습니다."

그 밖의 비구들도 이처럼 비유를 들어 그 이익을 비교하면서 다들 보배를 얻는 이익보다 많다고 하였다.

그때 아나율阿那律이 또 이렇게 말하였다.

"가령 네 천하를 가득 채울 만큼의 보배를 얻는다 해도, 그 이익은 청정하게 계율을 지키는 한 사문을 자기 집으로 초청해 공양을 올리고 얻는 이익만은 못하니, 그 이익은 수억만 배나 됩니다. 왜냐하면 내가 바로 그 증인이기 때문입니다.

나는 기억합니다. 과거 91겁 전에 비바시라는 부처님이 계셨습니다. 그 부처님이 열반에 드시고 법이 장차 사라지려 할 때였습니다. 이 염부제에 큰 나라가 있었는데, 그 이름이 바라나였습니다.

그때 그 나라에 큰 상단의 주인이 있었습니다. 그는 큰 부자로서 부족한 것이 아무것도 없었습니다. 그에게는 얼굴이 단정한 두 아들이 있었습니다. 큰아들은 이름이 누타淚吒요, 작은아들은 아루타阿淚吒였습니다. 아버지는 임종 때에 두 아들에게 당부하였습니다.

'나는 이제 죽음을 면치 못할 것이다. 내가 죽은 뒤 너희 형제는 서로를 받들면서 마음을 합하고 힘을 모아야 한다. 부디 살림을 나누지 말라. 왜냐하면 한 가닥 실로는 코끼리를 잡아맬 수 없지만 많은 실을 합치면 코끼리도 제어할 수 있기 때문이다. 또 갈대 한 가닥으로는 불을 밝힐 수 없지만 묶어서 한 다발로 만들면 그 불은 꺼지지 않기 때문이다. 너희 형제도 마찬가지다. 서로 의지하고 믿

으면 남들이 너희를 파괴하지 못하고, 안으로 화목하여 살림에 힘쓰면 재산이 날로 늘어갈 것이다.'

이렇게 당부하고 훈계한 뒤에 숨이 끊어져 목숨을 마쳤습니다. 형제는 아버지 유언대로 얼마 동안 한집에 살았습니다.

그 후 아루타의 아내가 이렇게 생각하였습니다.

'이제 같이 살다 보니, 형 집이 신경 쓰여 손님이나 친척이 찾아와도 제대로 대접할 수가 없다. 서로 떨어져 살면서 각자 노력하면 서로 마음에 걸릴 것도 없고 집안도 번창할 텐데.'

이렇게 생각하고 남편에게 자세히 말하였습니다. 아루타는 아내 말을 듣고 옳지 않다고 하였습니다. 하지만 아내가 다시 여러 가지로 이치를 따져 간절히 청하자, 아루타도 마음이 변해 그 사정을 형에게 아뢰었습니다. 형은 아버지의 유언을 상기시키고, 또 여러 가지 비유를 들어 옳지 않은 이유를 말하였습니다.

그러나 아루타의 아내는 자신의 남편에게 자꾸 권하였습니다. 그러자 남편도 뜻을 결정하고 빨리 살림을 나누자고 원하였습니다. 형은 아우의 뜻이 굳은 것을 보고 살림을 나누어 주었습니다.

따로 살게 된 뒤로 아루타 부부는 마음대로 방종하였습니다. 패거리를 불러모아 먹고 마시고 사치하면서 예의와 법도를 따르지 않았습니다. 아우는 몇 해를 지나지 못하고 가산을 탕진하여 곤궁하게 되었으나 계책이 없었습니다. 그래서 형에게 찾아가 구걸하였습니다. 형은 가엾이 여겨 돈 10만 냥을 수었습니다. 아우는 그것마저 다 써버리고 또 부탁하였습니다. 이렇게 여섯 번을 되풀이하여 전부 60만 냥을 주었습니다.

그 뒤에 아우가 또 찾아와 돈을 부탁하자, 형이 꾸짖었습니다.

'너는 돌아가신 아버지의 유훈을 받들지 않고 얼마 지나지 않아 분가를 청하였다. 게다가 절도 없이 함부로 낭비하여 먹고 살길이 없기에 지금까지 너에게 60만 냥을 주었다. 그런데도 너는 만족할 줄 모르고 또 찾아와 부탁하는구나. 이제 다시 10만 냥을 주겠다. 잘 간직하건 없애버리건 앞으로 다시는 찾아와 부탁하지 말라.'

아우는 형의 꾸중을 듣고 창피스럽게 생각하며 돈을 받았습니다. 그 뒤로 아우 부부는 마음을 고쳐먹었습니다. 몸을 조심하며 쓰임새를 절약하고, 부지런한 마음가짐으로 가업에 매진하였습니다. 그러자 재산이 나날이 늘어났습니다. 그 후 아우는 점점 부자가 되어 다시는 부족함이 없게 되었습니다.

하지만 그의 형 누타는 잇달아 재앙을 만나는 바람에 집이 망하고 재물이 흩어져 살림이 아주 곤궁해졌습니다. 하지만 어떻게 할 방법이 없었습니다. 그래서 아우에게 찾아갔습니다. 형은 오랫동안 서로 무관심하게 지낸 잘못을 털어놓으면서 궁색이나 면하게 돈을 좀 달라고 부탁하였습니다.

그러자 아우가 퉁명스럽게 형에게 말하였습니다.

'형님 집은 가난을 모를 줄 알았는데, 왜 제게 찾아와 돈을 달랍니까?'

이렇게 말하고는 밥 한 그릇조차 대접하지 않았습니다. 형은 곧바로 돌아섰습니다. 그리고 스스로 경악하였습니다.

'살건 죽건 무엇이 두려우랴? 피를 나눈 형제도 서로 돌볼 줄 모르는데 하물며 남이겠는가?'

의리를 더듬어보자 곧 세상살이가 싫어졌습니다. 그래서 형은 집을 버리고 산으로 들어갔습니다. 형은 고요히 앉아 모든 법의 나고 사라짐을 사유하다가 마음이 열려 벽지불이 되었습니다.

그 벽지불은 항상 위의를 갖추고 성에 들어가 걸식하였습니다. 그 뒤에 흉년이 들어 백성들이 굶주리게 되자, 벽지불은 걸식해도 음식을 얻기가 어려웠습니다.

그 무렵 그의 아우 아루타도 점점 빈궁해졌습니다. 거기에 또 흉년까지 겹치자 아우는 끼니조차 이을 수 없었습니다. 그래서 날마다 땔감을 주워 그것을 팔아 피(稗)를 사서 처자식과 함께 겨우 살아갔습니다.

그러던 어느 날 이른 아침에 땔감을 주우러 늪으로 가다가 성문에서 벽지불이 위의를 갖추고 걸식하러 성으로 들어가는 것을 보았습니다. 아우는 땔감을 주워 돌아오던 길에 또 성문에서 벽지불을 만났습니다. 벽지불은 빈 발우를 들고 성에서 나오고 있었습니다.

아우는 마음속으로 생각하였습니다.

'이 도사가 새벽에 성으로 들어가는 것을 보았는데, 지금 빈손으로 돌아오는구나. 만약 지금 나와 함께 집으로 간다면 내가 음식을 나누어 저 사람에게 줄 텐데.'

하지만 그 생각을 접고 자리를 떴습니다.

그때 벽지불이 당장 그의 마음을 알아차리고, 곧 그이 뒤를 따라 그의 집 문 앞에 이르렀습니다. 아루타는 그를 보고 매우 기뻐하였습니다. 아루타는 곧 자리를 펴고 들어와 앉게 하였습니다. 그리고 자기 몫의 피죽을 손수 가져다 벽지불에게 바쳤습니다.

그때 벽지불이 아루타에게 말하였습니다.

'당신도 굶었을 텐데 같이 나눠 먹읍시다.'

그러자 아루타가 말하였습니다.

'우리 세속 사람들은 밥을 먹는 데에 일정한 시간이 없습니다. 그러나 존자님은 하루에 한 끼만 드시니, 어서 드십시오.'

벽지불은 식사를 마쳤습니다. 그리고 그의 지극한 정성에 감동한 벽지불은 이렇게 생각하였습니다.

'이 흉년에 부모와 자식도 서로를 돕지 않는데, 이렇게 자기 몫의 음식을 나누어 주는구나. 내가 신통을 나타내어 저 사람을 기쁘게 하리라.'

벽지불은 곧 허공으로 날아올라 몸에서 물과 불을 뿜어냈습니다. 신통을 두루 나타내고는 아루타 앞에 다시 서서 이렇게 말하였습니다.

'무엇을 원하십니까? 당신 소원대로 해드리겠습니다.'

아루타는 벽지불의 신통을 보고 기뻐 뛰면서 앞으로 다가가 지극한 마음으로 서원을 세웠습니다.

'일체중생들은 여러 가지로 재물을 구합니다. 세세생생 재물이 부족하지 않아 무엇이건 뜻대로 되기를 원합니다. 저는 또 소원합니다. 다음 세상에서는 당신보다 백천만 배나 공덕이 뛰어난 분을 만나 제가 그분 앞에서 번뇌가 사라지고 당신과 다름없는 신통 변화를 얻게 하소서.'

이렇게 원을 세우고는 더욱 기뻐하였습니다. 그리고 벽지불은 자기 처소로 돌아갔습니다.

그리고 다시 아루타는 땔감을 주우러 늪으로 들어갔습니다. 거기서 토끼 한 마리를 보고는 그것을 잡으려고 가까이 다가가 낫을 던졌습니다. 그러자 토끼가 땅에 쓰러졌습니다. 그가 다가가서 잡으려 하자, 토끼가 죽은 사람으로 변하더니 그의 등에 올라타 얼른 그의 머리를 감싸 안았습니다. 아루타가 죽을 힘을 다해 그 시체를 떼어내려 하였지만, 도무지 떨어지질 않았습니다. 아루타는 두려운 생각이 들어 당황하며 괴로워하였습니다. 아루타는 빨리 성으로 돌아가 아내와 힘을 합해 떼어내려고 생각하였습니다. 하지만 사람들이 보고 성에 들어오지 못하게 할까 봐 두려웠습니다. 그래서 날이 저물기를 기다렸다가 옷으로 가린 채, 시체를 업고 성에 들어가 자기 집으로 갔습니다.

자기 집에 이르자, 시체가 저절로 땅에 떨어지더니 한 덩이 염부단금閻浮檀金으로 변하였습니다. 그 광명이 너무도 환하게 빛나 이웃집까지 훤히 비추었습니다.

이 소문은 차츰 퍼져 위로 왕에게까지 들렸습니다. 왕은 곧 사람을 보내 사실인가 확인하게 하였습니다. 하지만 사신이 그의 집에 찾아와 확인해 보니 그것은 그냥 시체였습니다. 사신은 돌아가 왕에게 보고하였습니다.

'그것은 시체였습니다.'

하지만 왕이 다른 사람에게 물어보면 다들 황금이라고 말하였습니다. 왕은 그 까닭이 궁금했습니다. 그래서 다시 사람을 보내 확인하게 하였습니다. 이렇게 일곱 번을 되풀이하였지만 보고하는 말이 일정하지 않았습니다. 그래서 왕이 직접 찾아가 보았더니, 그것은 형상이 참혹하고 썩는 냄새가 진동하는 시체였습니다.

왕이 곧 아루타에게 물었습니다.

'너는 이것을 무엇이라고 보는가?'

아루타가 대답하였습니다.

'진짜 황금이라고 봅니다.'

그러고는 조금 떼어 왕에게 바쳤습니다. 왕은 그 찬란한 황금빛을 보고는 세상에는 없는 것이라며 귀중히 여기게 되었습니다. 왕이 황금을 얻게 된 유래를 물었습니다.

'어떤 인연으로 이것을 얻었는가?'

이에 아루타는 그 내력을 자세히 왕에게 아뢰었습니다.

'이것은 분명 벽지불에게 보시한 덕분일 것입니다.'

왕은 그 말을 듣고 찬탄하였다.

'훌륭하다. 너는 좋은 이익을 얻어 그런 뛰어난 사람을 만난 것이다.'

왕은 그에게 벼슬을 내려 대신으로 삼았습니다.

여러분, 그 아루타가 바로 지금의 나입니다. 나는 그 세상에서 벽지불에게 피죽을 조금 보시하고 또 스스로 서원을 세운 덕분에 그 뒤로 91겁 동안 하늘나라와 인간세계에 태어나 아무런 모자람이 없었고, 세 가지 일에 뛰어났으며, 얼굴이 단정하여 남의 칭찬을 받고, 원하는 것이 있으면 뜻대로 되었습니다.

그리고 금생에 태어난 것입니다. 저는 집에서 지낼 때 항상 일 없이 놀면서 세상일을 좋아하지 않았습니다. 그래서 형님 마하남

摩訶男이 항상 못마땅하게 여기며 미워하였습니다. 그럴 때마다 어머님이 말씀하셨습니다.

'저 아이는 복덕이 많아 그렇단다.'

형님은 말하였습니다.

'나만 혼자 살림에다 농사일까지 애를 쓰고, 저 애는 저렇게 빈둥빈둥 누워서 먹는데, 어떻게 복덕이 많겠습니까?'

어머니는 시험하려고, 나를 밭에 보내 농사를 감독하게 하고 밥을 보내 주지 않았습니다. 나는 밥이 늦는 것을 이상히 여겨 사람을 보내 밥을 청하였습니다. 그러자 어머니께서 사람을 보내 나에게 이렇게 말하였습니다.

'아무것도 없다.'

나는 돌아가 어머니께 아뢰었습니다.

'부디 저를 위해 아무것도 없는 그대로 보내 주십시오.'

그때 어머니는 내 말을 듣고, 곧 보배 밥상에다 그릇만 갖추어 차리고 그 위에 보자기를 덮어 내게 보냈습니다. 그리고 형님에게 따라가 보라고 시켰습니다. 형님이 내 앞에 왔을 때 나는 그 밥상의 보자기를 벗겼습니다. 그랬더니 온갖 맛있는 음식이 그릇마다 가득 했습니다. 이처럼 밥 먹을 때가 되면 어디서건 제 생각대로 음식이 생겼습니다.

가령 네 천하를 가득 채울 만큼의 보배를 얻는다 해도 겁劫이 다 할 때가 되면 모두 사라지니, 그건 오래 가지 못하는 것입니다. 그러나 나는 벽지불에게 죽을 조금 보시한 덕분에 91겁 동안 복덕과 이익이 줄어든 적이 없었고, 또 그 공덕으로 말미암아 부처님을 뵙고 괴로움에서 구제되었습니다.

　이로 미루어 보아도, 깨끗하게 계율을 지키는 한 비구를 집으로 초청하여 공양을 얻는 이익이 네 천하를 가득 채울 만큼의 보배보다 많다는 것을 알 수 있습니다."

　아나율은 이렇게 말하였다. 그때 부처님께서 밖에서 들어오시다가 아나율이 전생 이야기하는 것을 들으셨다. 부처님께서 비구들에게 말씀하셨다.

　"아나율이 너희 비구들에게 과거 이야기를 하였구나. 나는 이제 너희에게 미래 이야기를 들려주리라. 미래에 이 염부제는 높은 산이나 깊은 계곡이 없는 평평한 땅이 될 것이며, 그 땅에는 하늘나라 신들의 옷처럼 부드러운 풀이 자랄 것이다. 그때 사람들은 수명이 84,000세이고, 키가 여덟 길(丈)일 것이며, 얼굴이 단정하고 아름다울 것이다. 또 사람들은 성격이 어질고 온화할 것이며 열 가지 선행을 고루 닦을 것이다.

　그때 전륜성왕이 있어 이름을 승가勝伽(중국 말로는 구具)라 할 것이다. 또 그때 어떤 바라문 집에서 한 사내를 낳아 이름을 미륵이라 할 것이다. 그는 피부색이 붉은 황금색이요, 서른두 가지 거룩한 모습(三十二相)과 온갖 좋은 상을 갖추어 광명이 특히 빛날 것이다.

　그는 출가하여 도를 배우고 가장 바른 깨달음을 이루어 널리 중생을 위해 거룩한 법륜을 굴릴 것이다. 그는 첫 번째 법회에서 93억 중생을 제도할 것이요, 두 번째 법회에서 96억 중생을 제도할 것이며, 세 번째 법회에서는 99억 중생을 제도할 것이다.

비구들이여, 미륵불의 세 차례 법회에서 구제받는 이들은 모두 내가 남긴 법을 따라 복을 심은 중생이거나 혹은 삼보에 공양을 올린 사람, 계율과 재계를 지킨 출가자와 재가자, 향을 사르고 등불을 켜고 예배한 이들일 것이다. 그들 모두 그 세 차례 법회에 참석하게 될 것이다. 그리고 미륵은 그 세 차례 법회에서 내가 남긴 중생들을 제도한 뒤에 인연이 같은 중생들을 교화할 것이다."

그때 미륵이 부처님의 이 말씀을 듣고 자리에서 일어났다. 그리고 무릎을 꿇고 부처님께 아뢰었다.

"제가 그 미륵부처님이 되기를 원합니다."

부처님께서 말씀하셨다.

"네 말과 같다. 너는 미래에 그곳에 태어나 미륵부처님이 되어 내가 말한 것처럼 교화할 것이다. 그는 바로 너이니라."

그 회중에 아시다阿侍多라는 비구가 있었다. 그도 무릎을 꿇고 부처님께 아뢰었다.

"저는 그 전륜성왕이 되기를 원합니다."

부처님께서 말씀하셨다.

"너는 긴 세월에 생사만 탐하고 벗어나기를 바라지 않는구나."

그때 법회에 모인 대중들이, 부처님께서 미륵에게 미래에 부처님이 되어서도 이름을 미륵이라 할 것이라 수기하시는 것을 보고 모두 그 까닭을 궁금해하였다. 그러자 존자 아난이 곧 일어나 부처님께 여쭈었다.

"미륵이 부처님이 되어서도 이름을 미륵이라 할 것이라 말씀하셨습니다. 궁금합니다. 그 이름은 어떻게 생겼습니까?"

부처님께서 말씀하셨다.

"아난아, 자세히 듣고 명심하라. 과거 한량없는 아승기겁 전에 이 염부제에 큰 나라 왕이 있었는데, 이름이 담마류지曇摩留支였다. 그는 염부제의 8만 4천 개의 작은 나라와 6만 개의 산과 강, 80억 개의 촌락과 2만 명의 부인 궁녀와 1만 명의 대신들을 거느리고 있었다.

그중 매우 풍족하고 즐거운 한 작은 나라가 있었는데, 그 나라 왕의 이름은 파새기波塞奇였다. 그때 불사弗沙 부처님께서 처음으로 세상에 나와 그 나라에 있으면서 중생을 교화하셨다.

그때 파새기왕과 신하들은 오로지 부처님과 비구 스님들을 공양하느라고 큰 나라 왕에게 찾아가 조회할 겨를이 없었다. 그러다 보니 바치던 공물貢物과 문안 편지 역시 완전히 끊어지고 말았다. 그러자 대왕이 공물과 소식이 없는 것을 이상히 여겨 까닭을 문책하려고 곧 사자를 보냈다. 사자가 파새기왕에게 찾아가 왕의 명령을 전하였다.

'근년에 와서 사신과 소식이 모두 끊어졌다. 너는 남의 신하가 되어 왜 법을 어기는가? 딴마음을 먹고 반역하려는 마음을 품은 게 아니냐?'

대왕의 문책을 받은 파새기왕은 자신의 잘못을 깨닫고 어쩔 줄을 몰랐다. 왕은 곧 부처님을 찾아가 뵙고 이런 사정을 아뢰었다. 그러자 부처님께서 왕에게 말씀하셨다.

'걱정하지 마십시오. 다만 사신을 돌려보내면서 정성스럽게 이렇게 말씀하십시오.

〈부처님께서 우리나라에 계시어 아침저녁으로 받들어 섬기느라고 대왕을 찾아가 뵐 겨를이 없었습니다. 그리고 나라의 재물은 부처님과 스님들을 공양하다 보니 대왕께 바칠 게 남아 있지 않습니다.〉'

파새기왕은 부처님 분부를 듣고, 부처님 말씀대로 일러 사자를 돌려보냈다. 사자는 돌아가 대왕에게 이 말을 자세히 전하였다. 대왕은 이 말을 듣고 매우 화가 났다. 그래서 곧 신하들을 모으고 이 일을 의논하였다.

신하들은 말하였다.

'저 왕이 오만하여 당치 않은 이유를 붙입니다. 군사를 일으켜 정벌하는 것이 좋겠습니다.'

왕은 옳다 하고, 군사를 모아 직접 이끌고 나갔다. 대왕의 선봉대가 가까이 오자, 파새기는 몹시 두려워 황급히 부처님께 달려갔다.

그러자 부처님께서 말씀하셨다.

'걱정하지 마십시오. 그저 직접 찾아가 대왕을 뵙고 제가 앞서 하라고 한 대로만 말씀하십시오.'

파새기왕은 곧 신하들과 함께 국경으로 나아가 대왕을 만났다. 파새기는 대왕에게 예배하고 안부를 여쭌 뒤에 한쪽에 섰다. 그러자 대왕이 문책하였다.

'너는 무엇을 믿고 거만하게 법도를 어기면서 조회하러 오지 않았는가?'

파새기왕이 말하였다.

'부처님 세상은 만나기 어렵고, 부처님을 뵙기는 더욱 어렵습니다. 요즘 부처님께서 우리나라에서 백성들을 교화하고 계십니다. 그래서 아침저녁으로 받들어 모시다 보니 법도를 어겼습니다.'

대왕이 거듭 꾸짖었다.

'그것은 그렇다 치고 왜 공물까지 끊었는가?'

파새기가 대답하였다.

'부처님에게 중승衆僧이라는 제자들이 계십니다. 청정하게 계율을 지키고 덕행을 실천하는 그분들은 세상의 좋은 복 밭입니다. 그래서 온 나라에 있는 물건을 모두 가져다 공양하였습니다. 그러다 보니 조공으로 바칠 만한 여유가 없었습니다.'

담마류지가 이 말을 듣고 말하였다.

'일단 있어 봐라. 내가 그 부처라는 자를 만나 봐야겠다. 부처를 만나고 돌아와서 다시 네 죄를 물으리라.'

담마류지는 곧 군사들을 거느리고 부처님이 계신 곳으로 갔다.

그때 부처님께서 대중에 둘러싸여 계셨는데, 모두가 고요하고 단정히 앉아 선정에 들어 있었다. 그때 한 비구가 자삼매慈三昧에 들어 황금빛 광명을 뿜었는데, 그 빛이 마치 큰 불덩이 같았다.

담마류지가 멀리서 부처님을 바라보니, 빛나고 밝은 광명이 해보다 더하였고 대중에 둘러싸인 모습은 마치 수많은 별 가운데 달님 같았다. 담마류지는 부처님께 예배하고 법답게 안부를 여쭈었다. 그리고 자삼매에 든 한 비구의 특별한 광명을 보고 부처님께 여쭈었다.

'저 비구는 어떤 선정에 들었기에 저처럼 빛납니까?'

부처님께서 대왕에게 말씀하셨다.

'저 비구는 자삼매에 들었습니다.'

담마류지왕은 그 말을 듣고 더욱 흠모하고 우러르게 되었다.

'자삼매가 저처럼 거룩합니까? 나도 저 자삼매를 배우겠습니다.'

이렇게 원을 세우고 자기도 자삼매에 들기를 바라는 마음이 간절해지자, 그의 마음이 매워 부드러워져 더는 해칠 마음이 없게 되었다. 그래서 곧 부처님과 비구들을 초청하였다.

'부디 마음을 돌려 큰 나라인 우리나라로 오소서.'

부처님께서는 바로 승낙하시고, 날을 정해 떠나기로 하셨다.

파새기왕은 부처님께서 큰 나라로 가려 하신다는 말을 듣고, 안타까운 마음으로 근심하고 한탄하면서 가만히 생각하였다.

'내가 큰 나라 왕이었다면 부처님께서 항상 우리나라에 계셨을 것이다. 내가 작은 나라 왕이라서 뜻대로 되지 않는구나.'

이렇게 생각하고 곧 부처님께 여쭈었다.

'모든 왕 중에 누가 제일 위대합니까?'

부처님께서 말씀하셨다.

'전륜왕이 제일 위대합니다.'

파새기왕은 이내 원을 세웠다.

'저는 지금까지 부처님과 스님들을 공양하였습니다. 이 공덕으로 미래에는 세세생생 전륜성왕이 되게 하소서.'

아난아, 그때의 대왕 담마류지가 지금의 저 미륵이니라. 그는 처음으로 그 세상에서 사랑하는 마음을 내었기 때문에 그 뒤로도 항상 미륵이라 이름하였다. 그리고 그 파새기왕이 지금의 저 아시다 비구이니라. 그는 그때 전륜왕이 되리라는 원을 세웠기 때문에 그 뒤로 태어나는 세상마다 항상 전륜왕이 되었고, 지금까지도 그 공덕이 다하지 않았다. 그래서 오늘도 전륜왕이 되기를 바라는 것이다."

그때 구슬을 꿰던 장인이 이 말을 듣고는 곧 위없는 바르고 참된 도의 뜻을 일으켰다. 그리고 그 밖의 대중들은 부처님 말씀을 듣고 수다원을 얻는 이도 있었고, 사다함이나 아나함이나 아라한까지 얻는 이도 있었으며, 위없는 바르고 참된 도의 뜻을 일으키는 이도 있었고, 물러나지 않는 자리에 머무르게 된 이도 있었다.

그리하여 모두 기뻐하며 받들어 행하였다.

52

4성제를 배운 두 마리 앵무새

나는 다음과 같이 들었다.

언젠가 부처님께서 사위국의 기수급고독원에 계실 때였다.

그때 수달須達 장자는 불법을 공경하여 믿고 스님들의 시주가 되어 일체 필요한 것들을 모두 공급하였다. 그래서 비구들은 그 필요에 따라 날마다 왕래하면서 설법하여 그를 가르쳤다.

수달 집에는 앵무새 두 마리가 있었다. 한 마리의 이름은 율제律提이고, 또 한 마리의 이름은 사율제賖律提였다. 두 앵무새는 성품이 영리하고 지혜로와 사람의 말을 잘 알아들었다. 비구들이 그 집에 내왕하면 그때마다 그들이 먼저 그 집 사람들에게 알려 주었다. 그래서 그 집 사람들은 미리 자리를 털고 정돈하여 손님을 기쁘게 맞이하였다.

어느 날 아난이 그 집에 갔다가 새들이 영리한 것을 보고는 사랑스러운 마음이 들어 그들에게 말하였다.

"너희에게 법을 가르쳐 주리라."

새들은 기뻐하였다. 아난은 4성제법을 가르쳐 주고, 이렇게 게송을 외우게 하였다.

'두가豆佉(고苦)·삼모제야三牟提耶(습習)·니루타尼樓陁(멸滅)·말가末加(도道)'

그 집 문 앞에는 나무가 있었다. 새들은 법을 듣고 기쁘게 외우면서 차례로 날아 나무를 오르내렸다. 이렇게 그들이 배운 4성제의 묘법을 외우면서 일곱 번을 되풀이하였는데, 그날 저녁 그 나무에서 자다가 야생 살쾡이에게 잡아먹히고 말았다. 앵두새들은 4성제를 외운 공덕으로 사왕천四王天에 태어났다.

이튿날 식사 때가 되어 존자 아난은 가사를 입고 발우를 가지고 성에 들어가 걸식하다가, 새들이 살쾡이에게 잡아먹혔다는 소식을 들었다. 아난은 가여운 마음에 부처님께 돌아가 아뢰었다.

"수달 집에 앵무새 두 마리가 있기에 제가 어제 4성제를 가르쳐 주었는데, 어젯밤 죽었다고 합니다. 알 수 없습니다. 새들은 지금 어디에 태어났습니까? 부디 부처님께서 저를 가엾이 여겨 가르쳐 주소서."

부처님께서 말씀하셨다.

"자세히 듣고 잘 명심하라. 그것을 설명하여 너를 기쁘게 하리라. 그들은 너에게서 법을 듣고 기쁜 마음으로 받들어 가졌기 때문에 목숨을 마치고는 사왕천에 태어났느니라. 이 염부제의 50년이 저 사왕천에서는 하루이다. 거기도 30일을 한 달로 삼고, 열두 달을 한 해로 삼는다. 그 계산법으로 사왕천의 수명은 500세이니라."

아난이 여쭈었다.

"그들은 거기서 목숨을 마치면 어디에 태어납니까?"

부처님께서 말씀하셨다.

"욕계欲界 6천天의 두 번째 하늘나라인 도리천忉利天에 태어날 것이다. 이 염부제의 100년이 도리천에서는 하루이다. 거기서도 30일을 한 달로 삼고, 열두 달을 한 해로 삼는다. 그 계산법으로 도리천의 수명은 1,000세이니라."

아난이 다시 여쭈었다.

"거기서 또 목숨을 마치면 어디에 태어납니까?"

"욕계 6천의 세 번째 하늘나라인 염마천炎摩天에 태어날 것이다. 이 염부제의 200년이 저 염마천에서는 하루이다. 거기서도 30일을 한 달로 삼고, 열두 달을 한 해로 삼는다. 그 계산법으로 염마천의 수명은 2,000세이니라."

아난이 다시 여쭈었다.

"거기서 또 목숨을 마치면 어디에 태어납니까?"

"욕계 6천의 네 번째 하늘나라인 도솔천에 태어날 것이다. 이 염부제의 400년이 저 도솔천에서는 하루이다. 거기서도 30일을 한 달로 삼고, 열두 달을 한 해로 삼는다. 그 계산법으로 도솔천의 수명은 4,000세이니라."

"거기서 또 목숨을 마치면 어디에 태어납니까?"

"욕계 6천의 다섯 번째 하늘나라인 불교락천不憍樂天에 태어날 것이다. 이 염부제의 800년이 불교락천에서는 하루이다. 거기서도 30일을 한 달로 삼고, 열두 달을 한 해로 삼는다. 그 계산법으로 불교락천의 수명은 8,000세이니라."

"거기서도 목숨을 마치면 어디에 태어납니까?"

"욕계 6천의 여섯 번째 하늘나라인 화응성천化應聲天에 태어날 것이다. 이 염부제의 1,600년이 그 하늘나라에서는 하루이다. 거기서도 30일을 한 달로 삼고, 열두 달을 한 해로 삼는다. 그 계산법으로 화응성천의 수명은 16,000세이니라."

"거기서 또 목숨을 마치면 다시 어디에 태어납니까?"

"다시 욕계의 다섯 번째 하늘나라에 태어날 것이다. 이렇게 차례로 사왕천까지 내려올 것이며, 일곱 번을 오르내릴 것이다. 그렇게 욕계 6천에 태어나서는 마음대로 복을 받으면서 각각의 하늘나라에 정해진 수명이 다할 때까지 중간에 일찍 죽는 일이 없으리라."

아난이 또 물었다.

"욕계 6천에서 수명이 다하면 어디에 태어납니까?"

"도로 이 염부제로 내려와 인간으로 태어나서는 출가하여 도를 배울 것이다. 그들은 전생에 앵무새였을 때 4성제를 외웠기 때문에 마음이 저절로 열려 벽지불이 될 것이니, 한 명은 이름이 담마曇摩이고, 또 한 명은 수담마修曇摩라 할 것이다."

부처님께서 이어 아난에게 말씀하셨다.

"모든 부처님이건 성현이건 신이건 인간이건 그 누가 되었건 많고 적은 복을 받는 것은 다 법에 따라 좋은 인연을 심었기 때문이다. 그래서 훗날 제각기 오묘한 과보가 나타나게 된 것이다."

그때 아난과 비구들은 부처님 말씀을 듣고 기뻐하며 받들어 행하였다.

53

경전 읽는 소리를 듣고
하늘나라에 태어난 새

나는 다음과 같이 들었다.

언젠가 부처님께서 사위국의 기수급고독원에 계실 때였다.

그때 어떤 비구가 숲속에 앉아 참선하며 도를 닦고, 공양한 뒤에는 조용히 거닐면서 경을 독송하였다. 그의 음성은 맑고 고우며 아름답고 좋아 비할 데가 없었다.

그때 어떤 새 한 마리가 그의 음성을 매우 사랑해 나무에 앉아 그의 독경 소리를 들었다. 그때 어떤 사냥꾼이 활을 쏘아 그 새를 죽였다. 그 새는 경을 들은 공덕으로 욕계欲界의 두 번째 하늘나라인 도리천忉利天에 태어났다. 그는 부모의 무릎 위에서 갑자기 자라나 여덟 살 먹은 아이만큼 되었다. 얼굴은 단정하고 특별히 빛나는 모양은 환하여 비할 데가 없었다.

그는 스스로 생각하였다.

'나는 무슨 복으로 이곳에 태어났을까?'

그는 하늘나라에 태어난 복의 과보로 곧 전생에 있었던 일들을 알 수 있었다. 전생 몸을 살펴보니, 본래 한 마리 새였는데 비구가 경을 외우는 소리를 듣고 그 복의 과보를 받아 그곳에 태어난 것이었다. 그는 하늘나라 꽃을 가지고 염부제로 내려가서 그 비구를 찾아가 공손히 절을 올리고 안부를 여쭈었다. 그리고 하늘나라의 꽃과 향을 그 비구 위에 흩뿌렸다.

그러자 비구가 물었다.

"당신은 어떤 신神입니까?"

그가 대답하였다.

"나는 본래 새였는데, 존자께서 경 읽는 소리를 사랑하여 듣다가 사냥꾼에게 죽었습니다. 그래서 경을 들은 공덕으로 도리천에 태어났습니다."

비구는 그 말을 듣고 기뻐하며 자리에 앉게 하였다. 그리고 그를 위해 갖가지 오묘한 법을 설명하였다. 그 하늘나라 사람은 곧 마음이 열려 수다원의 과보를 얻고, 기뻐 뛰면서 하늘나라로 돌아갔다.

부처님께서 아난에게 말씀하셨다.

"여래가 세상에 출현함으로 인해 참으로 많은 이익이 있다. 내가 말한 모든 법은 실로 깊고 오묘하니, 날아다니는 새까지도 법을 독송하는 소리를 사랑함으로써 한량없는 복을 받았다. 하물며 견고한 믿음으로 법을 받들어 지키는 사람이겠는가? 그가 얻는 과보는 이와 비교하기도 어려우니라."

그때 아난과 대중들은 부처님 말씀을 듣고 기뻐하며 받들어 행하였다.

지혜로운 자와 어리석은 자의 이야기
- 현우경 -

•

제13권

원위元魏 시대에 양주涼州의 사문 혜각慧覺 등이
고창군高昌郡에서 한역하였다.

54

법을 듣고 하늘나라에 태어난 500마리 기러기

나는 다음과 같이 들었다.

언젠가 부처님께서 바라나국에 계실 때였다.

그때 세존께서는 숲에서 하늘나라와 인간세계의 사부대중을 위해 오묘한 법을 연설하셨다. 그때 허공을 날던 500마리 기러기 떼가 부처님의 음성을 듣고 매우 즐거워하였다. 기러기 떼는 하늘을 빙빙 돌다가 부처님 계신 곳에 내려앉으려 하였다. 그때 어떤 사냥꾼이 그물을 치는 바람에 그 기러기 떼가 그물에 걸려 사냥꾼 손에 모두 죽었다.

그들은 도리천에 태어나 부모 무릎 위에서 갑자기 자라나 여덟 살 먹은 아이만큼 되었다. 그들의 몸은 단정하고 얼굴은 비할 데 없이 아름다우며, 빛나는 모양은 밝고 깨끗하여 마치 황금의 산과 같았다. 그들은 스스로 생각하였다.

'우리는 어떤 인연으로 이 하늘나라에 태어났을까?'

하늘나라 사람들은 마음이 총명하여 신통하게 이해하였다. 그래서 자신들이 전생에 법의 음성을 좋아했기 때문에 그 과보로 하늘나라에 태어났다는 것을 알게 되었다. 그들은 은혜를 갚아야겠다는 생각에 모두 함께 하늘나라 꽃과 향을 가지고 염부제의 바라나국으로 내려와 부처님께 나아갔다. 하늘나라 신들의 광명으로 숲이 환히 밝아 마치 보배 수풀 같았다. 그들은 동시에 몸을 굽혀 부처님 발에 예배한 뒤에 합장하고 아뢰었다.

"저희는 부처님의 음성을 듣고 저 오묘한 곳에 태어났습니다. 부디 다시 한번 가엾이 여겨 도의 핵심을 가르쳐 주소서."

그러자 부처님께서 그들을 위하여 4성제의 오묘한 법을 연설하셨다. 하늘나라 사람들은 깨달아 수다원의 과보를 얻고 곧 하늘나라로 돌아갔다. 그리하여 다시는 세 갈래 나쁜 세계에 떨어지지 않고, 인연 따라 일곱 번 환생했다가 모든 번뇌가 완전히 사라지게 되었다.

그때 아난이 부처님께 아뢰었다.

"어젯밤에 광명이 찬란한 하늘나라 신들이 찾아와 부처님께 공경히 예배하였는데, 그 인연을 알 수 없습니다. 부디 가르쳐 주소서."

부처님께서 말씀하셨다.

"잘 명심하라. 너를 위해 말하리라. 어제 내가 숲에서 하늘나라와 인간세계의 사부대중을 위해 오묘한 법을 연설하고 있었다. 그때 500마리 기러기가 내 설법하는 소리를 좋아하고 경사롭게 여겨 모두 내게로 날아오려 하였다. 그러다 사냥꾼의 그물에 걸려 사냥꾼 손에 죽고 말았다. 그들은 설법을 들은 공덕으로 도리천에 태어났다가, 자신들의 전생 일을 알고 은혜를 갚으려고 일부러 내게 찾아온 것이니라."

그때 아난은 부처님 말씀을 듣고 못내 기뻐하며, 처음 보는 일이라 찬탄하면서 이렇게 말하였다.

"부처님께서 세상에 나오심은 참으로 기이하고 묘한 일입니다. 비처럼 널리 펴시는 법에 그 은혜를 입지 않는 이가 없으니, 심지어 새나 짐승까지도 그 설법하는 소리를 듣고 이처럼 복을 얻습니다. 하물며 믿는 마음으로 법을 받들어 지키는 사람이겠습니까? 그 과보를 헤아리면 저들보다 백천만 배나 많아 비교할 수도 없을 것입니다."

부처님께서 말씀하셨다.

"착하고, 착하구나. 네 말과 같다. 여래가 세상에 출현함으로 인해 많은 이익이 있으니, 감로#露를 비처럼 내려 중생을 두루 젖게 하느니라. 그러므로 마땅히 일심으로 불법을 믿고 공경해야 하느니라."

그때 아난과 대중들은 부처님 말씀을 듣고 기뻐하며 받들어 행하였다.

55

굳게 맹세한 사자

나는 다음과 같이 들었다.

언젠가 부처님께서 왕사성의 기사굴산에 계실 때였다.

그때 제바달다는 늘 나쁜 마음을 품고 부처님을 해치려 하였다. 그는 스스로를 부처라 일컫고, 아사세阿闍世 왕자를 시켜 아버지를 죽이고 왕이 되라고 권하면서 새 부처와 새 왕이 나라를 다스리면 얼마나 통쾌하겠느냐고 하였다. 왕자는 이 말을 믿고 곧 자신의 아버지를 죽이고 스스로 왕이 되었다. 그래서 세상 사람들이 모두 원한을 품고 비구들을 미워하며 보지도 않으려 하였다.

그러던 어느 날 비구들이 성에 들어가 걸식하였는데, 사람들이 모두 분개하며 더불어 말도 하지 않았기 때문에 빈 발우로 성을 나와야 했다. 그들은 산으로 돌아와 부처님께 아뢰었다.

"저 제바달다가 나쁜 짓을 저지르는 바람에 사부대중이 모두 미워하는 마음으로 사문을 대합니다."

그때 부처님께서 아난에게 말씀하셨다.

"만약 가사를 입은 사문을 미워하는 마음으로 대하는 중생이 있다면, 그 사람은 과거의 모든 부처님과 벽지불과 아라한들을 미워하는 마음으로 대하고, 현재의 모든 부처님과 벽지불과 아라한들을 미워하는 마음으로 대하고, 미래의 모든 부처님과 벽지불과 아라한들을 미워하는 마음으로 대하는 것과 같다. 그는 미워하는 마음으로 과거·현재·미래의 모든 성현을 대했기 때문에 한량없는 죄업의 과보를 받을 것이다. 왜냐하면 가사는 과거·현재·미래에서 언제나 성현들의 표식標式이기 때문이니라.

수염과 머리를 깎고 물들인 가사를 입는 중생이 있다면, 그는 오래지 않아 일체 고통에서 해탈을 얻고 번뇌 없는 지혜를 얻어 중생들의 큰 구호자가 될 것이다. 그러므로 출가하여 물들인 가사를 입은 수행자에게 믿음을 일으키는 중생이 있다면, 그는 한량없는 복을 받을 것이다."

부처님께서 이어 아난에게 말씀하셨다.

"나도 옛날에 출가하여 물들인 가사를 입은 사람에게 깊은 믿음을 일으키고 공경히 받들었기 때문에 부처를 이루게 되었느니라."

아난이 여쭈었다.

"부처님께서는 옛날에 물들인 가사를 입은 사람에게 어떻게 깊은 믿음을 일으키고 공경하셨습니까? 알고 싶습니다."

부처님께서 말씀하셨다.

"잘 들어라. 너를 위해 말하리라."

"그러겠습니다, 세존이시여. 정말 알고 싶습니다."

부처님께서 아난에게 말씀하셨다.

"옛날 한량없는 아승기겁 전에 이 염부제에 큰 나라 왕이 있었는데, 이름이 제비提毘였다. 그는 8만 4천 개의 여러 작은 나라 왕들을 거느리고 있었다. 그 세상에는 부처님 법은 없었고, 어떤 벽지불이 숲에서 좌선하며 도를 닦아 신통으로 날아다니면서 중생들을 제도하였다. 들짐승들도 모두 다가와 그를 가까이하며 따랐다.

그때 사자 한 마리가 있었는데, 이름이 다가라비蹉迦羅毘(중국 말로는 견서堅誓)였다. 그 사자의 털은 황금색이고, 찬란한 횃불처럼 광명이 밝게 빛났다. 그 사자는 과일이나 풀을 먹고 다른 중생은 해치지 않았다.

그때 머리를 깎고 가사를 입고 다니던 한 사냥꾼이 있었다. 그는 가사 속에 활을 차고 숲속을 다니다가 그 사자를 보고 매우 기뻐하며 생각하였다.

'내가 오늘 운수가 좋아 이 사자를 만났구나. 이놈을 잡아 가죽을 벗겨 왕에게 바치면 가난을 면할 수 있을 것이다.'

마침 그때 사자가 자고 있었다. 사냥꾼은 곧바로 독화살을 쏘았다. 놀라서 일어난 사자는 달려들어 해치려다가 그가 가사를 걸친 것을 보고 생각하였다.

'저런 사람은 오래지 않아 반드시 해탈을 얻어 온갖 고액을 벗어날 것이다. 왜냐하면 물들인 가사를 입은 사람은 과거·현재·미래 모든 성현들의 표식이기 때문이다. 내가 만약 저 사람을 해친다면 그것은 삼세의 모든 성현께 나쁜 마음을 품는 것이다.'

이렇게 생각하자 해칠 마음이 곧 사라졌다. 독화살 두 발을 맞고 생명이 얼마 남지 않은 사자는 곧 게송을 읊었다.

'야라라耶羅羅 바사사婆奢沙 사하娑呵.'

이 게송을 읊자 천지가 크게 흔들리고 구름도 없는 하늘에서 비가 내렸다. 그러자 여러 하늘나라 신들이 불안해하면서 곧 천안으로 세간을 내려다보았다. 그러다 사냥꾼이 보살인 사자를 죽인 것을 보았다. 하늘나라 신들은 허공에서 온갖 하늘나라 꽃을 뿌려 사자의 사체에 공양을 올렸다.

한편 사냥꾼은 사자 가죽을 벗겨 집으로 가지고 돌아왔다. 그리고 국왕 제비提毘에게 바치며 큰 상을 요구하였다.

그때 국왕은 생각하였다.

'경서에 이르기를, 만약 짐승의 몸이 황금빛이면 그는 반드시 대사 보살이라 하였다. 그런데 내가 어떻게 상을 주겠는가? 만일 상을 준다면 이 사람과 함께 죽인 것이나 다름이 없다.'

그때 사냥꾼은 워낙 가난했기에 애걸하였다. 국왕은 그를 가엾이 여겨 재물을 조금 주면서 그에게 물었다.

'사자가 죽을 때 무슨 이상한 일은 없었는가?'

그는 대답하였다.

'사자가 입으로 여덟 글자를 외우자 천지는 진동하며 구름도 없이 비가 내리고, 하늘에서 온갖 꽃이 뿌려졌습니다.'

왕은 이 말을 듣고 슬픔과 기쁨이 한데 얽혀 믿는 마음이 더욱 왕성해졌다. 왕은 곧 나이 많고 지혜로운 신하들을 불러 그 게송의 뜻을 풀이하게 하였다. 그러나 그들 누구도 그 뜻을 해석하지 못하였다.

그때 사람이 살지 않는 숲속에 한 선인仙人이 있었는데, 이름이 사마奢摩였다. 사마는 '모두 한가롭다'라는 뜻이다. 그는 총명하고 명철하게 통달한 숙련된 수행자였다. 사람들은 왕에게 그 사람을 천거하였다. 왕은 곧 그를 초청하자, 그는 대왕을 위해 그 뜻을 자세히 해설하였다.

'야라라耶羅羅는 머리를 깎고 물들인 가사를 입으면 삶과 죽음의 굴레에서 빨리 해탈한다는 뜻이요, 바사사婆奢沙는 머리를 깎고 물들인 가사를 입으면 그것은 모두 성현의 모습이라 열반에 가깝다는 뜻이며, 사하娑呵는 머리를 깎고 물들인 가사를 입으면 그는 모든 하늘나라와 세상 사람들의 공경과 우러름을 받는다는 뜻입니다.'

그때 선인이 그 말을 해석하자, 제비왕은 매우 기뻐하며 곧 8만 4천 개의 작은 나라 왕들을 한 자리에 불러 모았다. 그리고 일곱 가지 보배로 된 높은 수레를 만들고 사자 가죽을 거기에 걸어 모든 중생에게 보이면서, 모두에게 공경히 받들며 향을 사르고 꽃을 흩뿌리면서 정성을 다하게 하였다. 그리고 다시 황금을 두드려 관을 만들고 사자 가죽을 담아 탑을 세웠다.

그때 이 일에 참여한 백성들은 그 공덕으로 말미암아 목숨을 마친 뒤 모두 하늘나라에 태어났느니라."

부처님께서 이어 아난과 사부대중에게 말씀하셨다.

"그때 그 사자는 착한 마음을 내어 물들인 가사를 입은 이를 대하였기 때문에 10억만 겁 동안 전륜성왕이 되어 중생을 풍족하게 다스렸고, 널리 복을 심어 부처님이 되었느니라. 그때 사자 다가라

비가 어찌 다른 사람이겠느냐? 바로 지금의 나이니라. 국왕 제비는 사자 가죽에 공양을 올렸기 때문에 10만 억겁 동안 하늘나라와 인간세계에서 가장 존귀하게 태어나 온갖 선의 근본을 닦았으니, 그가 바로 지금의 미륵보살이니라. 그리고 사자의 게송을 해석한 선인은 지금의 사리불이고, 사냥꾼은 지금의 저 제바달다이니라."

그때 사부대중은 부처님께서 말씀하신 과거의 인연을 듣고, 마음으로 기뻐하면서도 또 스스로 매우 슬퍼하고 탄식하였다.

"저희가 어리석어 성현을 알아보지 못하고 나쁜 마음을 일으켰습니다. 앞서 저희가 지은 죄를 참회합니다. 부디 부처님께서는 어리석은 저희를 가엾이 여겨 참회를 받아 주소서."

부처님께서는 넓은 사랑으로 그들을 위하여 미묘한 4성제의 법을 말씀하셨다. 그들은 전생의 인연을 따라 여러 가지 도를 얻었다. 즉 어떤 이는 수다원을 얻고, 사다함·아나함이나 아라한까지 얻는 이도 있었으며, 위없는 바르고 참된 도의 뜻을 일으키는 이도 있었다.

그때 아난과 사부대중은 부처님 말씀을 듣고 기뻐하며 받들어 행하였다.

56

부처님께 천 조각을 보시하고
수기를 받은 바라문

나는 다음과 같이 들었다.

언젠가 부처님께서 사위국의 기수급고독원에 계실 때였다.

그때 부처님께서 시자 아난을 데리고 성에 들어가 걸식하셨다. 부처님께서는 작은 구멍이 뚫린 가사를 입고 계셨는데, 장차 그것으로 중생을 교화하여 제도하기 위해서였다. 부처님께서 걸식을 마치고 돌아오실 때였다.

마침 어떤 바라문이 부처님께 나아가 예배하였는데, 그가 부처님의 얼굴을 보았더니 빛나는 모습이 특별히 뛰어났다. 그는 부처님 옷이 작은 구멍이 난 것을 보고 보시할 마음이 생겼다. 그는 돌아가 집안을 뒤져 하얀 천 조각을 찾았다. 그것을 가져다 부처님께 바치면서 말하였다.

"부디 부처님께서는 이 천으로 그 옷을 기우소서."

부처님께서는 그것을 받으셨다.

그때 바라문은 부처님께서 그것을 받아 주시는 것을 보고 마음으로 기뻐하며 못내 감격하였다. 부처님께서는 그를 가엾이 여겨 곧 그에게 수기를 주셨다.

"미래에 2아승기겁을 지나고 100겁이 되었을 때 너는 부처님이 되어 신통과 상호와 10호號를 두루 갖추리라."

부처님의 수기를 받고, 그는 기뻐하면서 돌아갔다.

그때 그 나라의 부호와 장자와 거사들은 모두 생각하였다.

'왜 부처님께서는 그렇게 작은 보시를 받고 그처럼 큰 과보를 주셨을까?'

그러고는 각기 부처님을 위해 좋은 천을 베어 갖가지 옷을 만들고, 그것을 부처님께 바쳤다. 아난이 부처님께 아뢰었다.

"부처님께서는 전생에 어떤 선행을 닦으셨기에 일체중생이 저렇게 옷을 보시하는 것입니까? 부처님이시여, 부디 저희가 알 수 있도록 말씀해 주소서."

부처님께서 말씀하셨다.

"자세히 듣고 명심하라. 너를 위해 과거의 인연을 말해 주리라."

"예, 잘 듣겠습니다."

부처님께서 말씀하셨다.

"먼 옛날 한량없고 헤아릴 수 없는 아승기겁 전에 비발시毘鉢尸라는 부처님이 세상에 나오셔서 그 제자 9만 명과 함께 계셨다.

그때 반두槃頭라는 왕이 있었는데, 그 왕의 한 대신이 부처님과 스님들을 초청해 석 달 동안 공양을 올리고자 했다. 부처님께서는 곧 승낙하셨다. 그는 승낙을 얻고 자기 집으로 돌아가 갖가지 물품을 준비하였다.

그때 반두왕도 부처님과 스님들께 공양을 올리려고 부처님께 찾아가 아뢰었다.

'부처님과 스님들을 초청하여 석 달 동안 공양을 올리고자 합니다.'

부처님께서 말씀하셨다.

'나는 먼저 저 대신의 초청을 받았습니다. 약속을 중간에 어기지 않는 것이 대인의 법입니다.'

왕은 궁중으로 돌아가 그 대신에게 말하였다.

'부처님께서 우리나라에 계시기에 내가 공양하려 하였더니, 그대가 이미 초청했다고 하시더구나. 이제 그대는 내게 양보하라. 내가 공양을 올린 다음에 그대가 초청하면 어떻겠는가?'

대신은 대답하였다.

'만약 대왕께서 제 신명을 보호하고, 또 부처님께서 항상 이곳에 계시도록 보장하고, 또 이 나라를 늘 편안하고 재앙이 없게 하신다면, 이런 여러 가지를 보장하신다면 제가 뜻을 접고 왕께서 먼저 초청하시도록 맡기겠습니다.'

왕은 속으로 생각하였다.

'대신의 요구는 장담하기 어려운 일들이다.'

그래서 다시 타일렀다.

'그러면 그대와 내가 하루씩 번갈아 가며 초청하면 어떻겠는가?'

대신은 승낙해, 번갈아 가며 보시를 베풀기로 하여 제각기 소원을 이루었다.

그때 대신은 부처님을 위해 세 가지 옷을 풍족하게 준비하고, 또 9만 명의 비구를 위해 칠조의 七條衣를 만들어 한 사람에게 한 벌씩 주었다.

아난아, 알아야 한다. 그때 그렇게 부처님과 스님들에게 옷을 공양했던 대신이 어찌 다른 사람이겠는가? 바로 지금의 나이다. 나는 세세생생 싫증을 내지 않고 복을 지었기 때문에 지금 모든 것을 저절로 얻는 것이니, 지은 공덕은 끝내 헛되게 사라지지 않느니라."

아난은 이 말을 듣고 기뻐하며 정성껏 온갖 복된 업을 닦기로 하고, 더욱 감격하며 받들어 행하였다.

57

부처님께서 인자한 마음을 가지게 된 인연

나는 다음과 같이 들었다.

언젠가 부처님께서 사위국의 기수급고독원에 계실 때였다.

그때 비구들이 여름 안거를 마치고 부처님께 나아가 예배하고 문안드렸다. 그러자 부처님께서 인자한 마음으로 그들을 위로하고 걱정해 주셨다.

"너희는 그곳에서 지내며 큰 괴로움은 없었느냐?"

이렇게 인자한 마음으로 몹시 가엾게 여기셨다.

아난이 그것을 보고 부처님께 아뢰었다.

"부처님께서는 인자한 마음으로 저희를 가엾이 여기심이 특별하십니다. 궁금합니다. 세존께서는 언제부터 그런 인자한 마음을 내셨습니까?"

부처님께서 말씀하셨다.

"궁금하냐? 내 너를 위해 말하리라. 먼 옛날 헤아릴 수 없는 아승기겁 전에 두 죄인이 지옥에 함께 있었다. 옥졸은 그들을 다그쳐 쇠수레를 끌게 하고, 그들의 가죽을 벗겨 수레의 띠를 만들고, 다시 쇠몽둥이로 때리면서 잠시도 쉬지 않고 동서남북으로 달리게 하였다.

그때 그들 중 한 죄인은 몸이 약하고 힘이 적었다. 그래서 옥졸이 때리면 땅에 쓰러졌다가 다시 일어나고, 극도의 피로와 굶주림으로 까무러쳤다가 다시 깨어나곤 하였다. 그때 다른 한 사람이 그가 고통스러워하는 것을 보고는 인자한 마음으로 그를 가엾이 여겼다. 그래서 옥졸을 돌아보며 말하였다.

'부디 제가 저 사람을 대신하여 이 수레를 혼자 끌도록 허락해 주십시오.'

옥졸은 화를 내며 몽둥이로 그를 때려 그 자리에서 죽여 버렸다. 그리고 그는 도리천에 태어났느니라.

아난아, 알아야 한다. 그때 그 지옥에서 인자한 마음을 가졌던 사람이 바로 나이다. 나는 그때 그 지옥에서 벌을 받으면서 그런 인자하고 가엾이 여기는 마음을 처음 일으켰다. 그리고 모든 사람에게 그런 마음을 가지면서 물러나거나 버린 적이 없었고, 지금에 이르러서도 일체를 사랑하고 가엾이 여기는 마음을 즐거이 닦느니라."

그때 아난은 부처님 말씀을 듣고 기뻐하며 받들어 행하였다.

58

정생왕 이야기

나는 다음과 같이 들었다.

언젠가 부처님께서 사위국의 기수급고독원에서 큰 비구들 1,250명과 함께 계실 때였다.

그때 부처님께서는 비구들이 꾸미는 것을 좋아하고 이름과 이익에 집착하여 잔뜩 쌓아 두고도 만족할 줄 모르는 것을 보시고는 그들을 위하여 이익을 탐하는 폐해를 말씀하셨다.

"탐욕을 부린 자는 현세에서 몸과 목숨을 해치고, 결국은 세 갈래 나쁜 세계로 돌아가 한량없는 고통을 받느니라. 왜냐하면 나도 전생에 탐욕으로 말미암아 타락해 온갖 고통을 받았던 것을 기억하기 때문이다."

아난이 꿇어앉아 합장하고, 앞으로 나와 부처님께 여쭈었다.

"세존께서는 전생에 어떻게 탐욕으로 말미암아 타락하셨습니까?"

부처님께서 말씀하셨다.

"먼 옛날 한량없고 끝없고 헤아릴 수조차 없는 아승기겁 전에 이 염부제에 한 대왕이 있었는데, 이름이 구살리瞿薩離였다. 그는 이 천하의 8만 4천 개의 작은 나라를 거느렸고, 2만 명의 부인과 궁녀, 그리고 1만 명의 대신을 두었다.

그때 그 왕의 정수리에 갑자기 혹이 하나 생겼다. 그 모양새가 마치 누에고치 같았는데 깨끗하고 투명하며 아프지도 않았다. 그것이 자꾸 자라 박만큼 되었을 때, 그것을 쪼개자 한 아기가 나왔다. 그 아기는 얼굴이 매우 단정하고 머리카락이 검푸르며 피부는 붉은 황금색이었다. 왕은 관상가를 불러 아이의 길흉을 점치게 하였다. 관상가는 점을 치고 왕에게 아뢰었다.

'이 아기는 덕이 있고 웅장한 모습이 특히 뛰어나니 반드시 성왕이 되어 네 천하를 통치할 것입니다.'

그래서 곧 이름을 문타갈文陁竭(중국 말로는 정생頂生)이라 하였다. 아기는 점점 자라나자 기운과 덕이 두드러졌다. 왕은 한 나라를 떼어 그에게 주었다.

그 뒤에 대왕이 병이 들어 매우 위중하게 되었다. 여러 작은 나라 왕들이 모두 찾아와 간호하였지만, 대왕은 죽음을 피할 수 없었다.

마침내 대왕이 죽자, 여러 작은 나라 왕들이 모두 정생에게 찾아와 아뢰었다.

'대왕께서 돌아가셨으니, 왕위를 이으소서.'

정생은 대답하였다.

'만약 내가 왕이 될 만한 복을 가진 자라면 반드시 사천왕과 제석천이 찾아와 나를 맞이할 것이다. 그러면 왕위에 오르리라.'

이렇게 소원을 빌자, 사천왕이 곧바로 내려와 각각 향탕香湯이 가득한 보배 병을 들고 그 정수리에 부었다. 그리고 제석천은 보배 왕관을 가지고 내려와 그의 머리에 씌운 다음 대왕의 등극을 널리 선포하였다.

여러 작은 나라 왕들은 다시 문타갈에게 대왕이 다스리던 수도로 가시기를 권하였다. 그러자 정생이 다시 말하였다.

'만약 내가 왕이 될 만한 복을 가진 자라면 그 나라가 내게 올 것이요, 내가 그 나라로 가지는 않으리라.'

이렇게 소원을 빌자, 수도의 모든 궁전과 동산을 비롯해 목욕하는 연못 등이 모두 그에게로 오고, 황금 수레바퀴·코끼리·말·옥녀·신비한 구슬·재정 관리자·장군 등도 모두 모였다.

그는 네 천하의 임금으로 전륜성왕이 되어 여러 나라를 순행하였다. 정생왕은 백성들이 밭을 갈고 씨를 뿌리는 것을 보고, 신하에게 물었다.

'저 사람들은 무엇 하는 것인가?'

신하가 대답하였다.

'몸이 있는 무리는 먹어야 삽니다. 그래서 곡식을 심어 목숨을 부지하는 것입니다.'

왕은 또 소원을 빌었다.

'만약 내가 왕이 될 만한 복을 가진 자라면 저절로 온갖 맛있는 음식이 생겨 모두가 배불리 먹고 굶주리지 않게 하소서.'

이렇게 소원을 빌자, 이내 음식이 생겼다.

정생왕이 다시 나가 놀다가 사람들이 길쌈하는 것을 보고 물었다.

'저것은 무엇 하는 것인가?'

신하가 대답하였다.

'음식은 저절로 생겼지만, 몸을 가려야 합니다. 그래서 저렇게 길쌈하여 옷을 만드는 것입니다.

왕은 다시 소원을 빌었다.

'만약 내가 왕이 될 만한 복을 가진 자라면 오묘한 옷이 저절로 생겨 만백성에게 주어도 모자람이 없게 하소서.'

이렇게 소원을 빌자, 곧바로 모든 나무에서 갖가지 기이한 색깔의 아름다운 옷이 생겨 모든 백성이 아무리 가져가도 다함이 없었다.

정생왕이 다시 나가 놀다가 사람들이 악기를 만드는 것을 보고 곧 물었다.

'저것을 만들어 무엇 하는가?'

사람들이 대답하였다.

'의복과 음식은 이미 풍족합니다. 하지만 음악이 없습니다. 그래서 악기를 만들어 즐기려는 것입니다.'

왕은 다시 소원을 빌었다.

'만약 내가 왕이 될 만한 복을 가진 자라면 온갖 묘한 악기가 저절로 나타나게 하소서.'

이렇게 소원을 빌자, 곧바로 모든 나무에 여러 가지 악기가 가지마다 주렁주렁 매달려 원하는 사람이면 누구나 가져갔다. 그것을 연주하자 소리가 화창하여 듣는 사람마다 다들 즐거워하였다.

왕의 덕이 너무도 커 온갖 좋은 일들이 모두 몰려들었으니, 하늘에서 일곱 가지 보배가 비처럼 쏟아져 온 나라에 가득하였다.

정생왕이 신하들에게 물었다.

'이것은 누구 덕인가?'

신하들이 대답하였다.

'이것은 대왕의 덕이요, 또한 국민의 복입니다.'

왕은 다시 소원을 빌었다.

'만약 이것이 백성들의 복이라면 온 나라에 보배가 두루 쏟아지고, 만약 나 혼자의 덕이라면 궁궐에만 쏟아지게 하소서.'

이렇게 소원을 빌자, 다른 곳에 쏟아지던 보배 비는 멈추고 오직 궁궐에만 이레 밤낮 동안 쏟아졌다. 정생왕은 이렇게 염부제에서 다섯 가지 쾌락을 스스로 누리면서 84,000년을 지냈느니라.

그러던 어느 날 어떤 야차가 궁전 앞에 솟아나 큰소리로 외쳤다.

'동쪽에 불파제弗婆提라는 나라가 있습니다. 거기는 풍족하고 즐거우며 유쾌하고 좋기가 비할 데 없습니다. 대왕께서는 그곳에 가서 노니소서.'

정생왕은 좋다 하고 그곳으로 떠나려 하였다. 그러자 황금 수레 바퀴가 앞에서 구르고 신하들과 일곱 가지 보배가 모두 그 뒤를 따랐다. 왕이 불파제에 도착하자 여러 작은 나라 왕들이 모두 찾아와 조회하였다. 왕은 그 나라에서 다섯 가지 쾌락을 마음대로 누리면서 8억 년을 지냈느니라.

그러던 어느 날 야차가 또 외쳤다.

'서쪽에 구야니瞿耶尼라는 나라가 있습니다. 그곳도 매우 즐겁습니다. 대왕께서는 그곳으로 가소서.'

정생왕은 곧 좋다 하고 그 나라로 가서 복을 누리고 즐거움을 받으면서 14억 년을 지냈느니라.

그러던 어느 날 야차가 또 외쳤다.

'북쪽에 울단왈鬱單曰이라는 나라가 있습니다. 그 나라도 편안하고 풍족하며 백성이 번성합니다. 대왕께서는 그 나라로 가소서.'

정생왕은 곧 그곳으로 가서 다섯 가지 오묘한 쾌락을 마음껏 누리면서 18억 년을 지냈느니라.

그러던 어느 날 야차가 또 외쳤다.

'사천왕이 사는 곳이 있습니다. 그곳은 즐거움이 한량없습니다. 대왕께서는 그곳에 가서 노니소서.'

정생왕은 신하들과 네 종류 군사를 거느리고 허공으로 날아올랐다. 사천왕은 멀리서 바라보고 매우 두려워하여 곧 군사를 모으고 성 밖으로 나와 항거하였다. 그러나 어찌할 수 없어 머물던 곳으로 물러났다. 정생왕은 그곳에서 즐겁게 놀면서 10억 년을 지냈느니라.

그러다 도리천으로 올라가 보고 싶은 생각이 들었다. 정생왕은 신하들을 데리고 허공을 밟고 올라갔다. 그때 500명의 선인仙人이 수미산 중턱에 살고 있었는데, 왕이 탄 코끼리와 말의 똥오줌이 아래로 떨어지는 바람에 선인들의 몸을 더럽혔다. 선인들이 서로 물었다.

'이게 무슨 일인가?'

그중에서 지혜로운 사람이 여러 사람에게 말하였다.

'정생왕이 33천으로 올라가려 한다는 말을 내가 들었다. 이것은 분명 그 왕의 코끼리와 말들이 흘린 것이다.'

격분한 선인들이 신비한 주문을 외워 정생왕과 그 무리가 모두 나아가지 못하고 멈추게 하였다. 왕이 또 그것을 알아차리고 곧 소원을 빌었다.

'만일 내게 복이 있다면 저 선인들이 모두 와서 우리가 하는 일을 돕게 하소서.'

왕의 덕은 크고 넓어 그들마저 감동하게 했다. 500명의 선인은 모두 왕의 곁으로 와서 수레바퀴를 부축하고 말을 몰아 하늘나라로 함께 떠났다.

도리천에 이르기도 전에 멀리서 새하얀 빛깔에 우뚝 높이 솟은 하늘나라의 쾌견성快見城이 보였다. 쾌견성에는 1,200개의 문이 있었다. 도리천의 신들은 정생왕 일행을 보고 두려워하여 모두 성으로 들어가서 문을 닫고 세 겹으로 빗장을 걸었다. 그러나 정생왕과 군사들은 망설이지 않고 곧장 나아갔다.

왕이 곧 나팔을 불고 활시위를 당겼다. 그러자 1,200개의 문이 동시에 모두 열렸다. 얼마 후 제석이 성을 나와 정생왕과 만나고 궁으로 들어가자고 청하였다. 둘이 자리를 나누어 나란히 앉았는데, 하늘나라의 제왕과 인간세계의 대왕이 얼굴이 똑같이 생겨 처음 보는 사람은 구별할 수 없었다. 다만 눈을 깜빡이는 것이 더디고 빠름으로써 둘이 다르다는 것을 알 수 있을 뿐이었다. 정생왕은 그 하늘나라에서 서른여섯 명의 제석을 거치는 동안 다섯 가지 쾌락을 누렸는데, 그 마지막 제석이 바로 대가섭大迦葉이었다.

그때 아수라왕이 군사를 일으켜 하늘나라로 올라와 제석과 싸웠다. 제석은 패하였고, 군사를 돌이켜 성으로 들어갔다. 그때 정생왕이 다시 나와 나팔을 불고 활시위를 튕기자 아수라왕은 곧바로 무너졌다.

정생왕은 가만히 생각하였다.

'내 힘이 이와 같아 대적할 자가 없는데, 지금 제석과 같이 앉아 무엇 하겠는가? 차라리 제석을 해치우고 혼자서 왕 노릇을 하리라.'

이렇게 나쁜 마음을 먹자, 그는 곧 하늘나라에서 인간세계로 떨어져 자신의 본래 궁전 앞에서 숨이 거의 넘어갈 지경이 되었다. 그때 사람들이 다가와 물었다.

'후세 사람들이 정생왕은 어쩌다 죽었냐고 물으면 뭐라 대답할까요?'

왕은 대답하였다.

'누가 그렇게 묻거든 이렇게 대답하라. 정생왕은 탐욕 때문에 죽었노라고. 그는 40억 년 동안 네 천하를 통솔하였고, 이레 동안 보배가 비처럼 쏟아졌으며, 두 하늘나라에 있으면서도 만족할 줄 몰랐다. 그래서 떨어져 죽었다.'

그러므로 비구들이여, 이양利養이란 참으로 큰 재앙이다. 그러니 멀리 벗어나야겠다 생각하고, 진실한 도를 깊이 탐구하도록 하라."

아난이 부처님께 여쭈었다.

"그 정생왕은 전생에 어떤 복을 지었기에 그런 한량없는 큰 과보를 얻었습니까?"

부처님께서 말씀하셨다.

"먼 옛날 헤아릴 수 없는 겁 전에 불사弗沙라는 부처님이 계셨다. 그분이 제자들과 함께 세간을 다니면서 교화하실 때였다. 그때 어떤 바라문의 아들이 마침 신부를 맞이하려고 손에 콩을 쥐고서 신부에게 뿌리고 있었다. 그것은 당시 예의를 갖추는 세속의 풍습이었다. 그러다 길에서 부처님을 만나자 마음이 기쁘게 되었다. 그는 그 콩을 들고 삼가 부처님에게도 흩뿌렸다. 그러자 네 알이 발우에 들어가고, 한 알은 부처님 정수리에 머물렀다.

그는 그 인연으로 끝없는 복을 받았으니, 네 알이 발우에 들어갔기 때문에 네 천하의 왕이 되었고, 한 알이 정수리에 머물렀기 때문에 두 하늘의 즐거움을 받았느니라."

그때 제자들은 부처님 말씀을 듣고 수행의 첫 번째 과위를 얻는 이도 있었고, 두 번째, 세 번째 그리고 네 번째 과위인 아라한을 얻는 이도 있었다. 또 헤아릴 수 없이 많은 사람이 부처님 말씀을 받아들여 지키면서 기쁘게 받들어 행하였다.

59

소만의 열 아들

나는 다음과 같이 들었다.

언젠가 부처님께서 사위국의 기수급고독원에 계실 때였다.

그때 수달 장자에게 막내딸이 있었는데, 이름이 소만蘇曼이었다. 그녀는 얼굴이 단정하고 용모가 너무도 아름다웠다. 그래서 그의 아버지는 다른 여러 아들보다 그녀를 더 아끼고 사랑해 밖에 나가 노닐 때마다 늘 데리고 다녔다.

어느 날 장자는 딸을 데리고 부처님께 찾아갔다. 딸은 부처님을 뵙고 마음으로 기뻐하여 좋은 향을 구해 부처님이 머무시는 방에 바르려고 생각하였다. 그때 그녀는 손에 빈바賓婆 열매를 가지고 있었다. 부처님께서는 그것을 달라고 하셨다. 그는 분부를 받고 곧 부처님께 드렸다. 부처님께서는 거기에 '향종직香種稷'이라고 써서 그녀에게 도로 주었다.

그녀는 아버지와 함께 성으로 돌아와 부처님께 필요한 갖가지

묘한 향을 샀다. 그리고 그것을 가지고 기원祇洹으로 찾아가 직접 부처님 방에 발랐다. 그녀는 이 일을 날마다 계속하였다.

그 무렵 특차시리국特叉尸利國의 왕이 자기 아들 하나를 사위국으로 파견하였다. 그는 처음에는 다른 곳으로 가서 두루 다니며 구경하다가, 차츰 다시 부처님이 계시는 정사精舍까지 오게 되었다. 그는 그곳에서 향을 갈고 있던 소만을 보고, 그 아름다운 자태를 사랑하여 아내로 삼고자 하였다.

그는 곧바로 성으로 들어가 파사닉왕을 뵙고 아뢰었다.

"제 마음에 쏙 드는 여인이 있습니다. 부디 대왕께서는 제 뜻을 어기지 마시고 그 여인을 제게 주소서."

왕이 물었다.

"어느 집 처녀인가?"

"수달 장자의 딸입니다."

"그대가 직접 찾아가 청혼하라. 내 알 바 아니다."

"왕께서 허락하시면 제가 가서 청혼하겠습니다."

왕은 그러라고 허락하였다.

특차시리국 국왕의 아들은 다른 자제들과 코끼리와 말과 온갖 물건들을 먼저 본국으로 돌려보내고, 오직 코끼리 한 마리와 자기만 뒤에 남았다. 그리고 기원정사로 가서 처녀 소만을 잡아 강제로 코끼리에 태우고 떠났다. 수달이 이 소식을 듣고 사람을 보내 뒤쫓았지만, 코끼리의 걸음이 빨라 따라잡을 수 없었다.

특차시리국 국왕의 아들은 본국으로 돌아와 곧 수달 장자의 딸을 아내로 삼았다. 아내는 아기를 배어 열 개의 알을 낳았다. 그 알이 나중에 부화해 사내아이 열 명이 나왔는데, 그 아이들은 보통 사람과 다르게 용모가 매우 아름다웠다.

그들은 장성하자 남달리 용맹하고 건장하였다. 그리고 사냥을 좋아해 중생들의 목숨을 마구 죽였다. 그들의 어머니는 이를 가엾이 여겨 그러지 말라고 타일렀다. 그러자 그들이 어머니에게 아뢰었다.

"사냥이 가장 재미있는데 어머니께서 이렇게 말리시니, 이러다 장차 미움을 받겠습니다."

어머니가 말하였다.

"내가 너희들을 사랑하기 때문에 말리는 것이다. 만약 너희들을 미워한다면 그런 말을 하지 않을 것이다. 왜냐하면 생물을 죽이는 죄를 지으면 지옥에 들어가 수천만 년 동안 온갖 고통을 받아야 하기 때문이다. 또 항상 사슴 머리·양 머리·토끼 머리 등 온갖 짐승의 머리가 되어 옥졸 아방에게 사냥당하면서 한량없는 세월 동안 아무리 벗어나려 하여도 그 길이 없을 것이기 때문이다."

아들들이 어머니에게 아뢰었다.

"어머님의 그 말씀은 어머님 마음에서 나온 것입니까, 남에게서 들은 말씀입니까?"

어머니가 말하였다.

"내가 예전에 부처님에게서 그런 말씀을 들었다."

아들들이 다시 물었다.

"부처님이란 어떤 분입니까? 자세히 말씀해 주십시오."

어머니가 그들에게 말하였다.

"너희들은 못 들었느냐? 그분은 가유라위迦維羅衛 정반왕의 아들로서 얼굴이 환히 빛나시며, 성왕이 될 분인데 늙음과 병과 죽음을 싫어하여 집을 떠나 도를 배우고 발원과 수행을 성취하여 위없는 과보를 얻으신 분이다. 키는 열여섯 자요, 상호는 비할 데가 없으며, 3명明과 6통通으로 한없이 먼 세계까지 보고 끝없는 전생의 일도 아시니, 과거·현재·미래 세상을 손바닥에 놓인 구슬처럼 보고 아시느니라."

아들들은 이 말을 듣고 마음으로 기뻐하여 이내 다시 물었다.
"부처님께서는 지금 어디 계십니까? 찾아뵐 수 있습니까?"
"지금 사위국에 계신단다."
"가서 부처님을 뵙고 싶습니다."
어머님은 곧 허락하였다.

아들들은 동시에 함께 사위국으로 갔다. 외할아버지 수달은 그들을 보고 매우 기뻐하고 더욱 사랑하였다. 수달은 그들을 데리고 기원정사로 찾아가 부처님을 뵙게 하였다. 그들은 부처님의 상호가 어머니에게서 들었던 것보다 수천만 배나 더 훌륭한 것을 보고는 온 마음으로 기뻐하며 어쩔 줄을 몰랐다.

부처님께서는 그들의 근기를 따라 오묘한 법을 말씀하시자, 열 명이 동시에 법안이 깨끗해졌다. 그들은 곧 부처님께 아뢰어 출가하기를 청하였다. 부처님께서 그들에게 물으셨다.
"너희 부모님이 허락하셨는가?"
"아직 여쭈어보지 못하였습니다."
"부모가 허락하지 않으면 교화를 받을 수 없느니라."

수달이 다시 부처님께 아뢰었다.

"이들은 제 외손자이니 제가 마음대로 할 수 있습니다. 제가 허락하는 것도 옳지 않겠습니까?"

부처님께서는 곧 허락하시고 도를 닦게 하셨다. 그러자 그들의 수염과 머리카락이 저절로 떨어지고 법의가 몸에 입혀져 곧 사문沙門이 되었다. 그들은 부지런히 큰 업을 닦아 모두 아라한이 되었다. 그리하여 비구가 된 그 열 명은 서로 공경하면서 다닐 때도 함께 다니고, 머물 때도 함께 머물렀다.

온 나라 사람들은 모두 그들을 높여 받들었다.

아난이 부처님께 여쭈었다.

"저 열 명의 비구는 어떤 복을 지었기에 귀한 집에 태어나고, 기이하고 특별한 용모를 가지게 되었으며, 또 부처님을 만나 괴로움에서 벗어났습니까?"

부처님께서 말씀하셨다.

"먼 옛날 91겁 전에 비바시 부처님이 세상에 나와 두루 교화하시다가 열반에 드셨다. 그래서 사람들은 그 사리를 널리 퍼뜨려 한량없는 탑을 세웠다. 그 뒤 탑 하나가 오래되어 무너지자, 어떤 할머니가 그것을 수리하고 있었다. 그때 젊은이 열 사람이 길을 가다가 우연히 그것을 보고 할머니에게 물었다.

'거기서 무엇하십니까?'

할머니가 대답하였다.

'이것은 아주 큰 공덕을 가진 거룩한 탑이다. 그래서 이것을 수리해 좋은 과보를 얻고자 한다.'

젊은이들은 기뻐하며 힘을 합해 할머니를 도왔다. 그들은 공사를 마치고 서로 어머니와 자식 사이가 되기로 맹세하였고, 열 명의 젊은이는 한 곳에 함께 태어나기를 소원하였다. 그 공덕으로 젊은이들은 91겁 동안 하늘나라와 인간세계에서 늘 함께 태어나 복과 즐거움을 누렸고, 세 가지 일에 있어서 언제나 남보다 훌륭하였다. 그 세 가지란 첫째는 몸이 단정한 것이요, 둘째는 남의 존경을 받는 것이며, 셋째는 수명이 긴 것이다. 그리하여 오랫동안 세 갈래 나쁜 세계에 떨어지지 않았다. 그리고 지금은 내가 출현한 세상을 만나 맑은 교화에 목욕하고, 온갖 티끌과 때가 다하여 모두 아라한이 된 것이니라.

아난아, 알고 싶은가? 그때의 그 할머니가 바로 지금의 소만이요, 열 명의 젊은이가 지금의 저 아라한들이니라."

부처님께서 이렇게 말씀하시자, 대중들은 수다원에서 사다함·아나함이나 아라한까지 얻는 이도 있었고, 대승大乘의 뜻을 일으켜 물러나지 않는 자리를 얻게 된 이도 있었다.

그들은 모두 부처님 말씀을 듣고 기뻐하며 받들어 행하였다.

60

바세질의 전생

나는 다음과 같이 들었다.

언젠가 부처님께서 나열기의 기사굴산에 계실 때였다.

그때 그 나라에 큰 부호 장자가 있었는데, 이름이 시리질尸利躓이었다. 그 집은 큰 부자로서 일곱 가지 보물이 가득 넘쳤다.

그 아내가 아기를 가져 달이 차서 사내를 낳았는데, 얼굴이 세상에 드물 만큼 아주 아름다웠다. 부모는 기뻐하며 큰 행운이라 여겼다. 부모는 곧 관상가를 불러 아기의 길흉을 점치게 하였다. 관상가는 점을 쳐 보고 부모에게 말하였다.

"이 아기는 복덕이 있어 가문을 빛낼 것입니다."

장자는 더욱 기쁘고 감개가 무량하였다. 장자가 다시 이름을 지어달라고 청하자, 관상가가 물었다.

"이 아기를 가진 뒤로 어떤 이상한 징조가 있었습니까?"

"그의 어미가 본래 말을 더듬었는데, 이 아기를 가진 뒤로는 보통 사람보다 더 말을 잘했습니다."

그래서 이름을 바세질婆世躓이라 하였다. 그는 자라나자 총명한 재주가 보통 사람보다 뛰어났다. 그는 언젠가 친구들과 함께 돌아다니다가 광대놀이(那羅)를 구경하게 되었다. 그 집에 딸이 하나 있었는데, 얼굴이 깨끗하고 좀처럼 만나기 힘든 빛나는 용모였다. 바세질은 그녀를 보고 곧 탐욕이 생겨 그녀와 결혼하고 싶었다. 그는 집으로 돌아와 부모님에게 말씀드리고 결혼시켜 달라고 청하였다.

그러자 부모님이 말하였다.

"우리는 양반집이요, 저들은 비천한 집안이다. 귀천이 같지 않은데 어떻게 결혼하겠는가?"

그러나 아들은 깊은 애정을 스스로 억제할 수 없어 거듭 아뢰었다.

"가문을 묻지 말고 그 사람만 보십시오. 저를 가엾이 여겨 저의 부탁을 허락해 주십시오. 뜻대로 되지 않으면 저는 죽어버리겠습니다."

부모는 허락하고 사람을 보내 혼인을 청하였다.

그러자 그 집에서도 말하였다.

"그 집은 양반이요, 우리는 천한 신분입니다. 근본이 맞지 않는데 어떻게 인연이 될 수 있겠습니까?"

그러나 바세질은 간절한 마음을 걷잡을 수 없어 다시 사람을 보내 거듭 청하였다.

그러자 그 집에서 이렇게 말하였다.

"만약 우리처럼 갖가지 기술과 노래와 춤과 익살을 익혀 모두 터득하고 또 왕 앞에서 그것을 시험하여 합격한다면 그때 결혼시킬 수 있습니다."

바세질은 그 여인의 외모에 홀려 천한 일임에도 부끄러워하지 않고 그 집으로 가서 광대놀이를 배웠다. 그래서 얼마 지나지 않아 그것을 모두 터득하였다.

그때 왕이 광대들을 모으고 깃대에 오르기, 창문 통과하기, 공중에서 줄타기 등 여러 가지 재주를 부리게 하였다. 장자 아들도 왕 곁으로 가서 차례에 따라 재주를 부리면서 공중에서 줄을 탔다. 그렇게 줄타기를 마쳤으나 왕이 그만 보지 못해 다시 올라가라 명령하였다. 바세질은 명령을 받고 재주를 부리다가 기운이 점점 떨어져 중도에서 휘청거렸다. 그는 당황한 마음에 어쩔 줄을 몰랐다.

그때 존자 목련目連이 허공으로 날아와 그의 곁에서 말하였다.

"너는 지금 목숨을 건지고 출가하여 도를 배우겠는가, 아니면 땅에 떨어지고 여자에게 장가가겠는가?"

바세질이 대답하였다.

"제 목숨을 건지고, 저 여자를 버리겠습니다."

그러자 목련이 곧 허공을 평지로 만들었다. 그것을 보자 두려운 생각이 없어졌다. 그는 그 땅을 의지해 아래로 내려와 몸이 안전하게 되었다. 그는 목련의 은혜를 입고 기쁨을 이기지 못해 목련을 따라 부처님께 찾아가 예배하고 공양하였다.

그러자 부처님께서 그에게 묘법을 자세히 말씀하셨다. 이른바 묘법이란 보시와 계율과 하늘나라에 태어나는 법에 관한 가르침이요, 탐욕은 더러운 것이므로 거기서 벗어나는 것이 가장 즐거운 것이라는 가르침이었다.

그는 마음이 열려 곧바로 수행의 첫 번째 과위를 얻었다. 그리고 곧 부처님께 아뢰었다.

"출가하여 바른 법을 받들어 닦기를 원합니다."

부처님께서 허락하시자, 수염과 머리카락이 저절로 떨어지고 법복이 몸에 입혀져 곧 사문이 되었다. 그 비구는 부지런히 참선하고 바른 업을 닦아 온갖 번뇌가 없어지고 아라한이 되었다.

혜명慧命 아난이 부처님 앞으로 나가 여쭈었다.

"바세질 사문은 전생에 저 여자와 어떤 인연이 있었기에 마음이 물들고 홀려 거의 죽을 지경까지 간 것입니까? 또 목련과는 어떤 좋은 인연을 지었기에 지금 그 은혜를 입어 구제받은 것입니까? 또 어떤 인연으로 스스로 아라한이 되었습니까?"

부처님께서 말씀하셨다.

"먼 옛날 한량없는 겁 전에 바라나국에 한 장자가 있었다. 그가 첫아들을 낳았는데, 단정하기 비할 데 없었다.

그때 그 집의 어떤 사람이 바다에서 새 알 하나를 가지고 와서 그 장자에게 바쳤다. 장자는 그것을 받았는데, 조금 뒤 그 알이 깨지더니 깃털이 빛나고 윤택한 새끼 한 마리가 나왔다. 장자는 사랑스러운 그 새 새끼를 아들에게 주며 데리고 놀게 하였다. 장자의 아들과 새는 자랄수록 서로 친하게 지냈다.

어느 날 장자의 아들이 그 새에 올라타자, 새가 아이를 태우고는 곧바로 날아올랐다. 둘은 여러 곳을 날아다니며 만족할 만큼 실컷 구경하고 집으로 돌아왔다. 이렇게 하기를 날마다 계속하였다.

얼마 뒤 장자의 아들은 다른 나라의 왕이 광대놀이를 연다는 소식을 들었다. 그는 곧장 새를 타고 날아올라 그곳으로 구경을 갔다. 새가 하늘에서 내려와 나무 위에 앉았을 때 그는 우연히 그 나라 왕의 딸을 보고 그만 마음이 애욕에 물들고 말았다. 그는 즉시 편지를 보내 자신의 심정을 하소연하였다. 공주는 좋다 하여 둘은 곧 사귀게 되었다. 그러다 비밀이 탄로 나 왕이 알아버렸다. 왕은 사람을 보내 그를 당장 잡아 오게 하였다. 왕은 그의 몸을 묶고 죽이려 하자, 장자의 아들이 말하였다.

'여러분 저를 죽이려고 수고할 것 없습니다. 제가 나무에 올라가 몸을 던져 죽겠습니다.'

사람들이 허락하자, 그는 곧 일어나서 나뭇가지를 잡고 올라가 그 새를 타고 하늘로 날아갔다. 이렇게 그 새 덕분에 목숨을 연장하게 되었느니라."

부처님께서 이어 말씀하셨다.

"그때 그 장자 아들이 바로 지금의 저 바세질이요, 왕의 딸이 바로 지금의 저 광대의 딸이며, 그때 그 새가 바로 지금의 저 목련이니라.

바세질은 지나간 세상에서도 여자에 반하여 죽을 지경에 이르렀다가 새 덕분에 구제를 받았고, 지금 다시 여색을 탐하여 죽을 지경에 이르렀다가 목련 덕분에 무사하게 되었느니라.

그리고 저 바세질이 총명하고 변론하는 재주가 뛰어나며 번뇌가 없는 아라한이 된 인연은 이렇다.

저 지난 세상에 바라나국에 한 거사가 있었다. 어느 날 벽지불이 찾아와 그에게 음식을 구걸하였다. 거사는 즉시 음식을 보시하고, 그 인연으로 또 경전의 법을 말씀해 주십사 청하였다. 그러나 벽지불은 '저는 못합니다.' 하며 사양하고는 발우를 허공에 던지고 하늘로 솟아올라 사라져버렸다.

거사는 생각하였다.

'저 사람의 신통과 변화는 끝이 없다. 그러나 설법하여 교화할 줄은 모른다. 내가 다음 생에는 저 사람보다 몇억만 배나 훌륭하고 무궁무진하게 설법할 줄 아는 성인을 만나고, 또 그 덕분에 나도 도의 과보를 증득하면 좋겠구나.'

그 인연으로 말미암아 지금 저렇게 총명하고 또 아라한이 되었느니라."

부처님께서 이렇게 말씀하시자, 모두 기뻐하였다. 그 덕분에 수다원을 얻는 이도 있었고, 사다함·아나함·아라한을 얻는 이도 있었으며, 벽지불이 될 선근善根을 심는 이도 있었고, 보리심을 일으키는 이도 있었다.

그리하여 모두 부처님 말씀을 듣고 정성을 다하여 받들어 행하였다.

61

우파국제의 전생

나는 다음과 같이 들었다.

언젠가 부처님께서 사위국의 기수급고독원에 계실 때였다.

그때 그 나라에 아파국제阿巴毱提라는 범지가 있었다. 그는 총명하여 널리 배우고, 옛것을 바탕으로 새것을 알았다.

그가 부처님께 찾아와 사문이 되기를 청하면서 말하였다.

"제가 출가하여 지혜와 변재가 사리불과 같아진다면 마음이 흡족할 것입니다. 만약 그렇게 되지 못한다면 바로 집으로 돌아가겠습니다."

부처님께서 말씀하셨다.

"너는 그렇게 되지 못할 것이다."

그러자 그 범지는 도 닦기를 단념하고 집으로 돌아갔다.

그 뒤 부처님께서 비구들에게 말씀하셨다.

"내가 죽고 100년 뒤에 저 바라문이 깊은 교화를 받아 6통通을 이루고, 높고 아득한 지혜로 티끌처럼 많은 중생을 교화하리라."

부처님께서 열반하실 때 아난에게 말씀하셨다.

"내가 죽은 뒤 모든 경장經藏을 너에게 맡기니, 너는 그것을 잘 간직하며 세상에 널리 펴라."

부처님께서 돌아가시고 아난이 그 법을 간직하였다. 그 뒤 아난이 또 몸을 버리려 하면서 그의 제자 야세기耶貫輢에게 말하였다.

"내가 세상을 떠난 뒤 모든 경전을 네가 보호하고 지켜라."

그리고 다시 말하였다.

"바라나국에 국제毱提라는 거사가 있고, 그는 우파국제優婆毱提라는 아들을 둘 것이다. 네가 그 아이를 찾아내 출가시키고 도를 닦게 하라. 그리고 네가 목숨을 마치거든 부처님 법의 창고를 그에게 맡기거라."

아난이 세상을 떠나자, 야세기는 불법을 받들어 지키면서 세상을 교화하여 매우 많은 이들을 제도하였다. 그는 또 바라나로 가서 국제 거사를 방문하고 서로 알고 지내며 자주 왕래하였다.

그 거사가 한 사내아이를 낳고 이름을 아파국제阿巴毱提라 하였다. 아이가 아직 어렸을 때, 야세기가 찾아가서 그 아이가 도를 닦게 해달라고 요구하였다. 그러자 그의 아버지가 말하였다.

"겨우 아들 하나를 얻었습니다. 집안의 대를 이어야 도를 닦게 할 수는 없습니다. 다음에 또 아들을 낳으면 그때 주겠습니다."

거사는 또 아들을 낳아 이름을 난타국제難陁毱提라 하였다.

야세기가 또 찾아가 요구하자, 그의 아버지가 말하였다.

"큰아들은 바깥 살림을 경영하고, 작은아들이 안 살림 경영해야 집안이 번창합니다."

거사는 자식을 아껴서 주려고 하지 않았다. 그리고 말하였다.

"만약 다음에 또 아들을 낳으면 반드시 은혜를 갚겠습니다."

야세기는 3명明을 완전히 갖춘 아라한이었기에 사람의 근기를 잘 알았다. 야세기가 그 두 아이를 관찰해 보니 도와 인연이 없었다. 그래서 그도 스스로 생각을 접고 더는 간청하지 않았다.

그 뒤에 그 거사가 또 아들을 낳았고, 그 아이의 이름은 우파국제優婆匊提였다. 우파국제는 얼굴이 단정하고 몸매가 특별히 뛰어났다. 그때 야세기가 또 찾아가 요구하였다.

그러자 그 아버지는 말하였다.

"아이가 아직 어려 스님을 받들어 섬길 수 없습니다. 게다가 우리 집이 가난해 아이 뒷바라지를 할 수도 없습니다. 그러니 조금만 더 기다리십시오. 크면 드리겠습니다."

아이는 자라날수록 재주가 더욱 비범해졌다. 아버지는 셋째에게 밑천을 대주며 장사를 시켰다. 야세기는 우파국제 곁으로 다가가 그를 위해 설법하였다. 또 생각을 집중하게 하려고 흰 돌과 검은 돌로 생각을 세어보게 하면서 착한 생각이 날 때는 흰 돌을 놓고, 나쁜 생각이 날 때는 검은 돌을 놓게 하였다.

우파국제는 야세기가 시키는 대로 착한 생각과 나쁜 생각이 날 때마다 곧 돌을 놓았다. 처음에는 검은 돌이 훨씬 많고, 흰 돌은 아주 적었다. 그러다 점점 수행할수록 흰 돌과 검은 돌이 비슷해졌고, 끊임없이 생각을 집중하게 되자 검은 돌은 전연 없고 순전히 흰 돌뿐이었다. 이렇게 착한 생각이 왕성해져서 드디어 수행의 첫 번째 과위를 얻었다.

그때 그 성에 한 음탕한 여인이 있었다. 어느 날 그녀가 종에게 돈을 주어 꽃을 사러 보냈다. 꽃을 팔던 우파국제는 성질이 순박하고 정직하였기에 손님이 섭섭하지 않도록 꽃을 넉넉히 주었다. 종이 꽃을 가지고 돌아가자, 음녀가 그것을 보고 이상히 여겨 종에게 물었다.

"어제 꽃을 샀을 때는 돈 1전에 그처럼 꽃이 적더니, 오늘은 왜 이렇게 많은가? 전날에는 속은 것이 아닌가?"

종이 대답하였다.

"오늘 그 꽃집 주인은 인자하고 예의를 지키며 정직하였습니다. 그래서 많이 준 것입니다. 또 그 사람은 매우 잘생겼습니다. 만일 아가씨가 한번 보시면 다시는 원망하지 못할 것입니다."

음녀는 이 말을 듣고, 사람을 보내 그를 초대하였다. 그러나 우파국제는 마음을 억제하고 가지 않았다. 잇달아 다시 초대하였지만 끝내 그녀의 요구를 따르지 않았다.

그 무렵 그 음녀는 어떤 왕가의 아들과 정을 통하고 지냈다. 그녀는 온갖 보물로 된 그의 옷을 탐내다가 이익에 대한 마음은 왕성하고 의리에 대한 마음은 쇠약하여 그만 그를 죽이고 말았다. 시신은 집에 감추어 두었다. 왕가에서 아들을 찾다가 그녀의 집에서 시신을 발견하였다. 왕가에서는 곧 음녀를 체포하여 손과 발을 자르고, 귀와 코를 베고, 높은 나뭇가지에 매달아 무덤 사이에 세워 두었다. 그녀는 그 모진 고통을 받으면서도 아직 목숨은 끊어지지 않았다.

그때 우파국제가 그곳으로 찾아갔다.

음녀가 그를 보고 말하였다.

"예전에 제 얼굴이 아름다울 때는 만나려 하지 않더니, 지금은 이 꼴인데 무엇을 보러 왔습니까?"

우파국제가 말하였다.

"나는 색色을 탐해 이곳에 온 것이 아닙니다. 당신이 가여워 찾아온 것입니다."

그리고 그를 위하여 네 가지 덧없는 법을 설명하였다.

"이 몸은 더러운 것이요, 괴로운 것이며, 빈 것이요, 나(我)라고 할 것이 없습니다. 하나하나 자세히 살펴보면 믿을 만한 게 뭐가 있겠습니까? 그런데 어리석고 미혹한 무리는 탐욕에 물든 생각을 망령되게 일으킵니다."

음녀는 이 법을 듣고 곧 법안이 깨끗해졌고, 우파국제는 아나함이 되었다.

그때 야세기는 다시 거사에게 찾아가 사미沙彌로 삼겠다며 그 소년을 요구하였다. 거사는 야세기의 요구대로 그 셋째 아들을 주었다. 야세기는 우파국제를 정사로 데려가 10계戒를 주고, 그의 나이 스무 살이 되어서는 또 구족계를 주고 백사갈마白四羯磨를 마쳤다. 그는 아라한의 도를 얻어 3명明과 6통通을 두루 갖추었고, 변재가 교묘하여 설법이 끝이 없었다.

그가 많은 사람을 모으고 설법하려 할 때였다. 그때 악마 파순波旬이 사람들이 모인 그 자리에 돈을 퍼부었다. 사람들은 앞다투어 돈을 줍느라 마침내 법을 듣지 못했다. 둘째 날 그는 다시 대중을 모았다. 악마는 또 꽃다발을 뿌려 대중의 마음을 어지럽게 하였다. 셋째 날 그는 다시 대중을 모았다. 그러자 마왕이 또 신통으로 큰 코끼리를 만들었다. 그 코끼리의 털은 짙푸른 유리 색이고, 입에 여섯 개의 어금니가 있고, 어금니마다 일곱 개씩 연못이 있고, 그 연못마다 일곱 송이 연꽃이 피어 있고, 그 연꽃마다 일곱 명의 미녀가 있고, 그 미녀들이 모두 악기를 연주하였다. 그 코끼리가 천천히 걸어 대중 곁으로 오자, 사람들은 그것을 구경하느라 법에 마음을 두지 않았다.

넷째 날 그는 다시 대중을 모았다. 그러자 마왕은 또 신통으로 단정하고 아름다운 한 여인을 만들었다. 그 여인이 존자 뒤에 모시고 서 있자, 대중은 그녀에게 눈이 쏠려 법회라는 것마저 깜빡 잊어버렸다. 그러자 우파국제 존자가 곧 신통으로 그 여자를 백골로 만들었다. 대중들은 그것을 보고 나서야 귀 기울여 법을 듣게 되었다. 그리하여 많은 이들이 도를 얻었다.

존자에게 키우던 개 한 마리가 있었다. 그 개는 날마다 존자 곁에서 설법을 주워들었다. 그러다 목숨을 마치고는 여섯 번째 하늘나라에 태어나 악마 파순과 한자리에 앉았다.

마왕은 가만히 생각해 보았다.

'이 하늘나라 신은 나만큼 덕이 크다. 어디서 죽어 이곳에 태어났을까?'

파순은 자세히 관찰하고, 그가 전생에 우파국제가 키우던 개라는 것을 알았다.

'저 사문이 나를 이처럼 욕되게 하는구나.'

파순은 멀리서 엿보다가 존자가 선정에 든 틈을 타서 보배 왕관 하나를 가져다 그의 머리에 씌웠다. 존자는 선정에서 깨어나 머리에 왕관이 씌워진 것을 깨닫고, 가만히 살펴보다가 그것이 마왕이 한 짓임을 알았다. 존자는 곧 신통력으로 마왕을 부르고, 죽은 개의 사체를 머리꾸미개와 비슷하게 변화시켰다. 그리고 말하였다. 그리고 마왕에게 말하였다.

"당신이 제게 보배 왕관을 주셔서 매우 감사합니다. 이제 이 머리꾸미개로 보답할까 합니다."

마왕은 그것을 받고 곧 하늘나라로 돌아갔다. 그리고 자기가 착용한 것이 개의 사체인 것을 보고, 진저리가 나서 벗어버리려 하였다. 하지만 아무리 신통력을 부려도 벗을 수가 없었다. 그는 제석에게 찾아가 그것을 벗겨달라고 부탁하였다. 그러자 제석이 대답하였다.

"그것을 만든 사람이라야 벗길 수 있습니다. 저의 힘으로 될 일이 아닙니다."

마왕은 다시 여러 하늘나라로 찾아가 물었고, 나중에는 범천까지 가서 말하였다.

"부디 이 더러운 것을 벗겨 주십시오."

그러나 그들의 대답은 모두 처음과 같았다.

"우리 힘으로 될 일이 아닙니다."

마왕은 할 수 없이 존자에게 찾아가 말하였다.

"부처님은 참으로 덕이 크고 자비로운 마음이 끝이 없는 분인데, 여러 성문聲聞들은 정말 사납군요. 어떻게 알 수 있는가 하면,

내가 옛날에 악마의 군사 18억 명을 거느리고 보살을 에워싸고서 그 도를 부수려 한 적이 있습니다. 그래도 부처님은 자비로운 마음으로 원한을 품지 않았습니다. 그런데 당신은 내가 이제 조금 건드렸다고 이렇게 나를 괴롭히는군요."

존자가 대답하였다.

"정말 그렇습니다. 부처님은 저보다 백천만 배나 훌륭하시니 비유할 수도 없습니다. 마치 수미산과 겨자씨를 비교하는 것과 같고, 큰 바다와 소 발자국에 담긴 물을 비교하는 것과 같고, 사자와 여우를 비교하는 것처럼 부처님은 크고 저는 작으니 진실로 미칠 수 없습니다."

존자가 이어 말하였다.

"저는 말세末世에 태어나 부처님을 뵙지 못하였습니다. 당신은 신통력을 부려 부처님 모습으로 변할 수 있다고 제가 들었습니다. 시험 삼아 한번 그렇게 해주십시오. 제가 보고 싶습니다."

마왕이 말하였다.

"내가 지금 그 모습으로 변해 보겠소. 절대 예배는 하지 마시오."

"예배하지 않겠습니다."

그때 마왕이 부처님 모습으로 변했는데, 키는 열여섯 자요, 피부는 붉은 황금색이며, 서른두 가지 거룩한 모습과 여든 가지 특별한 모양이 해와 달보다 밝게 빛났다. 존자는 기쁨을 못 이겨 곧 다가가 머리를 조아렸다. 그러자 마왕이 다시 제 모습으로 돌아와 존자에게 말하였다.

"아까 예배하지 않겠다고 하고선 지금 왜 예배했습니까?"

존자가 대답하였다.

"저는 부처님께 예배한 것이지 당신에게 예배한 것이 아닙니다."

마왕이 다시 사과하며 말하였다.

"부디 나를 가엾이 여겨 이 개의 사체를 벗겨 주십시오."

존자가 말하였다.

"당신이 자비심을 일으켜 중생을 보호한다면 그 개의 사체가 보배 장식으로 변할 것이고, 만약 나쁜 마음을 가진다면 그것이 도로 개의 사체가 될 것입니다."

마왕은 겁이 나서 항상 착한 마음을 일으켰다.

그때 존자는 도를 이룬 뒤, 자신이 교화한 중생이 4과를 얻으면 그 한 사람을 작은 나뭇가지(籌) 하나로 계산하였다. 그 나뭇가지는 길이가 네 치였는데, 그렇게 모인 나뭇가지가 가로와 세로 높이가 여섯 길(丈)이나 되는 방 하나를 가득 채울 정도였다.

그때 대중들이 존자에게 아뢰었다.

"존자님의 복과 덕이 참으로 크고 넓어 교화하신 중생이 그 수를 헤아릴 수 없습니다."

존자가 말하였다.

"나는 축생으로 있을 때도 중생을 교화시켜 거룩한 과보를 얻게 하였다. 하물며 오늘이겠는가?"

대중들이 아뢰었다.

"궁금합니다. 전생에 축생이었을 때 어떻게 중생을 제도하셨습니까?"

존자가 말하였다.

"먼 옛날 바라나국에 신선들이 사는 산이 하나 있고, 500명의 벽지불이 그곳에 살고 있었다. 그때 어떤 원숭이가 날마다 찾아와 공양을 올리고 그들의 위용을 받들어 친견하였다. 그 뒤에 벽지불이 모두 열반하고, 또 500명의 범지가 그들을 이어 그곳에 살았다. 범지들은 해와 달을 섬기기도 하고, 혹은 불을 섬기기도 하였다. 해와 달을 섬기는 이들은 한쪽 다리를 들고 서서 해와 달을 바라보았고, 불을 섬기는 이들은 아침저녁으로 불을 피웠다.

그때 그 원숭이는 다리를 든 범지를 보면 곧바로 당겨 내리고, 불을 피우는 범지를 보면 곧바로 불을 꺼버렸다. 그리고 원숭이는 단정히 앉아 생각에 잠겼다. 범지들이 그것을 보고 저희끼리 말하였다.

'저 원숭이는 우리를 위하여 저런 위의를 보인다.'

그들은 이내 몸을 바르게 하고 진리를 깊이 살피다가 마음이 열리고 뜻이 풀려 모두 벽지불의 도를 얻었다.

그때 그 원숭이가 바로 지금의 나이니라."

대중들이 다시 여쭈었다.

"어떤 인연으로 그런 원숭이 몸을 받으셨습니까?"

존자가 말하였다.

"먼 옛날 91겁 전에 비바시 부처님이 세상에 출현하셨을 때, 여러 비구가 바라나의 신선들이 사는 산에 머물고 있었다. 그때 한 아라한이 있었는데, 그는 산꼭대기에 오를 때 그 걸음이 매우 빨랐다. 어떤 젊은 도인이 그것을 보고 말하였다.

'저 사람은 걸음이 무척 빠르구나. 꼭 원숭이 같네.'

그 젊은 도인은 이렇게 말한 인연으로 500생 동안 늘 원숭이가 되었느니라. 그러므로 사부대중은 부디 입을 조심하고 함부로 말하지 말아야 한다."

존자 우파국제가 이렇게 법을 설했을 때, 그 대중 가운데는 수다원을 얻는 이도 있었고, 사다함·아나함·아라한을 얻는 이도 있었으며, 벽지불이 될 선근善根을 심는 이도 있었고, 대승의 마음을 일으켜 물러나지 않게 된 이도 있었으며, 그 수는 이루 다 셀 수 없었다.

그들은 우파국제의 가르침을 믿고 받아들여 기뻐하면서 받들어 행하였다.

62

더러운 웅덩이 속 벌레

나는 다음과 같이 들었다.

언젠가 부처님께서 나열기의 기사굴산에 계실 때였다.

그때 그 성 곁에 탁하고 더러운 웅덩이가 하나 있었다. 그 웅덩이는 온갖 쓰레기에 더러운 똥오줌으로 악취가 진동하는 곳이었다. 그래서 그 성의 비천한 사람들이 항상 더러운 물건을 거기다 버렸다.

그 웅덩이에 뱀처럼 생긴 큰 벌레가 한 마리 살았는데, 그 벌레에게는 네 개의 발이 달려 있었다. 그 벌레는 그 웅덩이에서 사방으로 내달리면서 떴다 가라앉았다 하였다. 그렇게 여러 해 동안 그 안에 살면서 한량없는 고통을 받았다.

그때 부처님께서 비구들에게 앞뒤로 둘러싸여 그 웅덩이로 가셨다.

그리고 비구들에게 물으셨다.

"너희들은 혹 이 벌레가 전생에 지은 업을 아는가?"

그때 비구들이 모두 생각해 보았지만, 그 벌레가 저지른 업은 알 수가 없었다. 그래서 함께 말하였다.

"모르겠습니다."

그러자 부처님께서 말씀하셨다.

"너희들은 들어라. 내가 너희들을 위하여 저 벌레가 저지른 업을 말하리라.

과거 비바시 부처님이 세상에 나오셔서 두루 교화를 마치시고 목숨이 다해 열반하셨을 때였다. 그 부처님의 법을 따르던 10만 비구들은 깨끗한 행을 닦으면서 한 산을 의지하여 고요함을 즐기며 한가롭게 살았다. 그 산 좌우에는 꽃과 열매가 무성하고 울창하기 비할 데 없는 좋은 숲이 있었다. 숲의 나무들 사이에는 샘물이 흐르고 목욕할 못이 있어 맑고 시원하여 즐길 만하였다.

그때 그 비구들은 부처님을 사모하는 마음을 의지하여 그곳에 머무르면서 선善을 따르고 도를 행하며 부지런히 수행하고 게으르지 않았다. 그래서 다들 수행의 첫 번째 과위 내지는 네 번째 과위를 갖추었고 범부는 없었다.

그때 500명 상인이 한데 모여 보물을 캐러 바다로 들어가려 하였다. 길을 떠난 그들은 이 산을 지나다가 비구들이 마음을 쏟아 부지런히 공부하는 것을 보게 되었다. 그들은 마음속으로 기뻐하고 공경하여 공양을 베풀고 싶은 생각이 들었다. 그래서 상인들은 함께 어울려 비구들에게 찾아가 공양하기를 청하였다. 이렇게 여러 단월이 각각 청하기를 날마다 계속하였으나 비구들은 끝내 응하지 않았다.

상인들은 비구들을 찾아가 이별을 고하고 바다로 들어가면서 말하였다.

'만약 저희가 무사히 돌아오면 공양을 베풀겠습니다. 그때는 허락하여 주십시오.'

그때 비구들은 잠자코 승낙하고 그들의 청을 받기로 하였다.

상인들은 바다에 들어갔다가 많은 보배를 얻어 무사히 돌아왔다. 상인들은 비구들에게 찾아가 여러 가지 오묘한 보배 중에서 가장 값진 것을 골라 대중 스님들에게 보시하였다. 상인들은 그것을 대중 스님들의 식량을 마련하는 데 쓰고, 식량이 많으면 필요에 따라 뜻대로 사용하게 하였다.

그때 대중 스님들은 그 보물을 받아 마마제摩摩帝 비구에게 가지고 있도록 맡겼다. 그리고 얼마 후 대중 스님들은 식량이 바닥나려고 하자 마마제에게 식량을 사는 데 쓰게 그때 그 보물을 달라고 하였다.

그러자 마마제가 대중 스님들에게 말하였다.

'전날 그 상인들이 스스로 내게 준 보물인데 너희들이 왜 달라고 하느냐?'

상좌 유나維那가 마마제에게 말하였다.

'단월인 그 상인들이 예전에 그 보물을 대중 스님들에게 보시하면서 당신에게 가지고 있으라 한 것이다. 이제 대중 스님들의 식량이 바닥났으니 마땅히 그것으로 보충해야 하지 않겠는가?'

그러자 마마제가 화를 내며 말하였다.

'너희들은 똥이나 처먹어라. 이 보물은 내 것인데 무엇 때문에 달라고 하는가?'

그때 그 대중 스님들은 마마제가 이미 나쁜 마음을 먹은 것을 알고는 곧 뿔뿔이 흩어졌다.

마마제는 대중 스님들을 속이고 나쁜 말로 욕했기 때문에 몸이 무너지고 목숨이 끝난 뒤에는 아비지옥에 떨어져 항상 끓는 똥물 속에서 뒹굴며 살았다. 거기서 92겁을 지내고 그 지옥에서 나왔지만 지금 다시 이 똥오줌 웅덩이에 태어나 많은 세월을 지내고도 벗어나지 못하는 것이니라.

어떻게 그런 줄을 아는가? 과거 시기尸棄 부처님께서도 여러 비구를 거느리고 이 웅덩이를 지나다가 제자들에게 저 벌레의 내력을 말씀하셨고, 그다음 수섭隨葉 부처님께서도 역시 여러 비구 대중을 데리고 이곳에 찾아와 이 벌레의 전생 인연을 말씀하시고 '여기서 목숨을 마치면 도로 지옥에 들어가 수 만억 년을 지낸 뒤에 목숨을 마치고 다시 여기 태어날 것이다.'라고 하셨다. 그다음 구류진拘留秦 부처님께서도 따르는 제자들에게 둘러싸여 이 웅덩이로 오셔서 비구들에게 가르침을 내리면서 저 벌레의 내력을 말씀하셨고, 그다음 구나함모니拘那含牟尼 부처님 역시 제자들과 함께 이 구덩이에 오셨으며, 그다음 가섭迦葉 부처님 역시 이곳에 찾아와 제자들을 위하여 저 벌레의 전생 인연을 말씀하셨다. 그리고 그다음 차례로 일곱째 부처인 나 석가모니가 이제 너희에게 저 벌레의 전생 인연과 내력을 말하며 저 벌레를 보는 것이다.

이처럼 미래에 출현하실 현겁의 모든 부처님도 다들 이럴 것이니, 제자들을 데리고 이 웅덩이로 찾아와 저 벌레를 가리키면서 저 벌레가 전생에 지은 인연을 말씀하실 것이다."

그때 비구들은 부처님의 말씀을 듣고 몹시 놀라 털이 곤두섰다. 그리고 서로 당부하였다.

"몸과 말과 뜻을 삼가고 단속하자."

그들은 부처님 말씀을 믿고 받아들이며 기쁘게 받들어 행하였다.

63

사미 균제의 전생

나는 다음과 같이 들었다.

언젠가 부처님께서 사위국의 기수급고독원에 계실 때였다.

그때 존자 사리불은 밤낮을 가리지 않고 항상 천안으로 세상을 관찰하고, 제도할 만한 이가 있으면 곧 가서 제도하였다.

그때 상인들이 다른 나라로 떠나면서 개 한 마리를 데리고 갔다. 도중에 상인들이 깊이 잠이 들자, 사람들이 보지 않는 한가한 때를 노리던 개가 상인들의 고기를 훔쳐 먹었다. 그러자 상인들이 화가 나 함께 그 개를 때려 다리를 부러뜨리고는 들판에 버리고 가 버렸다.

그때 사리불이 멀리서 천안으로, 그 개가 땅에 웅크린 채 굶주림에 시달리며 거의 죽을 지경에 이른 것을 보았다. 사리불은 가사를 입고 발우를 가지고 성에 들어가 걸식하였다. 그리고 얻은 음식을 가지고 개가 있는 곳으로 날아가 인자한 마음으로 가엾이 여기며 음식을 주었다. 개는 그 음식을 먹고 남은 목숨이 살아나자 매우 기뻐하고 못내 감사하였다.

그때 사리불이 그 개를 위하여 오묘한 법을 자세히 해설하였다. 개는 이내 목숨을 마치고 사위국의 어느 바라문 집에 태어났다.

세월이 지나 어느 날 사리불이 혼자 다니면서 걸식하고 있을 때였다. 어떤 바라문이 그를 보고 물었다.

"존자님은 혼자 다니시는데 사미가 없습니까?"

사리불이 말하였다.

"내게는 사미가 없습니다. 당신에게 아들이 있다고 들었는데, 내게 주시겠습니까?"

"내게 균제均提라는 아들이 하나 있습니다. 그러나 아직 나이가 어려 심부름도 시키지 못할 것입니다. 좀 더 자라면 드리겠습니다."

사리불은 그의 말을 듣고는 곧 마음에 새겨 두었다. 그리고 기원정사로 돌아왔다. 사리불은 아이 나이가 일곱 살이 되었을 때 다시 찾아가 아들을 달라고 청하였다. 바라문은 곧 자기 아들을 사리불에게 맡기고 출가시켰다.

사리불은 그 아이를 받아 기원정사로 데려와서 사미가 되게 하였다. 그리고 차례로 여러 가지 묘법을 자세히 설명하여 주었다. 마음이 열리고 뜻이 풀려 아라한이 된 사미는 6통通이 맑게 트이고 공덕을 모두 갖추었다.

그때 균제 사미는 처음으로 도를 얻고는 스스로 지혜의 힘으로 과거 전생을 관찰하였다.

'나는 전생에 어떤 업을 지었기에 이 몸을 받고, 또 거룩한 스승님을 만나 도를 깨닫게 되었을까?'

그는 자기 전생을 관찰하다가, 자신이 전생에 한 마리 굶주린 개였다가 스승인 사리불의 은혜를 입고 지금 사람 몸을 받게 되었고 아울러 도의 과위까지 얻게 되었다는 것을 알았다.

그는 속에서 기쁜 마음이 솟아올라 가만히 생각하였다.

'나는 스승님 은혜를 입고 온갖 괴로움을 벗어났으니, 이제 목숨을 마칠 때까지 그분께 필요한 것들을 이바지해 드리리라. 영원히 사미로 있고 대계大戒는 받지 않으리라.'

그때 아난이 부처님께 아뢰었다.

"알 수 없습니다. 균제 사미는 전생에 어떤 나쁜 업을 지었기에 그런 개의 몸을 받았으며, 또 어떤 선근을 심었기에 해탈을 얻었습니까?"

부처님께서 말씀하셨다.

"먼 옛날 가섭 부처님 시절에 한 곳에 모여 살던 비구들이 있었다. 그때 어떤 젊은 비구는 음성이 청아하여 범패梵唄를 잘 불렀으므로 사람들이 모두 즐겨 들었다. 또 나이가 많고 늙은 한 비구가 있었는데, 그는 음성이 둔탁하여 범패를 잘 부르지 못하였다. 그런데도 늘 스스로 범패를 부르며 혼자 즐겼다. 한편 그 늙은 비구는 이미 아라한이 되어 사문의 공덕을 완전히 갖춘 분이었다.

어느 날 음성이 아름답던 젊은 비구가 늙은 비구의 둔탁한 음성을 듣고는 자기의 좋은 음성을 뽐내며 늙은 비구를 조롱하였다.

'지금 장로님의 음성은 개 짖는 소리 같습니다.'

이렇게 무시하며 꾸짖자, 그 늙은 비구가 곧 젊은 비구를 불렀다.

'너는 나를 아는가?'

젊은이는 대답하였다.

'나는 당신을 잘 알지요. 당신은 가섭 부처님의 제자 비구지요.'

그러자 상좌가 말했다.

'나는 이미 아라한의 도를 얻었고, 사문의 위의와 법식을 완전히 갖추었느니라.'

그때 젊은 비구는 이 말을 듣고 깜짝 놀라며 온몸의 털이 곤두섰다. 젊은 비구는 황급히 자신을 꾸짖고 곧 늙은 비구 앞에서 잘못을 참회하였다.

그때 늙은 비구는 그의 참회를 받아 주었다. 그 젊은 비구는 나쁜 말을 한 업으로 말미암아 500생 동안 항상 개의 몸을 받았다. 한편 그는 출가하여 깨끗한 계율을 지켰기 때문에 지금 나를 만나 해탈을 얻은 것이니라."

그때 아난은 부처님 말씀을 듣고 기뻐하면서 믿고 받아들였으며 높이 받들어 행하였다.

지혜로운 자와 어리석은 자의 이야기 - 현우경 2

2024년 4월 1일 초판 1쇄 인쇄
2024년 4월 9일 초판 1쇄 발행

옮긴이 동국역경원 역경위원회
펴낸이 혜거
원문교감 및 윤문 성재헌

발행인 박기련
발행처 동국역경원

출판등록 제1964-000001호
주소 04626 서울시 중구 퇴계로36길2 신관1층 105호
전화 02-2264-4714
팩스 02-2268-7851
Homepage http://dgpress.dongguk.edu
E-mail abook@jeongjincorp.com

편집디자인 나라연
인쇄처 신도인쇄

ISBN 978-89-5590-997-5 (04220)
ISBN 978-89-5590-999-9 (세트)

값 20,000원(세트 값 40,000원)

이 책의 무단 전재나 복제 행위는 저작권법 제98조에 따라 처벌받게 됩니다.